Als gäbe es keine Schwerkraft

Bernd Preuschoff

Als gäbe es keine Schwerkraft

Leadership durch die Augen eines Tänzers

2. Auflage

Bernd Preuschoff
Buchfeld, Deutschland

ISBN 978-3-662-70769-2   ISBN 978-3-662-70770-8   (eBook)
https://doi.org/10.1007/978-3-662-70770-8

Die Deutsche Nationalbibliothek verzeichnet diese Publikation in der Deutschen Nationalbibliografie; detaillierte bibliografische Daten sind im Internet über https://portal.dnb.de abrufbar.

1. Auflage: © Romeon Verlag, Kaarst 2020
2. Auflage: © Der/die Herausgeber bzw. der/die Autor(en), exklusiv lizenziert an Springer-Verlag GmbH, DE, ein Teil von Springer Nature 2025

Das Werk einschließlich aller seiner Teile ist urheberrechtlich geschützt. Jede Verwertung, die nicht ausdrücklich vom Urheberrechtsgesetz zugelassen ist, bedarf der vorherigen Zustimmung des Verlags. Das gilt insbesondere für Vervielfältigungen, Bearbeitungen, Übersetzungen, Mikroverfilmungen und die Einspeicherung und Verarbeitung in elektronischen Systemen.
Die Wiedergabe von allgemein beschreibenden Bezeichnungen, Marken, Unternehmensnamen etc. in diesem Werk bedeutet nicht, dass diese frei durch jede Person benutzt werden dürfen. Die Berechtigung zur Benutzung unterliegt, auch ohne gesonderten Hinweis hierzu, den Regeln des Markenrechts. Die Rechte des/der jeweiligen Zeicheninhaber*in sind zu beachten.
Der Verlag, die Autor*innen und die Herausgeber*innen gehen davon aus, dass die Angaben und Informationen in diesem Werk zum Zeitpunkt der Veröffentlichung vollständig und korrekt sind. Weder der Verlag noch die Autor*innen oder die Herausgeber*innen übernehmen, ausdrücklich oder implizit, Gewähr für den Inhalt des Werkes, etwaige Fehler oder Äußerungen. Der Verlag bleibt im Hinblick auf geografische Zuordnungen und Gebietsbezeichnungen in veröffentlichten Karten und Institutionsadressen neutral.

Springer ist ein Imprint der eingetragenen Gesellschaft Springer-Verlag GmbH, DE und ist ein Teil von Springer Nature.
Die Anschrift der Gesellschaft ist: Heidelberger Platz 3, 14197 Berlin, Germany

Wenn Sie dieses Produkt entsorgen, geben Sie das Papier bitte zum Recycling.

Für meine Mutter,
die mich zu demjenigen Krieger gemacht hat, der ich heute bin.

Für meine Töchter,
für die ich immer wieder ein Held sein darf.

Für meine Tanzpartnerinnen,
die mich einst zum Gentleman gemacht haben.

Für die Gefährtinnen in meinem Leben,
die stets an mich geglaubt haben
und die es immer noch tun.

Für meine Kolleginnen,
durch die meine Teams erst komplett wurden
und die mir geholfen haben, das Unerwartete zu erreichen.

Vorwort zur überarbeiteten 2. Auflage

Liebe Leserin, lieber Leser,
liebe Führungskräfte, liebe Tanz(sport)-Begeisterte,

gerade halten Sie die Neuauflage meines Buches in Ihren Händen; glauben Sie mir, Sie haben keine Vorstellung davon, wie sehr mich das freut. Denn das, was seit dem Erscheinen der Erstausgabe geschehen ist, war alles andere als vorhersehbar für mich – und geplant war es schon gar nicht …

Als ich im Januar 2020 begann, meine Reise zwischen den Welten des Managements und des Tanzsports aufzuschreiben, geschah dies im Wesentlichen aus zwei Gründen: Erstens wollte ich tatsächlich einmal selbst sehen, wie viele Anekdoten und Parallelen sich da im Laufe einer beruflichen und sportlichen Laufbahn angesammelt hatten. Man realisiert in der Regel ja selbst gar nicht, wie viele unterschiedliche Gedankenstränge und Impulse da im eigenen Hirn jahrelang umherschwirren – diese Analogien und Erfahrungen daher alle einmal festzuhalten und vor allem im Detail auszuformulieren, erschien mir per se als eine spannende und herausfordernde Aufgabe für mich selbst.

Der zweite (und sicherlich der wichtigste) Antrieb für mich jedoch war, dass meine beiden Töchter eines Tages ein Buch in den Händen halten sollten, in dem ihr Vater ein paar Gedanken für sie festgehalten hat. Da meine beiden Eltern sehr früh verstarben und es oft, beruflich wie privat, Situationen in meinem Leben gab, in denen ich gerne nochmals ihre Sicht der Dinge gehört hätte, fand ich es eine schöne Idee, dass meine Kinder mit diesem Werk eine Möglichkeit haben, sich an ihren Vater erinnern zu können, wenn sie eines Tages nochmal seine Gedanken brauchen sollten. Und nicht zuletzt wollte ich auch ihnen natürlich meine berufliche Erfahrung weitergeben für den Fall, dass sie selbst irgendwann den Weg zur Führungskraft einschlagen würden. Vor diesem Hintergrund hatte ich persönlich, als ich das Buch veröffentlichte, auch keine großen Erwartungen an die Resonanz der Leserschaft – wenn ich meinen Töchtern mein Buch schenken und ein paar Freunden eine Freude machen könnte, wäre mein Ziel für das Werk schon zu hundert Prozent erreicht gewesen. Und was eine eventuell verwunderte Reaktion meiner Tech-Community betraf, war mir klar: Wenn jemandem das Buch oder das Thema nicht gefiele, würde das auch nicht schlimm sein, denn es ist nun mal meine Lebensgeschichte und eine andere habe ich nicht, die ich erzählen könnte.

Wenn ich heute, im August 2024, diese Zeilen für Sie schreibe, liegen wunderbare vier Jahre voller unglaublicher Erlebnisse hinter mir: Mittlerweile existiert neben dem geschriebenen Werk nicht nur ein von mir selbst eingesprochenes Hörbuch, sondern es entstanden gleich drei (!)

umfangreiche Keynotes daraus. Aus einer ersten Anfrage, den Inhalt des Buches auf die Bühne zu bringen (was mich am Anfang wirklich vor eine Herausforderung gestellt hat), entstand ein erster Auftritt, dann ein zweiter … und schließlich eine Welle an Zuneigung und Begeisterung, die mich seitdem auf Kongresse, Events und Bühnen in ganz Europa und sogar als ersten europäischen Keynote-Speaker auf den größten IT-Summit Nordafrikas geführt hat. Unzählige Menschen habe ich seitdem als „The Dancing CDO" mit Musik, Tanz und meinen Gedanken begeistern dürfen und die Fragen nach neuen Teilen der Keynote reißen nicht ab, was mich immer wieder schmunzeln lässt. Offenbar bekommen die Leute von Musik und Tanz nicht genug … Es ist mir tatsächlich nicht nur eine große Ehre, dass der Satz „Der Kongress tanzt" mittlerweile neues Leben eingehaucht bekommen hat (wie ein Zuschauer lachend nach einem meiner Auftritte zu mir sagte) und ich bei meinen Vorträgen immer wieder Menschen für meinen geliebten Sport begeistern kann; ich sehe es auch als ein absolut nicht selbstverständliches Privileg, dass ich im gleichen Atemzug den Menschen im Publikum Anregungen und Impulse geben darf, die ihnen für ihre eigene Karriere offensichtlich wertvoll sind und so fest in Erinnerung bleiben, dass sie mich auch Jahre später noch darauf ansprechen. Eines der schönsten Komplimente, welches ich je erhalten habe, kam von einem jungen Kollegen: „Lieber Bernd, Geradestehen und meine Emotionen zuzulassen, werde ich auf immer mit Dir in Verbindung bringen." Für solches Feedback, die im Laufe der Zeit gewonnenen Freundschaften, aber auch für all diese Erlebnisse, die ich mit wundervollen Menschen teilen durfte, bin ich unglaublich dankbar.

Wenn man diese vier Jahre nun im Rückblick betrachtet und das Erlebte so Revue passieren lässt, stellt man sich als Autor auch durchaus selbst die Frage, warum das alles eigentlich nun so gekommen ist. Was ist denn geschehen, dass Geschichten aus dem Tanzsport und aus der Tanzschule, gemischt mit Musik und Bewegung, noch dazu an einem Ort, an dem man es am wenigsten erwarten würde, nämlich auf Technologiekonferenzen, eine dermaßen positive Resonanz und bei den Menschen selbst einen so langen Nachhall erzeugen? Darüber habe ich lange nachgedacht.

Am Ende komme ich für mich zu einem einfachen Ergebnis: In meinen Vorträgen (und in diesem Buch) geht es um das Menschsein an sich. Darum, was uns verbindet, wie wir miteinander funktionieren, was uns emotional im Innersten berührt. Es geht um das Erlebnis, Teil einer Gemeinschaft zu sein und dabei derjenige Mensch sein zu dürfen, der wir wirklich sind und nicht derjenige, der wir meinen, für andere sein zu müssen. Tanzen erinnert uns daran. Und ich erlebe bei meinen Auftritten eine große Sehnsucht danach: nach Wärme, nach Lachen, nach Freiheit der Gefühle – und nach Schwerelosigkeit.

Die vergangenen vier Jahre waren, mit all ihren Krisen, ob Coronapandemie, Klimakatastrophen oder dem Angriff Russlands auf die Ukraine mit den dazugehörigen globalen Folgeeffekten, für uns alle individuell, aber auch als Gemeinschaft, sehr belastend. Diese Ereignisse fanden auch nicht mehr irgendwo auf der Welt oder auf einer hypothetischen Metaebene statt, sondern sie erschienen direkt vor unserer Haustür und kamen uns seelisch wie körperlich nahe – und wurden damit für alle betroffenen Menschen sehr persönlich, sei es z. B. durch die Einschränkung der persönlichen Bewegungsfreiheit oder durch unerwartete Implikationen auf das eigene Leben oder den finanziellen Wohlstand.

Dieses Konglomerat aus komplexen Bedrohungen, dem Wegfall von sicher geglaubten Errungenschaften und

Rahmenbedingungen, gemischt mit Verlust- und Existenzängsten, traf auf eine Bevölkerung, die Ende der 2010er-Jahre noch voller Enthusiasmus durch den Boom der digitalen Technologien und den dazugehörigen Buzzwords der „digitalen Transformation" getrieben wurde; eine Zeit, in der es noch genügend „Spielgeld" gab, um (definitiv oftmals unnütze) Vorhaben im Unternehmen auszuprobieren und trotzdem die Wirtschaft stetig zu wachsen schien. Gleichzeitig schien es auf gesellschaftlicher Ebene das höchste und erstrebenswerteste Ziel aller zu sein, auf dem sozialen Netzwerk eigener Wahl eine hochindividuelle „personal brand" zu schaffen und als Individuum so einzigartig zu werden, dass man Geld ohne jegliche physische Arbeit, sondern rein durch das Schreiben von Posts verdienen könnte. Persönlich bin ich davon überzeugt, dass nichts von alldem die Menschheit in der Gefühlswelt oder im Mindset auf den Umgang mit exponentiellen Krisen vorbereitet hat: Geldausgeben, ohne Ergebnisse einzufordern, pure Technologiezentrierung und das Feiern des Individualismus sind nun mal nicht hilfreich, wenn effizienter Ressourceneinsatz, die gezielte Nutzung von Technologie zur Unterstützung des Menschen und das Bilden von Gemeinschaften zum Lösen von Problemen, die größer sind als wir alle, notwendig wären (und da nehme ich als Digitalverantwortlicher durchaus auch meine eigene Community in die Kritik). Scherzhaft erwähne ich oft in Gesprächen: „2016 mussten wir die VUCA-Welt herbeibeten – heute ist sie da, jetzt zeigt, was Ihr könnt." Aber so lustig das im ersten Moment auch klingen mag: Ich glaube tatsächlich, dass es schlussendlich immer die Krisen im Leben und in der Geschichte sind, die zeigen, was in uns Menschen wirklich drinsteckt und was wir am Ende wirklich brauchen, um glücklich zu sein. So viel lässt sich sagen: Instagram ist es nicht.

Und das ist damit nun auch mein größtes Herzensanliegen, bei meinen Vorträgen, aber ebenso in diesem Buch: Lassen Sie uns miteinander erinnern, was uns als Menschen ausmacht, an unsere Gefühle, unsere Sorgen und Ängste, aber auch an das, was uns Freude bereitet und uns begeistert. Egal, was uns moderne Managementgurus vermitteln wollen: Es gibt meiner Meinung nach keine magische „Methode" und schon gar keine „Killer"-Technologie, um eine bessere Führungskraft zu werden, eine glücklichere Beziehung oder ein erfüllteres Leben zu führen. Am Ende wissen wir eigentlich schon alles, was wir brauchen, denn wir fühlen es – wir müssen uns nur immer wieder daran erinnern bzw. uns das Gefühl erlauben. Und das tun wir nun mal oft, sobald ein Lied erklingt, sobald uns ein Rhythmus ergreift, sobald wir gemeinsam mit einem oder mehreren Menschen uns dazu bewegen oder sogar vielleicht gemeinsam laut singen. Diese Magie zu verstehen und sie möglich zu machen, ist für mich der Schlüssel zu erfolgreichen Teams. Gute Führungskräfte sind in meinen Augen vor allem eines: gute und echte Menschen, die verstanden haben, dass es nur miteinander geht. Wenn ich mit diesem Buch und meinen Gedanken auch nur ein klein wenig dazu beitragen kann, dass wir hier gemeinsam als Führungskräfte besser werden und voranschreiten, wäre das der schönste Lohn für mich.

Bei der Überarbeitung des Buches für diese zweite Auflage bin ich noch einmal meine eigene Reise angetreten. Es war dabei schön zu sehen, dass vieles vom Geschriebenen nach wie vor Bestand hat oder sogar noch wichtiger geworden ist. Dort, wo eine Ergänzung aufgrund der Geschehnisse der letzten vier Jahre notwendig war, habe ich diese vorgenommen. Ebenso möchte ich anmerken, dass mit dem Begriff „Partner", „Tänzer" o. ä. von meiner Seite immer alle Geschlechter gemeint sind – die einheitliche

Verwendung hat es nicht nur vom Lesefluss her einfacher gemacht, sondern unsere Damen bezeichnen sich selbst so, nicht zuletzt, weil eigentlich Englisch die Sprache des Tanzsports ist und wir alle über uns voller Überzeugung sagen: „I'm a dancer." Verzeihen Sie mir auch, wenn ich gelegentlich von „wir Herren" und „unseren Damen" spreche; dies ist zum einen die gängige Nomenklatur unseres Sports, zum anderen habe ich die Aufgabe des „Herren" im Tanzpaar nun mal jahrzehntelang selbst innegehabt und somit sind manche Anmerkungen und Erinnerungen, wenn sie sich auf den Sport beziehen, aus dieser Perspektive geschrieben.

Geht es in diesem Buch immer noch, wie einige Leser mir als (oftmals überraschtes) Feedback gegeben haben, wirklich sehr viel um Tanzen? Natürlich. Ich habe bei meinen Vorträgen festgestellt, dass dieses Bild so gut funktioniert, dass man für die meisten Menschen oft die Analogie zu Leadership im Unternehmen gar nicht mehr so umfassend ausformulieren muss, wenn das Beispiel aus dem Sport schon alles sagt, was wichtig ist. Viele Leser bzw. Zuhörer mögen auch gerade diese Art von Impuls, zu dem sie nicht alles „vorgekaut bekommen", sondern sie selbst darüber nachdenken und ihre Erkenntnisse finden dürfen. Abgesehen davon unterstelle ich als Autor natürlich, dass Sie sich dieses Werk nie gekauft hätten, wenn Sie das Thema Musik und Tanz überhaupt nicht interessieren würde. Und abschließend, falls Sie befürchten sollten, das alles wäre nur so ein konstruiertes „personal branding"-Ding – dazu zitiere ich gerne den Satz, den ein Fachkollege nach einem meiner Vorträge voller Erstaunen zu mir sagte: „Du hast das ja wirklich gemacht!" Nun ja – das ist so.

In den beiden neuen Kap. 14 und 15, die ich exklusiv für diese zweite Auflage verfasst habe, habe ich mir Themen gewählt, die sich in Gesprächen oder aus dem

Feedback zu meinen Vorträgen als besonders wichtig und hilfreich für die Zuhörenden herauskristallisiert haben. Es war mir eine Freude, diese Gedanken aus dem Publikum hier nochmals aufzunehmen und sie mit Inhalten aus der Sportwelt zu füllen.

Jetzt wünsche ich Ihnen mit diesem Buch jede Menge Freude und hoffe, dass es mir gelingt, dass Sie beim Lesen den gleichen Spaß empfinden wie ich beim Schreiben der jeweiligen Geschichten. Wenn Sie dazu Musik hören sollten und ab und an der Fuß dazu wippt … perfekt.

Bernd Preuschoff

Inhaltsverzeichnis

1	EINFÜHRUNG – Wie alles begann	1
2	MUSIK – Der Zauber des Zuhörens	29
3	BASICS – Der andere linke Fuß	41
4	BALANCE – Dein Körper lügt nicht	57
5	PARTNERING – Der Solist ist der Feind des Paares	79
6	PERFORMANCE – Die alte Dame am Rande der Fläche	89
7	FÜHRUNG – Bewegen, ohne zu berühren	101
8	LERNEN – Die unendliche Leiter	115

9	ERGEBNISSE – Auf der Fläche liegt die Wahrheit	129
10	ANERKENNUNG – Eine Reise zu einem Geschenk	143
11	IDENTITÄT – Vor Musik kannst Du Dich nicht verstecken	153
12	INSPIRATION – Wenn Weltmeister zurücktreten	171
13	WARUM – Die größte Frage von allen	183
14	MENTAL – Die fünf Prozent, die alles bestimmen	193
15	UNMÖGLICH – Der Mythos, der uns im Weg steht	213
16	EPILOG – Tanzen und Führung: Menschen treffen Menschen	233

Über den Autor

Bernd Preuschoff ist seit mehr als 25 Jahren erfolgreich als Experte im Digitalbereich aktiv und übernahm in dieser Zeit Führungsaufgaben bei namhaften Technologieberatungen, aber auch als CDO/CIO bei bekannten „Hidden Champions" im Mittelstand. Heute ist er CEO von CodeCamp:N, dem IT- und Digitaldienstleister der NÜRNBERGER Versicherung. Außerdem ist er Mitgründer der F.ECTIVES GmbH, die unter dem Label „The

Fractional CxO Company GmbH" digitale Top-Führungskräfte an Unternehmen vermittelt und diese im Fractional-Leadership-Modell bei ihrer Transformation begleitet. Er wurde in seiner Laufbahn mehrfach auf den Bühnen Deutschlands mit renommierten Awards für die erfolgreiche Arbeit seiner Teams ausgezeichnet und ist Mitherausgeber des „Praxis-Guide für Digital Leader", in welchem digitale Profis aus renommierten Unternehmen ihre Transformationserfahrungen teilen.

Parallel zu seinen beruflichen Hauptaufgaben agiert er u. a. auch als Coach für Startups im Founder's Institute-Netzwerk sowie als Aufsichtsrat/Beirat mit Digitalkompetenz für junge und mittelständische Unternehmen.

Bernd Preuschoff blickt außerdem auf über 30 Jahre Erfahrung als aktiver Tanzsportler und Lizenztrainer im Leistungssport zurück und betrieb zeitweise auch seine eigene Tanzschule.

Heute liegt sein Schwerpunkt auf dem Thema Transformational Leadership – so gibt er u. a. als Keynote-Speaker seine Erfahrung weiter und spricht darüber, welche Führungskompetenzen und -eigenschaften in Zeiten des Wandels und der Technologie erforderlich sind.

Mehr über Bernd Preuschoff finden Sie unter:
www.linkedin.com/in/bernd-preuschoff

1

EINFÜHRUNG – Wie alles begann

Man sagt, Tanzen ist, wenn die Seele lächelt. Darum bin ich Tänzer geworden: Weil es genügend Gründe im Leben gibt, traurig zu sein – und ich lächeln wollte.

Bernd Preuschoff

Nur noch wenige Minuten. Gleich ist es so weit. Im Moment unterhalten sich die anwesenden Gäste im Festsaal noch. Es sind viele, vielleicht fünfhundert – es können aber auch mehr sein, es ist schwer zu schätzen. Nicht alle haben einen Sitzplatz ergattern können; die Empore, auf der es keine Stühle gibt, ist ebenfalls vollbesetzt. Eintrittskarten für mitgereiste Fans waren nicht mehr zu bekommen. Es ist laut. Das Summen vieler fröhlicher Gespräche liegt in der Luft, unregelmäßig unterbrochen von Gelächter und dem hellen Klirren von Gläsern, die aneinandergestoßen werden. Die Fläche des Ballsaales ist noch leer, abgesehen von den beiden jungen Männern, die mit ihren großen Besen eifrig darüberwischen, dabei sorgsam bemüht, klare Linien abzulaufen und jeden in den vorherigen Runden abgefallenen Strassstein, Haarfussel oder Ohrring zu erwischen, auf dem man später ausrutschen könnte. Menschen in festlicher Kleidung schwirren wie Bienen in ihrem Stock zwischen den Tischen und den Ausgängen hin und her. Leise Musik vom Band rieselt im Hintergrund. Das große Orchester auf der Bühne hat noch Pause, die Sitze hinter den Instrumenten sind leer.

Du stehst gemeinsam mit Deiner Dame abseits in einer dunklen Ecke, hinter den Säulen unter der Empore. Leise hüpfst Du mehrere Male auf der Stelle, dehnst Deine Waden- und Oberschenkelmuskeln. Nicht mehr lange und der Turnierleiter des Abends wird Eure Nummer aufrufen.

Dann kommt es darauf an. Auf Euch beide.

Wenn man das alles als Athlet schon unzählige Male erlebt hat, dann weiß man genau: Jetzt dauert es nicht mehr lange. Die Energie im Raum ist mit Händen zu greifen und nimmt immer mehr zu, wie ein schneller werdender Herzschlag. Ein leises Sirren liegt in der Luft, welches Du wahrnimmst, weil Du in diesem Moment mit all Deinen Sinnen hemmungslos und ohne Filter offen bist für das, was um Dich herum geschieht. Wir Tänzer sind das immer, diese Sensibilität gehört untrennbar zu uns. Schließlich arbeiten wir mit Gefühlen. Denen unserer Zuschauer, denen unseres Partners und unseren eigenen.

Noch ein einziges Mal die Schuhsohlen bürsten. Sichergehen, dass kein kleines Stück Staub urplötzlich zu einem riesigen Stolperstein in Deiner Performance werden könnte. Noch einmal die Schnürsenkel auf Risse kontrollieren und dann richtig fest anziehen. Der Boden und Deine Füße müssen eins werden. Ein Schuh sitzt erst dann fest genug, wenn man ihn nicht mehr spürt. Tanzen verzeiht keinen Fehler. Ein Stolpern kannst Du nicht mehr rückgängig machen. Die Wertungsrichter und die

1 EINFÜHRUNG – Wie alles begann

Zuschauer haben es dann schon gesehen. Es gibt leider kein Zurückspulen auf der Fläche.

Ein letzter Blick in den Spiegel – die Anspannung und der Schweiß der vergangenen Runden dürfen nicht mehr zu sehen sein. Die Haare, die Kleidung, das Make-up: Jetzt ist Dein bestes Erscheinungsbild gefragt. Gar nicht so leicht, wenn man bedenkt, dass man zu diesem Zeitpunkt schon in der Regel drei Runden oder fünfzehn Tänze in den Knochen hat. Jeder Tanz ist identisch mit 90 s Vollsprint, allerdings unter ganz anderen Bedingungen im Vergleich z. B. zu einem 100-Meter-Läufer: Wir bringen Höchstleistung mit einem Lächeln im Gesicht und mit einem Partner an der Hand. Wir Tänzer machen gerne manchmal Scherze über die schmerzverzerrten Mienen anderer Sportler, welche bei Events gerne voller Dramatik auf Großbildleinwänden übertragen werden. Für uns ist ein solcher Gesichtsausdruck undenkbar. Unser Publikum möchte uns nicht arbeiten sehen. Es will Leichtigkeit erleben und verzaubert werden – verzaubert von dem magischen Moment, wenn wir das Unmögliche möglich machen und der Schwerkraft zu widerstehen scheinen.

In Fußball, Handball oder Leichtathletik zählen außerdem andere Dinge als bei uns, Dinge wie die Zahl der Tore, die Weite, die Höhe oder die Zeit. Dinge, die Du messen kannst. Nicht, ob Du dabei gelächelt hast. Oder ob Du Deinem Beobachter dabei ein gutes Gefühl geschenkt hast. Bei uns ist das anders, wir müssen zaubern. Im Fußball kannst Du auch ein Spiel gerne mal in den ersten Minuten entscheiden. Für uns unmöglich. Tanzen ist in dieser Hinsicht wie eine Besteigung des Mount Everest. Wenn Du schon richtig platt bist, Deine Muskeln bereits leicht angesäuert, Dein Geist schon im Begriff, müde zu werden – genau dann musst Du Deine beste Leistung bringen, auf dem Weg zur Spitze. Im Finale. Denn nur dort kann man die Eins erhalten, die über den Sieg entscheidet. Alles, was Du in den Runden vorher gezeigt hast, zählt nicht mehr.

Ein letzter Blick zur Partnerin. Du schaust ihr in die Augen. Suchst darin nach Anzeichen von Nervosität, irgendeinem kleinen Indiz von Unsicherheit, um ihr im Falle des Falles vielleicht noch irgendwie helfen zu können. Ihr Mut zuzusprechen. Du hast ihr leichtes Zittern sehr wohl gespürt in der letzten Runde, als sie dem anderen Paar ausweichen musste – genauso wie die zehn Prozent Power, die sie danach reingelegt hat, um diesen kurzen Moment des Korrigierens wieder auszugleichen. Dein Erfolg wird entscheidend davon abhängen, ob sie sich wohlfühlt. Denn sie ist die Dame, die Dich komplett macht. Du bist ihr Herr, der sie durch die Menge ins Scheinwerferlicht führen muss. Gemeinsam seid ihr die kleinste Mannschaft der Welt. Ihr beide gegen all die anderen. Doch sie strahlt. Ihre Augen glänzen vor begeisterter Aufregung, purer Freude und wahrer Lust auf das, was kommt. Sie lächelt alle an. Sie sieht atemberaubend aus in diesem neuen Outfit, das Ihr gemeinsam als Teil der Meisterschaftsvorbereitung für diesen Tag heute entworfen habt. Meisterlich. Einzigartig. Man wird Euch auf jedem Foto sofort erkennen. Und sich an Euch erinnern.

Ein letztes Mal nimmst Du ihre Hand in Deine, einfach nur, um noch ein paar Schritte im Dunkeln miteinander zu gehen. Um sicherzustellen, dass sofort wieder diese unsichtbare Verbindung zwischen Euch da ist, dieses magische Im-gleichen-Tempo-Gehen, ohne, dass jemand gezählt hat oder gesprochen hat. Um genau zu spüren, wo das Gewicht des anderen in dieser Sekunde ist, welche Spannung er in seinem Körper hat, wie er atmet. Um diesen unbeschreiblichen Flow zu spüren, in dem Ihr Euch befindet, wenn alle Bewegungen zwischen Euch im Einklang sind. Noch ein letztes Mal diesen schwierigen Teil der Choreografie des ersten Tanzes kurz durchgehen; noch

1 EINFÜHRUNG – Wie alles begann

einmal millimetergenau testen, wer wann wo welche Muskeln anzuspannen hat, damit diese Figur, das Highlight Eurer Figurenfolge, in wenigen Sekunden auf der Fläche perfekt wirken kann. Es wird funktionieren. Ganz sicher. Unzählige Male im Training hat es funktioniert. Du schaust sie an. Pure Energie fließt jetzt zwischen Euch.

Du hörst die tiefe, mit einem Lachen verzierte Stimme des Turnierleiters, wie sie den Geräuschpegel des Saales durchschneidet, der daraufhin sofort abebbt, in Stille mündet und dem Mann am Mikrofon den Raum überlässt. Jeder, der heute hier ist, will alles an diesem Abend mitbekommen, jedes einzelne noch so kleine Detail – sie haben lange darauf gewartet.

„Meine Damen und Herren, nun ist es endlich soweit – wir beginnen mit dem großen Finale unserer heutigen Meisterschaft, welches Sie alle so voller Spannung erwartet haben! Aus einem großen Feld an Teilnehmern haben sich nun die besten sechs Paare für diese letzte Runde an diesem Abend qualifiziert und warten gespannt darauf, Ihnen ihre beste Leistung zeigen zu dürfen und den Besten unter sich zum Meister zu küren! Begrüßen Sie nun mit mir, mit einem kräftigen Applaus, das Paar mit der Startnummer 138."

Und mit einem letzten festen Händedruck geht es los. Der Rücken gerade, die Arme weit geöffnet. Hinaus auf die Fläche. Ins Scheinwerferlicht. Zeigen wir es ihnen. Begeistern wir sie. Lächle mit mir.

Mein Name ist Bernd.
Ich tanze, seitdem ich vierzehn Jahre alt war.

Wie es überhaupt dazu kam, dass ich meine Füße viele Jahre mit der Fläche verheiratet habe und nicht wie andere Jungs in meinem Alter einem Ball nachlief oder Gewichte stemmte, dazu später mehr.

Mit siebzehn setzte ich das erste Mal meinen Fuß in einen Tanzsportclub. Der ehrliche, vollkommen unspektakuläre Grund: ein Mädchen, auf das ich fürchterlich stand und mit dem ich zuvor schon diverse Kurse in der ortsansässigen Tanzschule absolviert hatte. Sie hatte auf der letzten Tanzparty am Wochenende vollmundig verkündet, dass sie zukünftig „in den Club" gehen würde, da ihr das Programm hier in den normalen Tanzkursen mittlerweile zu langweilig geworden sei. Sie war eines dieser bildhübschen Mädchen, das jedem in ihrer Klasse und natürlich auch in ihrem Tanzkurs mindestens einmal den Kopf verdreht hatte – und ich gehörte natürlich dazu. Der Wettbewerb um ihre Gunst war also hart für mich, denn es gab natürlich viele, die sie zum Tanzen aufforderten. Fakt war aber auch, dass offenbar, wie ich aus schneller Analyse der Gesichtszüge der Anwesenden schloss, keiner der Jungs hier bei ihrer Ankündigung so richtig zog – der Club schien ihnen dann doch eine Nummer zu groß zu sein. Das war meine Chance: Wenn nicht jetzt, wann dann?

Ich beschaffte mir also eine Zeitung (1990 gab es noch kein Internet – Hinweis für alle später geborenen Leser!) und schaute dort die Trainingstermine des Vereins nach. Und da stand es auch schon im Veranstaltungskalender auf Seite 2: mittwochabends, 18 Uhr, Einsteigertraining. Mein Moment war also gekommen – ich war bereit. Mit einem Blumenstrauß in der Hand stand ich, perfekt und vor allem topmodisch gekleidet für die damalige Zeit, in einem lockeren Hemd und schwarzen Bundfaltenhosen am nächsten Mittwochabend vor der Hallentür und wartete auf das hübsche Mädchen. Innerlich freute ich mich diebisch und war mir absolut sicher, dass mein Plan, der mich an die Seite der jungen Dame bringen sollte, perfekt war! Man muss dazu wissen, dass ich, im Gegensatz zu meinen Freunden, nie gut darin war, ein Mädchen auf einer Party ganz cool anzusprechen. Übrigens ist das bereits die erste Gelegenheit, eines der typischen Klischees über Tänzer zu beseitigen: Angeblich haben wir ja, nicht enden wollenden Gerüchten zufolge, aufgrund unserer Bewegungskünste „eine Frau an jedem Finger". Glauben Sie mir: Es stimmt nicht. Ganz sicher definitiv nicht für mich, im zarten Alter von siebzehn Jahren, mit Popfrisur und bis dato ohne ein besonders hervorstechendes sportliches Talent. Ich musste mir schon immer andere einzigartige und ungewöhnliche Dinge überlegen, auf welche die anderen coolen Jungs, die Handstände machen konnten oder Torschützenkönige waren, nicht kamen, um bei einem weiblichen Pendant einen Wow-Effekt zu überzeugen. Wie gesagt: Dies schien also nun genau solch ein Moment zu sein.

Sie ahnen es schon: Die junge Dame kam natürlich nicht. Die Uhrzeiger liefen weiter und weiter, ohne dass jemand erschien – außer natürlich die Vereinspaare, die mit etwas zweifelndem Blick, aber zumindest teilweise aufmunterndem Lächeln an dem höflichen jungen Unbekannten, der mit Blumen in der Hand neben der Tür stand, vorbeiliefen. Irgendwann sickerte auch bei mir die Erkenntnis durch, dass aus meinem Vorhaben heute nichts mehr werden würde. Ich legte also die Blumen auf die Mauer neben dem Eingang und spazierte, abgrundtief sauer und vollkommen frustriert, vom Hof der Turnhalle. Da jedoch geschah etwas, was heute wie eine dieser berühmten „Fügungen des Schicksals" wirkt: Durch die Fenster der Halle, die aufgrund der sommerlichen Temperaturen offenstanden, erklang auf einmal Musik, voller Rhythmus, voller Leidenschaft – wie ich heute weiß, war dies eine Melodie, welche im freien Training dazu dient, sich aufzuwärmen. Es ist diese Art von südamerikanischer Musik, die den Zuhörer sofort mit dem Fuß wippen und mit den Fingern schnippen lässt – Sie kennen das sicher. Wer weiß, was passiert wäre, wenn ich diese paar Takte spannender Rhythmen genau in diesem Moment nicht mehr gehört hätte? Auf alle Fälle wurde meine Laune schlagartig besser und ich dachte bei mir: „Wenn Du schon hier bist, kannst Du es Dir auch anschauen.", drehte um, öffnete die Tür und betrat den Saal. Ich war wild entschlossen, mir doch noch das Beste aus dem Abend zu holen und mir wenigstens ein bisschen gute Laune bei Musik zu gönnen – ganz der abwesenden Dame zum Trotz.

Als ich den Saal betrat, waren alle Paare schon eifrig am Aufwärmen und drehten sich mit für mich atemberaubender Geschwindigkeit durch den großen Übungssaal mit den hohen Fenstern und dem dunklen Holzboden. Die Musik hallte aus einem schon etwas angestaubten Lautsprecher in der Ecke und wurde von den Turnhallenwänden noch dazu mehrfach verstärkt, ab und an unterbrochen durch ein Klatschen von Händen oder ein Klackern von Absätzen. Ich stand, fasziniert von dieser Mauer aus Musik und der darin schwebenden Atmosphäre, vermutlich mit offenem Mund da und vergaß sofort, dass ich ja hier neu und unbekannt war. Der Übungsleiter, der die Stunde betreute, sah mich in diesem Moment am Eingang stehen und kam auch sogleich auf mich zu. Er stellte sich vor: „Hi, ich bin Peter. Was führt Dich denn hierher?" Peter war, wie ich später feststellte, eine kleine Institution als Anfängertrainer in diesem Verein und stellte sich sogleich als sehr direkter Mensch heraus, der immer ohne Umschweife zum Punkt kam. Etwas überfahren suchte ich erst einmal nach passenden Worten – ich konnte ja nicht beim ersten Kennenlernen gleich kundtun, dass ich eigentlich nur da war, weil man mich versetzt hatte und ich nun der jungen Dame meine empfundene Schmach nicht gönnen wollte. Also stammelte ich, immer noch leicht verlegen: „Ich … ähm … interessiere mich fürs Tanzen und wollte mal bei Euch zuschauen. Ich setz mich einfach auf die Bank dort, beachtet mich gar nicht, ok?" Daraufhin sprach Peter, ohne mit der Wimper zu zucken, denjenigen Satz, der den Verlauf der folgenden Jahrzehnte meines Lebens in massiver Weise verändern sollte: „Hinsetzen ist nicht. Mitmachen oder raus."

Der Rest ist Geschichte. Nach einem halben Jahr Training begann ich mit siebzehn Jahren, Turniere zu tanzen. Meine erste Turniertanzpartnerin hieß Anja. Eigentlich passten wir nicht zueinander, denn ich war damals schon fast 20 Zentimeter größer als sie; wir waren also, wenn wir so nebeneinanderstanden, der vollkommene Widerspruch zur damaligen Idealvorstellung eines Tanzpaares, die ja viel lieber Partner gleicher Größe vorsieht. Noch lange Zeit zog uns unser damaliger Vereinspräsident damit auf, dass er ja finde, dass wir gar nicht zusammenpassen würden. Wir fanden jedoch beide bei unseren sonstigen Anläufen keine anderen, eventuell von der Größe her besser passenden Partner, von daher probierten wir es einfach miteinander – wir hatten die gleiche Einstellung zu Intensität und Zeitaufwand von Trainingseinheiten, wollten beide unseren Weg zu Turnieren schnell voranschreiten und das reichte uns als verbindendes Element erst einmal. Im Weiteren wurden wir, allen Unkenrufen zum Trotz, schnell zum erfolgreichsten Lateinpaar des Vereins, dann der Region, bis wir schlussendlich Landesmeister wurden und begannen, an internationalen Turnieren der Amateure teilzunehmen. Ungezählte Erlebnisse folgten, von Deutschen Meisterschaften über internationale offene Meisterschaften, Einladungs- und Massenturnieren, bis hin zu Reisen durch Deutschland und Europa, wie z. B. zu den German Open in Mannheim oder den French Open in Paris. Für einen jungen Mann wie mich, der in einer kleinen Stadt in der Pfalz groß geworden und damals noch nicht viel gereist war, waren solche Trips in die Hauptstädte ein unglaublich spannendes Erlebnis, bei dem ich Dinge zu sehen bekam, die ich vorher noch nie gesehen hatte. Ich erinnere mich zum Beispiel noch gut an unseren ausgedehnten Besuch des damals noch relativ neuen EuroDisney-Parks in Paris – ich kann an dieser Stelle versichern, dass vermehrtes Stehen in Warteschlangen an Fahrattraktionen nicht hilfreich ist, wenn man am nächsten Tag im Stade de Bercy das größte Turnier Frankreichs tanzen soll. Den emotionalsten Moment, den ein Turniertänzer erleben kann, nämlich den Schritt auf den heiligen Boden der British Open in Blackpool/England, erlebten Anja und ich schließlich auch. England gilt als das Geburtsland des Tanzsports, wie wir ihn heute kennen, und die offene internationale englische Meisterschaft in Blackpool mit ihrem Blumenstrauß an Traditionen gilt deswegen als das Highlight des Jahres im Turnierkalender aller Paare. Das Gefühl, auf der gleichen Fläche zu stehen, auf der all die Legenden und Helden unseres Tänzerlebens Geschichte geschrieben hatten, ist mit nichts zu beschreiben. Durch diese vielen Reisen, das Training, die Begegnungen kann ich sagen: Tanzen und der Leistungssport haben mein Leben verändert. Diesen Erfahrungen in jungen Jahren habe ich viel zu verdanken. Mehr, als ich vermutlich jemals so ganz verstehen werde.

Als Trainer zu arbeiten, fühlte sich bei all der Leidenschaft für den Sport auch von Anfang an irgendwie ganz natürlich für mich an und so begann ich schon relativ früh damit, jungen Paaren, die nach uns als Einsteiger in den Verein kamen, beim Training zu helfen. Es machte mir, neben meinem eigenen Training natürlich, einfach riesigen Spaß, Bewegungen bei anderen Tänzern zu beobachten, zu analysieren und ihnen dabei zu helfen, diese zu verbessern und eine gelungene Performance zu liefern. Während man selbst vorm Spiegel tanzt, kann man zwar schon vieles selbst erkennen, aber aufgrund von Drehungen und Richtungswechseln eben dann doch nicht alles

1 EINFÜHRUNG – Wie alles begann

– dazu braucht man dann eben einen Trainer, der einem seine Augen leiht. Die größte Freude neben dem Feilen an Bewegungen jedoch war es immer schon für mich gewesen, das Innerste der beiden Menschen in diesem Paar vor mir zu verstehen – ihre wahren Persönlichkeiten herauszuarbeiten, gemeinsam mit ihnen ihre einzigartige Identität als Paar zu formen und schließlich Choreografien zu entwerfen, welche genau diese Einzigartigkeit glänzen ließen. Wenn meine Paare auf diese, ihre ganz persönliche Art und Weise erfolgreich waren und mit ihrer Kunst die Flächen und manchmal auch Herzen eroberten, dann war ich so richtig glücklich.

Um im Verein auch offiziell als Trainer angestellt sein zu können, erwarb ich 1992 meine erste Lizenz als Trainer-C, zeitnah gefolgt vom Trainer-B-Schein im Jahr 1994. Ausgestattet mit dem Wissen aus zwei Jahren Trainerlehrgängen und der eigenen Erfahrung meiner Turnierlaufbahn, übernahm ich in den nun folgenden Jahren die Leitung verschiedener Gruppen in den Vereinen der jeweiligen Region, auch nachdem ich meinen Wohnort studienbedingt gewechselt hatte. Seit diesen Anfangsjahren habe ich eigentlich, nur von kleinen Pausen unterbrochen, bis zum heutigen Tag unterrichtet und an vielen Orten und bei vielen Gelegenheiten den unterschiedlichsten Menschen das Tanzen nähergebracht. Neben dem Studium und später dem Beruf funktionierte das zeitlich recht gut und sorgte somit in meinen jungen Jahren auch immer für einen schönen emotionalen Ausgleich zum Arbeitsalltag sowie natürlich auch für einen kleinen Zuverdienst zum Studentenleben oder später neben dem normalen Gehalt.

Doch bei den vielen zeitintensiven, aber trotzdem nebenberuflichen Aufgaben als Trainer in Vereinen und den vielen Stunden als Coach für Privatpersonen sollte es in meinem Leben zum Thema Tanz nicht bleiben. Als sich nach einigen Jahren in meiner beruflichen Laufbahn (was ich genau mache, dazu kommen wir später) mal wieder abzeichnete, dass ein Positionswechsel und damit ein Verlassen meines damaligen Unternehmens anstand, bot sich mir eine Gelegenheit, die ich einfach nutzen musste: Entgegen aller Karrierekonventionen und trotz zahlloser fassungsloser Blicke aus dem Kollegenumfeld, stieg ich für zwei Jahre aus meiner bis dato sehr gut verlaufenen beruflichen Karriere als Führungskraft im Digitalumfeld aus, um gemeinsam mit einer Sportkollegin meine eigene Tanzschule zu leiten. Auch hier ging es natürlich um eine neue Idee, nämlich um nichts weniger, als die Art, wie Einsteiger bis dato in den gängigen Tanzschulen in Deutschland tanzen lernten, zu verändern: Wir mieteten nämlich nicht einfach, wie man das annehmen würde, einen Saal und erwarteten, dass die Menschen nach Feierabend zu uns kamen, um dann mit dem üblichen Standard des Welttanzprogramms konfrontiert zu werden – nein, wir brachten den Tanzunterricht in Form von individuell gestalteten Projekten zu den Menschen nach Hause oder zu Unternehmen an deren Standorte. Den Lehrinhalt dieser Projekte durften die Kunden dabei individuell gestalten und somit frei wählen, welche Tänze sie tatsächlich lernen und auf welche Themen sie sich vorbereiten wollten: Ob es nun die anstehende Hochzeit der Tochter, die Salsaparty des besten Freundes oder einfach die kommende große Silvesterparty des Nobelhotels am Urlaubsort war – wir brachten den Menschen das Tanzen dafür bei, wie es von ihnen individuell gewünscht und an dem Ort, der für sie passend war. Ein spannendes Konzept, oder? Ein weiteres Qualitätsmerkmal war darüber hinaus, dass wir den Kunden keine klassischen Tanzlehrer, sondern hochqualifizierte Tanzsporttrainer als Lehrkräfte anboten, die durch ihre Ausbildung in wichtigen Bereichen, wie z. B. Sportmedizin, Bewegungslehre oder Psychologie, sehr individuell auf die Anforderungen und etwaige

1 EINFÜHRUNG – Wie alles begann

gesundheitliche Voraussetzungen der jeweiligen Teilnehmer eingehen konnten. Ich wollte mit diesem Konstrukt von Anfang an herausfinden, ob man in diesem Thema Tanzunterricht nach hunderten von Jahren gleicher Abläufe in Tanzschulen eine ganz andere Art der Erfahrung, nämlich ein wahres Premium-Tanz-Lernerlebnis, liefern konnte. War es möglich, damit Menschen noch mehr fürs Tanzen zu begeistern und von dieser Leidenschaft dann tatsächlich auch zu leben? Die Antwort lautete: Man kann! Unter dem Motto „Moving People"/"Menschen bewegen" leiteten wir ein von Beginn an hochprofitables kleines „Start-up", welches, ausgehend von einer kleinen Stadt in Mittelfranken, in kurzer Zeit in ganz Süddeutschland und bei Privatkunden, Volkshochschulen und DAX-Konzernen mit seinen Dienstleistungen vertreten war. Ich habe also tatsächlich meine Leidenschaft auch einmal zum Beruf gemacht.

Wenn Sie sich nun fragen, warum diese Episode ein Ende gefunden hat, so muss ich leider zugeben, dass ich damals die körperliche Belastung des Unterrichtens an sechs von sieben Tagen in der Woche tatsächlich unterschätzt hatte. Meine Gelenke begannen nach einiger Zeit, höllisch zu schmerzen; die Schmerzen nahmen jeden Tag weiter zu – und ein Ende davon war als Chef des Ganzen natürlich nicht abzusehen, denn schließlich kann man nur Geld verdienen, wenn man im Saal steht und unterrichtet. Da die Bewegungsunfähigkeit in diesem Fall aber leider gleichzeitig die Berufsunfähigkeit darstellt, musste ich daher, um meine zu diesem Zeitpunkt schon um zwei Töchter angewachsene Familie nicht diesem Risiko auszusetzen, aus gesundheitlichen Gründen die Entscheidung treffen, dieses Abenteuer zu beenden, meine Anteile an der Tanzschule zu verkaufen und in meinen vorherigen Beruf zurückzukehren. Trotzdem waren, aus heutiger Sicht, diese zwei Jahre eine wahnsinnig erfüllende und spannende Zeit, die ich um nichts in der Welt missen möchte: Meine Teilnehmerkreise umfassten alle Altersgruppen, von Kleinkindern bis zu Senioren, diverse Stile wie Latein, Tango Argentino oder Salsa, aber auch sehr spezielle Schüler wie z. B. eine Gruppe von Angehörigen eines Heimes für spastisch gelähmte Menschen. Letzteres war eine ganz besondere Erfahrung, die mich für mein Leben sehr geerdet hat: Wenn ein Mensch, der per Definition nie körperlich in der Lage sein wird, das zu tun, was wir gesunde Menschen an Bewegungsmöglichkeiten haben, Dich trotzdem aus vollem Herzen anlacht und, nachdem Du ihn zur Musik in seinem Rollstuhl zweimal durch den Saal gefahren hast, zu Dir sagt: „Wir haben schön getanzt, oder?", wird Dir klar, was Tanzen wirklich ist. Tanzen ist, wenn die Seele lächelt – und das war zwei Jahre lang mein tagtäglicher Arbeitsinhalt gewesen. Insofern hat sich diese Zeit mit meiner eigenen Tanzschule sehr gelohnt, ich habe viel gelernt und tatsächlich ist es ja nicht die schlechteste Erfahrung, einmal sein eigenes Unternehmen gegründet und aufgebaut zu haben, wenn man als Berater für andere Firmen unterwegs ist. Insofern zahlt sich diese Erfahrung, eine eigene spannende Marke aufgebaut und über kaufmännischen Erfolg sich selbst die nächsten neuen Mitarbeiter verdient zu haben, bis heute jeden Tag in meiner Laufbahn und in der Zusammenarbeit mit anderen Gründern und Vorständen aus. Wenn mich jemand aus dem digitalen Kollegenkreis heute auf dieses, aus dessen Sicht immer noch kuriose Abenteuer Tanzschule in meiner Laufbahn anspricht, scherze ich liebevoll darüber und sage mit einem Lächeln: „Auf meinem Grabstein wird stehen: Er hat's getan."

Kommen wir nun zu meiner eigentlichen Berufsausbildung: Ich bin Diplom-Kaufmann. Das klingt erst einmal relativ unaufgeregt, ist aber tatsächlich keine Selbstverständlichkeit gewesen – denn eigentlich wollte ich nach meinem Abitur Physiker werden. Wie kam es also dazu?

Mein Vater hatte selbst als Gründungsjahrgang der FU in Berlin Wirtschaftswissenschaften studiert und in seiner beruflichen Laufbahn verschiedene Rollen als Berater und auch als Geschäftsführer inne. Meine Erinnerungen an meine Jugend mit ihm sind voll von seinen Erzählungen von Management-Meetings und den Aufgaben, die er in den verschiedenen Unternehmen zu bewältigen hatte, für die er tätig war. Die Wochen mit ihm unterlagen, wie in vielen Familien damals, einem festen Rhythmus: Er fuhr jeden Montag zu seinem aktuellen Arbeitgeber und kam freitagabends wieder mit seinem Koffer zurück. Für mich als Kind war seine Ankunft, meist spät am Tag kurz vor dem Abendessen, immer ein besonderes Erlebnis. Zugegebenermaßen war auch das Leben für uns Kinder unter der Woche ein anderes, deutlich lockereres Dasein, als jenes, welches wir führten, wenn er, das Oberhaupt unserer Familie, am Wochenende zu Hause war. Die ersten Eindrücke von führenden Menschen in meinem Leben sind von ihm geprägt – ebenso natürlich wie die ersten Gedanken daran, was man alles anders machen könnte. Das soll keine Kritik sein, sondern ich glaube, es ist normal, dass die Vorbilder, die uns unsere Eltern geben, ganz natürlich die ersten sind, die wir widerlegen wollen. Mein Weg als sein einziger Sohn schien dabei für ihn vollkommen selbstverständlich vorgezeichnet: Schon früh fragte er mich, ob ich nicht den gleichen Weg einschlagen wolle wie er. Was tut man da als in die Rebellenjahre gekommener Sohn? Genau – man sucht sich etwas ganz anderes. Am besten noch etwas, von dem der Vater ganz sicher nichts versteht.

Physik hatte mich immer schon fasziniert: Erklären zu können, warum der Himmel blau ist oder wie Sterne geboren werden, reizte mich sehr und hatte mich schon als kleiner Junge durch eine Unzahl an Büchern geführt. Sich mit diesen unendlich großen, mit unseren geistigen

Möglichkeiten fast nicht zu durchdenkenden Phänomenen der Welt beschäftigen und hinter einzelnen Effekten die großen Zusammenhänge erkennen zu können, war mir immer Ansporn und Faszination zugleich. Als mein Abitur und damit die Entscheidung für die weitere Zukunft schließlich anstanden, hatte ich zudem noch ein anderes Problem, das sich durch diese Studienfachwahl nun auf praktische Art lösen ließ: Anja und ich waren auf einem Höhepunkt unserer gemeinsamen sportlichen Laufbahn und ich hatte fest vor, diese mit ihr weiterzuführen. Damit war klar, dass das Studium der Physik, welches ich im 20 Autominuten entfernten Karlsruhe beginnen konnte, die perfekte Lösung darstellte – es erschien einfach als die beste Möglichkeit, die beiden Ambitionen unter einen Hut zu bringen. Mein Vater nahm es zwar mit leichter Verwunderung zur Kenntnis, aber ließ mir schlussendlich meinen Willen. Mehr wollte ich ja gar nicht.

Nach dem Einstieg ins Studentenleben und den ersten absolvierten Vorlesungen stellte ich jedoch schnell fest, dass dieses Studium sich mitnichten mit dem beschäftigte, was ich wissen wollte: Theoretische Physik und Mathematik bildeten nämlich die Schwerpunkte des Grundstudiums, welche zwar intellektuell machbar waren, aber für mich so nie den Bezug zur Realität hatten, wie ich ihn mir wünschte. Ich wollte Dinge verstehen, um sie dann zu verändern – und sie nicht nur theoretisch diskutieren! Von Verändern war allerdings erst einmal nicht die Rede, sondern hauptsächlich von vielen Büchern, die es auswendig zu lernen galt. Schnell wurde mir klar, dass ich wohl eine Entscheidung fällen musste, denn bis ans Ende meiner Tage wollte ich das nicht machen, soviel war sicher – allerdings war mir zu diesem Zeitpunkt genauso wenig klar, was ich eigentlich stattdessen machen sollte.

1 EINFÜHRUNG – Wie alles begann

Und einmal mehr spielte der Zufall des Lebens eine große Rolle, um mich schließlich in die richtige Richtung zu schubsen: Eines Tages, als ich mich auf dem Weg zum großen Parkplatz der Universität befand, regnete es sprichwörtlich wie aus Eimern – ich stellte mich also aus purer Not für ein paar Minuten in einem Hörsaal unter, der neben meinem Weg lag, um dort das Ende des Unwetters abzuwarten. Tatsächlich fand dort aber zufällig gerade eine Buchführungsvorlesung des Studiengangs Wirtschaftsingenieurwesen statt, den es in Karlsruhe auch gibt. Ich setzte mich also in die letzte Reihe, machte es mir gemütlich, hörte dabei dem Referenten zu – und staunte mit jeder Sekunde mehr, warum man zu diesem Stoff überhaupt eine Vorlesung machte: Das war doch kein Lehrstoff, das war doch alles irgendwie nur gesunder Menschenverstand, was der gute Mann da vorne erzählte? Sowas konnte man ernsthaft studieren? Sie ahnen es vermutlich schon: Natürlich waren die Erlebnisse im Zuhause meines Vaters dann doch nicht spurlos an mir vorbeigegangen und mir wurde bewusst, wie viel Prägung damit schon bei mir geschehen war. So hatte ich als Kind lesen gelernt mit dem „Capital", welches nun mal als Zeitschriftenstapel auf unserem Wohnzimmertisch lag, und ich hatte meine ersten kleinen rhetorischen Übungen mit den internationalen Geschäftspartnern meines Vaters absolviert, die dieser manchmal zu uns nach Hause als Gäste einlud. Und das hatte mir ja auch riesigen Spaß gemacht! Also musste ich nun als junger Student wohl oder übel anerkennen, dass mein alter Mann doch nicht ganz falsch lag, als er mich immer wieder sanft, aber beharrlich in Richtung Wirtschaftswissenschaften bewegen wollte … Zu Hause angekommen, erzählte ich dann, endlos nervös und bis in die Haarspitzen angefüllt mit Adrenalin, meinem Vater von meiner großen eigenen Entscheidung, das Studium der Physik nach dem

Vordiplom zu beenden und danach schließlich Betriebswirtschaft zu studieren. Tatsächlich hatte ich mich schon auf der Heimreise mit dem Gedanken abgefunden, dass er mir ziemlich sicher den Kopf abreißen würde – denn in unserer traditionsbewussten Familie hatte noch nie (!), in all den Jahrzehnten, jemand sein Studium abgebrochen. Nachdem ich ihm also, mit leicht zitternden Knien und ebensolcher Stimme, die Neuigkeiten überbracht hatte, schaute er mich erst einmal lange, ohne irgendeine Regung oder einen Ausdruck im Gesicht, an … und nach einer gefühlten Ewigkeit zogen sich urplötzlich seine Mundwinkel nach oben und er brach, sich dabei mit den Händen auf die Oberschenkel klatschend, in schallendes Gelächter aus. Der Kopf wurde mir also, sehr zu meiner Überraschung, dann doch nicht abgerissen und so begann ich schließlich ein halbes Jahr später mein Studium der Betriebswirtschaftslehre in Nürnberg – eine meiner besten Entscheidungen meines Lebens. Der Satz meines Vaters, als wir nochmals darüber sprachen, warum ich nicht gleich seinem Vorschlag gefolgt war, wird mir auf ewig in liebevoller Erinnerung bleiben: „Meinst Du nicht, dass Dein alter Vater Dich doch manchmal noch besser kennt als Du Dich selbst?"

Jetzt aber zurück in die Gegenwart: Heute, 25 Jahre später, bin ich also ein Digital Executive und übernehme Rollen als CDO, CIO oder CEO – ich leite unternehmensübergreifende digitale Initiativen, überlege mir passende Strategien, gestalte die dazugehörigen Prozesse, baue die Organisationen, die es dazu braucht, realisiere Projekte und führe Menschen rund um die Möglichkeiten, die uns die Technologien von heute bieten. Da ich das schon so lange mache, scherze ich gerne in den Interviews und Podcasts, zu denen ich immer mal wieder eingeladen werde, dass meine Kollegen und ich Digitalisierung betrieben haben, als man es noch nicht so nannte: Denn dieser

Begriff, wie auch Rollenbezeichnungen wie z. B. die des CDOs, sind ja noch sehr junge Themen – aber die dahinterliegende Entwicklung hat schon vor geraumer Zeit begonnen, auch wenn es uns heute gar nicht mehr so vorkommen mag. Bleibt die Frage: Wie bin ich denn nun, nach dem Abenteuer Physik und als Diplom-Kaufmann, dann auch noch in die Technologiewelt reingerutscht?

Auch hierzu bedurfte es wieder eines kleinen Schubs des Schicksals: Nach meinem Studium führte mich mein Weg im Jahr 2000 als erste Station direkt in eine der fünf großen Unternehmens- und Technologieberatungen der Welt. Auch, wenn ich nicht zu denjenigen meines Studienfachs gehörte, die schon immer unbedingt dorthin wollten, erschien es mir einfach als die beste Möglichkeit, in kürzester Zeit so viel neue Themen wie möglich kennenzulernen. Die Zuteilung der ersten Projekte erwarteten wir jungen Neueinsteiger natürlich mit großer Spannung – zu welchem großen Namen der deutschen Industrie würde es uns verschlagen? Während meine Kollegen sich auf den Weg machten zu großen Telekommunikations-, Automobil- oder Handelskonzernen, erwischte ich per Zufall an diesem Tag den „Exoten": Mein erstes Projekt, dem ich zugeteilt wurde, bestand nämlich darin, gemeinsam mit vier anderen Kollegen die Start-up-Szene in der Region Deutschland, Österreich und Schweiz zu analysieren, zu verstehen und geeignete Unternehmen zu finden, mit denen mein erster Arbeitgeber, eine der größten Technologieberatungen weltweit, sinnvoll kooperieren könnte. So recht konnte ich das damals noch nicht einschätzen, was dieser neue Markt bringen sollte, aber zumindest erschien es mir so, als könnte man eine Menge Spaß haben. Und dem war auch so: Innerhalb kürzester Zeit flogen mir die kuriosesten Sachen um die Ohren, denn es war ja die Zeit der „new economy": die ersten Socken und Würste, die über dieses komische Ding namens „Internet" verkauft wurden, die ersten Marktplätze für große Unternehmen und ihre Zuliefernetzwerke, die ersten großen Kaufhäuser, welche das Netz als „temporäres Phänomen" ansahen und nur für „eine weitere Filiale im Netz hielten". Eine spannende Epoche voller Kreativität und neuen Kundenerfahrungen war das damals, welche den Grundstein gelegt hat für eine rasante Entwicklung, die seitdem nicht abreißt und auch darüber hinaus noch jedes Jahr an Tempo zugelegt hat. Hier wurde also nicht nur meine Begeisterung für das Finden und Skalieren von Ideen sowie für den Aufbau und das Wachstum von dafür passenden Organisationen gelegt, sondern auch mein Blick geschult für einen ganzheitlichen Ansatz, der Strategie, Technologie, Design und Mensch vereint.

Mittlerweile bin ich seit über zwanzig Jahren in der digitalen Welt unterwegs. In all dieser Zeit habe ich eine Vielzahl an Firmen begleiten dürfen und mit meinen Teams daran gearbeitet, innovative Ideen in anfassbare Realität umzusetzen. Dabei blieb es nicht nur bei beratenden Tätigkeiten, sondern ich übernahm auch Positionen bei Technologieanbietern, Agenturen und Kundenunternehmen – natürlich nach und nach mit mehr Verantwortung und einem größeren Aufgabenbereich. In meiner letzten Position war es meine Aufgabe, ein bekanntes deutsches Markenunternehmen, einen der sogenannten „hidden champions", zu einem Digital Leader zu machen. Wenn man den Ergebnissen glauben darf, ist uns das gelungen: Drei Top-Platzierungen bei den drei größten Digital Awards Deutschlands in drei Jahren sind, so glaube ich, ein gutes Zeugnis für das, was wir bewegt haben.

Der Gedanke, mein Wissen von der Fläche im Beruf einzusetzen, war dabei immer präsent. Zum Beispiel war eine Facette im Rückblick bei all den Positionen und Aufgaben, die ich all den Jahren übernehmen durfte, immer gleich: Das, was ich vorantreiben sollte, gab es bis dato noch nicht. Man musste es also von Grunde aufbauen, sozusagen aus dem Nichts – wie es bei Choreografien nun mal auch der Fall ist. In den jeweiligen Unternehmen gab es zudem meist nur wenige Personen (oder teilweise auch gar niemanden), die mir als Sparringspartner zur Verfügung hätte stehen können, wie der Aufbau der neuen Einheit denn funktionieren sollte – deswegen hatte man sich ja auch schließlich einen Experten wie mich an Bord geholt. Kurz zusammengefasst: wenige Mitstreiter, aber natürlich von Beginn an bereits jede Menge Zuschauer. Und in digitalen Themen ist es nicht anders als im Fußball: Die besten Trainer sind nicht mit Dir als Teilnehmer auf der Fläche, sondern sitzen als Beobachter auf der Couch daheim vorm Fernseher, manchmal durchaus mit Absicht möglichst weit weg vom tatsächlichen Geschehen. Es galt also, Leute mitzunehmen, ihre Zweifel zu beseitigen und zu überzeugen, sowie sie schnellstmöglich natürlich einzubinden, sodass sie ihren Status als Zuschauer aufgeben, die Fläche betreten und Teil des Gesamtbildes werden. Idealerweise eines Bildes, das wie beim Tanzen andere begeistert und von den dortigen Wertungsrichtern, dem Markt und den Kunden, mit einer Eins bewertet wird. Deswegen haben mich diese Aufgaben auch so fasziniert – denn ich kannte das ja alles.

In meiner Laufbahn bin ich im Weiteren einer Vielzahl und einer Vielfalt von Führungskräften begegnet, habe mit ihnen als Kollege im gleichen Team gearbeitet, sie als Berater bei ihrer Arbeit gecoacht oder manchmal auch nur von der Seite beobachtet, wie sie es angehen, ihre Teams, Einheiten oder Unternehmen zu einer guten Performance zu führen. Die Interaktion zwischen Menschen hat mich dabei schon immer fasziniert und mein Berufsfeld gab mir natürlich jede Menge Möglichkeiten, mich selbst auszuprobieren, aber auch von anderen zu lernen oder ihnen zu helfen. Dabei fiel mir ebenso auf, dass sich die zwei großen

Themenfelder in meinem Leben offenbar auf schon fast magische Weise zu gleichen schienen. An manchen Tagen stellte ich fest, dass ich für mein eigenes Empfinden eigentlich mehr Tanzunterricht gegeben hatte, als tatsächlich z. B. den Vorstandsworkshop zu halten, für den ich gebucht worden war. Es schien mir, als sei das Vorbereiten von herausragenden Solisten und deren Ausbalancieren zu einem wundervollen Tanzpaar ziemlich identisch mit dem Koordinieren von Vorstandsmitgliedern, in ihrem Fach jeweils herausragend, aber gemeinsam stets auf der Suche nach einer starken Managementteamleistung. Gleichzeitig war dieses Gefühl für mich aber auch nicht überraschend oder gar etwas Außergewöhnliches – über 25 Jahre Tätigkeit als Trainer können ja nicht einfach spurlos an einem vorbeigehen und fließen zwangsläufig in das Denken und Handeln als Führungskraft ein. Aber da war auch noch ein anderer Impuls: nämlich, dass es so schien, als würden manchem Zuhörer, der sich mit mir über die Herausforderungen und Aufgaben innerhalb eines Transformationsprozesse (im Unternehmen oder eines persönlichen) unterhielt, diese Methoden und Denkansätze helfen, die ein Tänzer im Training sowieso permanent nutzt – und dass der Tanz an sich eine hervorragende Visualisierung für Vorgänge und Effekte im Management von und in der Zusammenarbeit mit Mitarbeitern bieten kann. Wäre es daher eine nicht eine gute Idee, um Leadership neu bzw. anders zu denken? Aber noch war ich zögerlich.

Das Thema Leadership/Führung, Change und Experience hat insbesondere in der zweiten Dekade des laufenden Jahrtausends großen Aufwind erfahren. Die Ursache dafür dürfte vor allem in der Geschwindigkeit zu suchen sein, mit der sich unsere Welt in dieser Zeit verändert hat – nicht nur aufgrund der digitalen Transformation, sondern auch aufgrund der Veränderung von Weltmechaniken, die wir lange für sicher und unumkehrbar hielten.

1 EINFÜHRUNG – Wie alles begann

Es ist eine Tatsache, dass unsere Fähigkeit, zu beschleunigen, mittlerweile unser Vermögen, zu steuern, überholt hat. Wenn man dann noch ergänzt, wie schwer es geworden ist in Zeiten von Fake News und „alternativen Fakten", tatsächlich nicht mehr interpretierbare Wahrheiten zu finden, die für uns Menschen als soziale Wesen doch so wichtig sind, lässt sich vielleicht erklären, warum die Sehnsucht nach guten Führungskräften und Erlebnissen, die begeistern, so groß geworden ist.

Gleichzeitig mit diesem Bedarf nach guter Führung stieg, wie so oft, auch die Zahl an Managementtrainings oder Methoden. Diese jedoch schienen, so konnte man den Eindruck gewinnen, oftmals mehr darauf aus zu sein, an der aktuellen Entwicklung Geld zu verdienen, als tatsächlich den von der Entwicklung überrollten Führungskräften zu helfen. Methoden haben natürlich ihre Vorteile, verstehen Sie mich nicht falsch – aber sie haben meist auch noch einen anderen Effekt: Obwohl man sie ursprünglich in bester Absicht erlernen wollte, um der Komplexität Herr zu werden, die vor einem liegt, fügen sie dem Ganzen oftmals in der Realität mehr Kompliziertheit hinzu als sie tatsächlich wegnehmen. Tanzen hilft hier ganz im Gegensatz dazu, wieder einfach zu denken – vielleicht mal ein ganz anderer Ansatz.

Bei diesem Gedanken darf man zudem eine ganz bestimmte Tatsache nicht vergessen, wenn wir uns die obige Zielgruppe anschauen: Wie viele Menschen, die heute Führungspositionen besetzen, kamen tatsächlich in diese Position, weil sie als hervorragende Führungskräfte, Coaches und Mentoren angesehen wurden? Leider eher die Minderheit – denn wenn wir ehrlich zu uns sind, gelangen Menschen meist in verantwortliche Rollen, weil sie in ihrem jeweiligen Fachbereich etwas herausragend beherrschen. Das ist bewundernswert, aber leider dann nur die halbe Miete. Wenn es dann noch an einem Mentor fehlt, der hilft und zur Seite steht bei all den neuen menschenbezogenen Aufgaben, wird es schwer. Methoden, die sich in ihrer Essenz allein auf ein magisches, jedoch komplexes Vorgehen konzentrieren, allerdings nicht auf denjenigen, der diesen Weg geht, helfen hier nur bedingt. Tanzen reduziert uns auf die wirklich wichtigen Dinge und wenn wir sie verstehen, können wir uns viel besser selbst verbessern.

Abschließend war und ist es für mich immer wieder faszinierend zu sehen, dass viele Führungskräfte, die mir begegnet sind und Probleme mit ihrer Rolle hatten, in ihrer Freizeit fast immer durchaus aktive und ambitionierte Sportler sind – aber die Parallelen zu ihrer beruflichen Tätigkeit, wie man Höchstleistung erreicht, für sie nicht auf der Hand liegen. Tatsächlich ist der Leistungssport unserer beruflichen Leidenschaft schon immer sehr nah gewesen: Nicht umsonst sind ehemalige Box-Champions wie Wladimir Klitschko oder todesmutige Free-Solo-Kletterer wie Alex Honnold gefragte Keynote Speaker und eröffnen nicht selten nach ihrer Karriere Beratungsunternehmen, um ihre Erfahrung an Unternehmen weiterzugeben. Doch Tanzen hat tatsächlich, zusätzlich zu den üblichen Eigenschaften eines Leistungssports, als Alleinstellungsmerkmal eine weitere Dimension, die hilft, einen Menschen auf einer Ebene anzusprechen, die sonstige Sportarten nicht haben: die Musik. Kein Mensch kann Musik hören, ohne Emotionen zu empfinden – und das öffnet den Weg in eine ganz besondere Dimension des Erlebens und auch eine andere Art der Zusammenarbeit, die uns in unserer Berufswelt oft verloren gegangen ist. Könnte uns also das Tanzen nicht helfen, eine schönere und menschlichere Art von Führung zu erleben? Oder wie wir unseren Sport selbst beschreiben: als Höchstleistung mit Leichtigkeit und Lächeln?

1 EINFÜHRUNG – Wie alles begann

Dieser kleine, aber doch im Ergebnis so riesige Unterschied zum „normalen" Sport, die Musik, sorgt im Übrigen dafür, dass fast alle Turniertänzer, die ich kenne, nach Beendigung ihrer aktiven Laufbahn ein riesiges Problem haben, eine Ersatzsportart zu finden: Nichts erzeugt die gleiche Befriedigung, aber auch mentale Auslastung, wie das Perfektionieren einer Bewegung, um das auszudrücken, was einem die Musik mit auf den Weg gegeben hat. Allen Tänzern fehlt auch, wenn sie ehrlich sind, für immer die Fläche und das Publikum … nicht nur wegen des Adrenalins, der Spannung, der Atmosphäre. Viel wichtiger ist etwas anderes: Wir Tänzer sind Geschichtenerzähler. Wir leben für die Atemlosigkeit unseres Publikums, seine Emotionen, das Lachen, die Tränen. Wir erzählen bei jedem Tanz die Geschichte der Musik, aber unweigerlich auch immer eine von uns selbst, entrissen unserem innersten Ich, unseren Ängsten, Sorgen, von heimlicher und offenbarer Liebe. Wir legen unser Herz auf die Fläche, damit jeder hineinsehen kann. Deswegen haben wir solche Angst, diese Fläche zu verlieren. Wenn uns niemand zuhört, steht unser Herz still. Eine Geschichte, der niemand zuhört, hat es nie gegeben.

Am Ende hat nun alles zu diesem Buch geführt und es hat viele Jahre des guten Zuredens meiner Familie und Freunde gebraucht, schlussendlich all diese Gedanken, die sich im Laufe der Zeit bei mir angesammelt haben, zu Papier zu bringen. Den allerletzten Ausschlag gegeben hat ein Gespräch mit einer sehr guten Freundin und Tanzpartnerin, die mir sagte: „Man sieht es Dir die ganze Zeit an. Es ist Deine Geschichte. Erzähl es allen. Denn sie darf nicht verloren gehen." Das ist ein Argument, dem ich, nicht zuletzt für meine Kinder, nun doch folgen konnte – obwohl mir bewusst ist, dass am Ende auch das zum Leben eines Tänzers gehört: Ob wir Menschen bewegt haben, sehen wir erst, wenn der letzte Ton der Musik verklungen ist.

Von daher erlauben Sie mir – oder wie ein Tänzer sagen würde: Darf ich bitten, Ihnen auf den nächsten Seiten ein wenig mehr über meine Sicht auf das Leben einer Führungskraft und über diejenige Kunst zu erzählen, die mein Leben so verändert hat? Lassen Sie sich dabei von mir ein Stück weit mitnehmen in diese Welt des Tanzsports, die Sie vermutlich von innen nicht kennen, der Sie aber sicher in Ihrem Leben schon das eine oder andere Mal begegnet sind. Vielleicht haben Sie einen Tanzkurs besucht vor vielen Jahren? Wenn Sie verheiratet sind, so wünsche ich Ihnen, dass Sie einen Hochzeitswalzer mit ihrem Partner getanzt haben. Vielleicht ist Ihnen der Tanz in ihrer Religion schon begegnet? Oder Sie waren einfach einmal auf einem tollen Konzert und konnten irgendwann nicht mehr anders, als aufzuspringen und durch die Gegend zu hüpfen? Oder Sie hören beim Autofahren laut Musik und singen dabei lauthals, mit dem Körper wippend, mit? Gefühl zur Musik ist alles, was es braucht, um Tanzen zu erfahren.

Eines ist mir an dieser Stelle sehr wichtig: Dieses Buch soll keinerlei Belehrung für Sie als Führungskraft darstellen, sondern vielmehr eine Einladung zu einer anderen Perspektive auf das, was wir im Alltag mit den Menschen um uns herum, die auf unsere Führung vertrauen, anstellen. Was ich Ihnen erzähle, ist vor allem ein gut gemeintes Angebot: In meiner Welt, wie ich sie verstehe, schließen Belehrungen nämlich die Herzen, Einladungen hingegen öffnen sie und nur mit offenem Herzen kann man tanzen und führen. Gestatten Sie mir einfach, dass ich auf den folgenden Seiten ein wenig meine Geschichte erzähle und davon, was ich gelernt habe von all den Menschen, denen ich auf der Reise durch die Welt des Tanzes begegnet bin. Ich möchte Ihnen zudem ein wenig die Tür aufmachen zu dieser farbenfrohen Welt an Erlebnissen, Eindrücken und Lektionen, welche das Tanzen zu bieten hat und welche mich in jungen Jahren schon so geprägt haben. Bis heute helfen diese Lektionen mir, z. B. wenn ich auf eine Bühne hinausgehe, um eine Keynote zu halten, wenn ich mit einem Kunden spreche über die Ziele seines Unternehmens oder mit einem Mitarbeiter darüber, wo seine Karriere ihn vielleicht in der Zukunft hinführen mag – und ich dann an die Fläche zurückdenke. Im weiteren Verlauf des Buches werden wir deswegen auch gemeinsam den Weg des Trainings nehmen, den ein Tänzer geht: von den ersten kleinen Schritten, über die Arbeit mit dem Partner, bis hin zu den großen Erfolgen und auch dem Wunsch, vielleicht ein Vorbild für andere gewesen zu sein. Ich werde versuchen, Ihnen auf diesem Weg die Bilder zu geben, die Ihnen helfen können, Ihr Geschäftsleben und das Miteinander mit anderen Menschen dort neu zu sehen. Manches mag für Sie nach gesundem Menschenverstand klingen – das ist auch vollkommen in Ordnung. In unserer technologisch und auf permanentes Wachstum fokussierten Welt hilft es meiner Meinung nach immer, sich darauf zu besinnen, was uns Menschen ausmacht und was geschieht, wenn wir Dinge einfach halten. Allzu oft haben wir das in meinen Augen vergessen.

An dieser Stelle möchte ich zudem erwähnen, dass ich mich, trotz aller denkbaren Tanzformen, in meinen Ausführungen im Wesentlichen auf das Paartanzen fokussieren werde – nicht, dass die Prinzipien nicht auch anderweitig richtig oder andere Tanzformen weniger spannend wären, aber hier kenne ich mich nun einmal am besten aus. Schließlich habe ich die meiste Zeit meines Tänzerlebens mit einer einzigen Dame neben mir auf der Fläche verbracht. Demzufolge verzeihen Sie mir auch, wenn ich natürlich immer vom „Herrn" und der „Dame" spreche – dies hat im Tanzen nur bedingt etwas mit Geschlecht zu tun, sondern vor allem mit Rollen und Aufgaben. Der Tanzsport kennt nicht nur lange schon Tänze von Partnern gleichen Geschlechts (wussten Sie, dass der Tango Argentino vor allem von Männern getanzt wurde – einfach, weil man als Seemann, fern der Heimat, oftmals keine Frauen zur Verfügung, aber trotzdem Heimweh hatte?), sondern heutzutage auch eine tolle Sparte von sogenannte „Equality"-Turnieren, in denen gleichgeschlechtliche Paare antreten – also auch Frauen, welche die Rolle des „Herrn" übernehmen. Führung gilt also bitte immer für alle – egal, welchen Geschlechts.

Wenn Ihnen das Lesen dieses Buches Freude macht, ist schon eine ganze Menge erreicht. Wenn Ihnen etwas daran nicht gefallen sollte, so liegt das alleine an meiner Darbietung – das gehört zum Tanzen dazu. Wenn Sie jedoch am Ende dabei nicht nur Impulse zum Thema Führung und Performance erhalten haben, sondern auch noch Spaß daran hatten, das Eine oder das Andere über diese Welt des Tanzsports zu erfahren, diese Disziplin, über die zugegebenermaßen ziemlich viele Klischees in der Welt existieren (und ja, nicht alle davon sind unberechtigt …), so habe ich noch mehr geschafft. Wenn Sie aber am Ende des Buches nicht nur applaudieren, sondern danach auf dem Heimweg und vielleicht in den Tagen und Wochen danach noch lange daran denken, was das Geschriebene in Ihnen bewirkt hat und Sie Ihren Mitarbeiter, Ihren Partner, Ihre Kollegen mit anderen Augen sehen – nun, dann hat der Tänzer seinen Traum erreicht. Dann verbeugen wir uns vor unserem Publikum. Dann haben wir Spuren hinterlassen mit unserer Geschichte. Mehr können wir uns nicht wünschen.

2

MUSIK – Der Zauber des Zuhörens

Die Tanzenden wurden für verrückt gehalten von denjenigen, die die Musik nicht hören konnten.
Friedrich Nietzsche (Friedrich Nietzsche (Datum unbekannt): Zitate berühmter Personen. https://beruhmte-zitate.de/zitate/1982702-friedrich-nietzsche-die-tanzenden-wurden-fur-verruckt-gehalten-von-den/, zuletzt zugegriffen am 17.12.2024)

Lassen Sie uns zu Beginn erst einmal ein wenig über Musik sprechen. Wenn Sie es bis jetzt für dieses Buch noch nicht getan haben sollten, möchte ich Sie nun bitten, sich für die weitere Lektüre eine schöne Musik aufzulegen; ein Lied, das Sie gerne hören und das Ihnen ein Lächeln auf Ihr Gesicht zaubert – idealerweise also eines jener Stücke, mit dem Sie eine der großen Geschichten Ihres Lebens verbinden: sei es der erste zarte Kuss, ein erreichter Erfolg, auf den Sie sehr stolz sind oder vielleicht auch der wunderbare Abend auf der Berghütte, als man gemeinsam mit den besten Freunden der Jugend unvergessliche

Stunden miteinander verbracht hat. Was Sie auch immer Schönes gewählt haben: Halten Sie einen Moment inne und lassen Sie diese Melodie Ihres Lebens auf sich wirken. Wenn Sie in dieser Sekunde keinen Player in der Nähe haben sollten, macht das gar nichts – dann stellen Sie sich dieses Lied, das Sie so gut kennen, einfach in Ihrem Geiste vor. Musik muss nicht laut sein, um sie zu hören – und schon gar nicht, um sie zu fühlen.

In dieser kleinen Übung liegt schon eine kleine, aber wichtige Erkenntnis für uns: Wir Menschen erinnern uns in unserem Leben selten an Tatsachen, aber immer an Gefühle. Wenn wir also als Führungskräfte Entscheidungen treffen, sollten wir uns bei aller Rationalität klar machen, dass wir emotionale Erinnerungen für unsere Teams gestalten. Auch ich mache mir das immer wieder selbst bewusst: In meinem Leben gibt es eine Vielzahl dieser Musikstücke, an die ich nur denken muss, um sofort an einem anderen Ort zu sein, der voller Erinnerungen, Gefühle und Bilder steckt. Beispielsweise wäre da bei mir das Klavierkonzert Nr. 1 b-Moll von Pjotr Tschaikowsky … es war eines der Lieblingsstücke meiner Mutter und sie hörte es immer dann, wenn sie so richtig, richtig sauer war. Wir Kinder wussten genau, was die Stunde geschlagen hatte (und dass wir offenbar ziemlichen Blödsinn angestellt hatten), wenn sie sich ins Wohnzimmer begab, alle Türen schloss und dieses Konzert in voller Lautstärke hörte. Wir verzogen uns dann leise, aber zügig, in unsere Zimmer im ersten Stock und gaben keinen Mucks von uns. Wenn das Stück dann zu Ende war, kam sie jedoch immer wieder, auf wundersame Weise vollkommen entspannt, aus dem Wohnzimmer heraus und es war schließlich irgendwie dann doch nicht alles so schlimm, wie wir befürchtet hatten, die wir oben schweigsam und durch die Decke mit Klavierspiel beschallt auf unseren Betten saßen. Wundersamerweise hat dieses Stück bis heute die gleiche Wirkung auch auf mich: Es beruhigt mich. Das Klavierspiel nimmt mich mit sich wie ein Schiff, das erst stürmisch, aber auch manchmal leise auf den Wellen schaukelt. Es nimmt mir den Ärger und die Wut, die manche Dinge vorher in mir angestaut haben. Und wenn es zu Ende ist, kann ich von Herzen lächeln.

Ein weiteres Stück, bei dem ich immer wieder unweigerlich lachen muss und einfach extrem gute Laune bekomme, ist die Titelmelodie von „Winnetou", der legendären Filmreihe aus deutscher Produktion mit Pierre Brice und Lex Barker. Mein bester Freund Jürgen und ich hatten uns – wie soll es auch anders sein – damals in meinem ersten Trainerlehrgang im Jahr 1993 kennengelernt. Obwohl wir ganz zu Beginn noch nicht so recht viel miteinander anfangen konnten, merkten wir schnell, wie ähnlich wir uns waren – und hatten uns einst, im Laufe eines langen Abends und während eines langen Spazierganges entlang des Rheins, während dem wir uns unser Leben erzählten, „Bruderschaft" geschworen – fragen Sie mich bitte nicht nach den Details der Zeremonie, sie dürfen jetzt aber gerne ein wenig schmunzeln. Fakt ist aber, dass wir heute gegenseitig Paten unserer Kinder, als auch unsere jeweiligen Trauzeugen sind – wir sind tatsächlich füreinander so etwas wie die Brüder geworden, die wir beide im echten Leben nie hatten, da er, genauso wie ich, inmitten von Schwestern groß wurde. Wenn ich also diese Musik höre, denke ich an meinen besten Freund, an die bald dreißig Jahre, die uns verbinden, an den unglaublichen Unsinn, den wir beide schon gemeinsam angestellt haben (wir beide in Kombination galten immer als die „enfants terribles" der Trainerlehrgänge – wir gehörten zu den Besten, aber vor unseren Scherzen war nichts und niemand sicher!) – und dann muss ich einfach lachen. Jürgen hat meine Telefonnummer sogar in seinem Mobiltelefon mit dieser Melodie hinterlegt – ich kann sein Grinsen jedes

Mal in seiner Stimme hören, wenn er einen Anruf von mir entgegennimmt.

Warum ich Ihnen all diese Geschichten erzähle? Weil ich Ihnen als allererstes zeigen möchte, wie wichtig Musik in unserem Leben und für unsere Seele ist. Sie erfüllt uns mit unzähligen Emotionen, macht uns zu fröhlichen, motivierten, verliebten, nachdenklichen, ängstlichen oder auch manchmal traurigen Menschen. Sie erzeugt unweigerlich Bilder in uns und Gefühle, gegen die wir uns nicht wehren können – deswegen funktionieren unter anderem auch viele weltberühmte Filme meist nie ohne ihre Musik! Denken Sie zum Beispiel nur einmal an das unheilvolle Leitthema aus den Klassikern „Der Weiße Hai" oder „Psycho". Gleiches gilt aber natürlich in selbem Maße für fröhlichere und liebevollere Filmlieder, die uns ein Lächeln aufs Gesicht zaubern und bei denen wir sofort gute Laune bekommen, wie z. B. bei „Raindrops keep falling on my head" aus dem Film „Zwei Banditen" oder dem „Choop Choop Song" aus „Mondsüchtig" mit der Sängerin Cher in der Hauptrolle. Bei manchen Liedern hält auch, ohne dass wir etwas dagegen tun könnten, unser Körper einfach nicht still – das Geheimnis übrigens eines jeden guten DJs. Stücke wie „Sing Halleluja" von Dr. Alban, „YMCA" von den Village People oder, aus jüngster Zeit, „Zusammen" von den Fantastischen Vier sind absolute Selbstläufer, wenn man eine große Tanzfläche füllen und die Menschen zum Mitsingen bringen will. Sie sind (noch) kein Tänzer und gehen nicht gerne in Diskotheken? Nun, dann bin ich gespannt, was Sie schätzen, wie viele Zuschauer bei der Eurovisionsmelodie vor den Samstagabendshows im deutschen Fernsehen oder bei der Titelmelodie der Champions League bei Fußball-TV-Übertragungen zu Hause auf der Couch wild mit den Armen wedelnd mitdirigieren ...

Überhaupt ist es erstaunlich, wie Musik stets unter Umgehung aller rationalen Mechanismen direkten Einfluss

2 MUSIK – Der Zauber des Zuhörens

auf unseren Körper nimmt, der sich dann auch meist, wie durch Zauberhand, von selbst in Bewegung versetzt. Obwohl wir dazu keinerlei Ausbildung haben, macht uns das trotzdem nichts aus – wir sind in diesen Momenten ganz bei uns selbst. Ich rede darüber gerne insbesondere mit denjenigen (zahlreichen) Männern, die von sich behaupten, dass „Tanzen nichts für sie ist" – eine nicht unübliche erste Reaktion, wenn das Gespräch auf das Thema kommt. Ich frage sie dann meist einfach, ob sie beim Autofahren gerne Musik hören. Wenn sie mit „Ja" antworten, frage ich weiter, ob sie dann bei diesen Gelegenheiten auch ihre Lieblingsmusik einlegen und so richtig laut aufdrehen, wenn ein cooler Song kommt. Das wird natürlich bejaht und das ist dann der Moment für mein abschließendes Nachforschen: „Was tut jetzt Ihr Daumen am Lenkrad?" Neben einem Grund zum Schmunzeln soll dieses kleine Beispiel Ihnen dazu dienen, zu zeigen, dass wir Menschen die Grundlage des Tanzens alle in uns tragen: Emotionen, die durch Musik ausgelöst wurden und die dafür sorgen, dass wir uns bewegen müssen und wollen. Wie groß, ausgefeilt oder kompliziert diese Bewegung dann ist, ist ja im Moment vollkommen egal und hängt dann davon ab, worauf man Lust hat oder was man sich näher anschauen möchte. Aber tanzen können wir Menschen alle, so viel ist sicher. Denn wir sind emotionale Wesen, ob im Hobby oder im Beruf. Und alleine diese Erkenntnis ist schon viel wert für unsere Arbeit mit Menschen.

Lustigerweise sind die Teilnehmer meiner Unterrichtseinheiten immer etwas überrascht, wenn es in der ersten Stunde nicht sofort um Schritte, sondern erst einmal um Musik geht. Obwohl es sich eigentlich selbstverständlich anhört, so ist es tatsächlich unter Tänzern (besonders bei Einsteigern, aber gelegentlich selbst später bei dem einen oder anderen Turniertänzer, der seinen Fokus mehr auf Hochleistungssport als auf Kunst legt) ein verbreitetes

Phänomen, dass Musik manchmal einfach nur dazu dient, über den Takt zu vermitteln, welcher Tanz das nun ist. Wenn das erkannt ist, weiß man ja, womit man loslegen kann – für viele Paare natürlich das erste große Rätsel, das gemeinsam auf der Fläche zu lösen ist. Aber bei genauem Zuhören ist Musik ja viel vielschichtiger. Tatsächlich unterscheiden wir im Tanztraining im mindesten Fall den Takt, den Rhythmus und die Melodie bzw. den Gesang: Der Takt gibt uns vor, wie schnell der Tanz ist und wann wir die Füße auf die vollen Taktschläge (oder Teile davon) zu setzen haben. Der Rhythmus hingegen gibt uns die Details des Tanzes, die vielen kleinen Zwischenbeats, welche der Ansatzpunkt für unsere Körperbewegungen sind und der damit die Charakteristik jedes Tanzes ausmacht. Die Melodie schließlich gibt uns vor, um welche Emotion es in diesem Lied geht und der Gesang ergänzt mit Worten die Erzählung, welche in das Lied eingewoben ist – das sind die wertvollen Gedanken, aus denen wir Tänzer dann den Ausdruck, das Paarzusammenspiel und damit die gesamte Umsetzung der Musik mit unserem Körper formen. Sich also ausschließlich nur beim Takt aufzuhalten, um dann nach dem Erkennen loszurennen und ein dazu passendes Programm „abzuspulen", beraubt den Tänzer also mindestens um zwei der drei wichtigsten Informationen – und damit der Möglichkeit, aus diesem Lied das zu machen, was tatsächlich möglich wäre und all das auszudrücken, was in ihm verborgen ist. In der Tat nenne ich das mit einem amüsierten Zwinkern immer wieder mal „rhythmische Sportgymnastik", wenn ich Tänzer sehe, die auf diese Weise ein Lied „ignorieren" – es ist zwar sicherlich viel Bewegung auf Taktschläge, aber mit Empathie, Einfühlen und Kreativität hat das nicht viel zu tun. Der wahre Zauber für die Zuschauer, aber auch für das Paar selbst, entsteht tatsächlich erst, wenn man sich wirklich auf die Musik einlässt, sie respektiert und dann, auf ihr aufsetzend, seine Persönlichkeit einbringt, um ein Ergebnis zu schaffen, das für alle mit allen Sinnen stimmig ist – und bewegt. Ich bringe daher allen meinen Paaren bei, nicht sofort mit den ersten Takten eines Liedes loszulegen, sondern vielmehr sich erst einmal die Zeit zu nehmen, ein wenig zuzuhören und die Musik tief in sich aufzunehmen – dadurch vergehen zwar ein paar Sekunden, aber sie zahlen sich aus in einer viel harmonischeren und authentischeren Darbietung. Nicht zuletzt erlaubt dieses Einfühlen den Tänzern, mit einer Musik vertraut zu werden und ihr eigenes Ich damit umgehen zu lassen – das ist die Grundlage für ein intensives, authentisches und erfülltes Erleben der eigenen Bewegung.

Nach all diesen Ausführungen werden Sie sich vielleicht fragen, was das alles mit Führung zu tun haben mag – ich bin der Meinung: ziemlich viel, denn tatsächlich kann man Ähnliches auch bei uns im Geschäftsleben immer wieder beobachten, wenn neue Führungskräfte in ein neues Umfeld kommen, zum Beispiel nach einem Unternehmens- oder Teamwechsel, und dort die berühmten „ersten hundert Tage" verbringen. Was viele hier versuchen, ist, in maximal machbarer Höchstgeschwindigkeit ihre bisher gelernten Verfahren an den neuen Wirkungsort anzulegen, sobald sie meinen, den Takt des Unternehmens erkannt zu haben – und natürlich wenden sie diese trainierten Abläufe genauso an, wie sie es an anderer Stelle vorher auch getan haben. Diese Führungskräfte wundern sich dann nicht selten, warum die ersten Wochen und Monate noch keine rechte Harmonie mit dem Rest der Mannschaft aufkommen will, warum sich mit ihren Maßnahmen nicht sogleich „ein frischer Wind" einstellt und sie vielleicht sogar intern beim einen oder anderen ziemlich deutlich mit einer gewissen Ablehnung zu kämpfen haben. Warum ist das so? Und noch viel wichtiger: Wie kann man es vielleicht ändern?

In der Tat glaube ich, dass alle Unternehmen ihre eigene Musik und Melodie, ihren eigenen Takt und Rhythmus haben – ich mag dieses Bild und seine Analogie sehr, denn es erklärt eine Menge dessen, was uns im Wirtschaftsleben begegnet.

Wenn Sie schon für mehrere Arbeitgeber in Ihrer Laufbahn gearbeitet haben, pflichten Sie mir sicher bei, wenn ich sage, dass jedes Unternehmen seine eigene Geschwindigkeit hat. Auch wenn Firmen dieselbe Größe besitzen, eine ähnliche Positionierung haben und in der gleichen Industrie tätig sind, gibt es trotzdem immer noch gravierende Unterschiede: Die Art und die Wege, wie in der Organisation entschieden wird, die Selbstverständlichkeit und das Umsetzen von agiler Kollaboration oder die angebotenen Möglichkeiten für Mitarbeiter, sich kontinuierlich zu entwickeln, sind nur einige Beispiele für die kleinen Details, die viel über die Bewegungsfähigkeit und -geschwindigkeit von Firmen aussagen und in Summe einen gravierenden Unterschied zwischen einzelnen Wettbewerbern ausmachen können. Mit anderen Worten: Obwohl mit Sicherheit bei zwei Unternehmen ein gleicher Takt vorliegt, haben sie doch definitiv einen anderen Rhythmus – die Art, wie der gesamte Organismus sich bewegt, ist unterschiedlich. Dazu kommt, im wahrsten Sinne des Wortes, die Melodie eines Unternehmens – diese ist immer sehr gut erkennbar an Art und Inhalt der Kommunikation, die besonders seitens der Führung gelebt wird. Hier findet man all diese Emotionen, die latent in der Organisation vorhanden sind und entweder transparent offenliegen und gefördert, oder versteckt und teilweise sogar geächtet werden; hier, in den kleinen Gesprächen, den vielen Mails und den regelmäßigen Intranetartikeln ist zu sehen, welche Gefühlslage wirklich im Unternehmen vorherrscht – und nicht zuletzt zeigt jede einzelne Führungskraft jeden Tag aufs Neue, wenn sie mit Kollegen und Mitarbeitern umgeht, „welches Lied sie singt".

Die Rhythmen und Melodien eines Unternehmens sind vielschichtig, mitunter sehr komplex und lassen sich in meinen Augen nach einer gewissen Zeit doch meist recht gut einschätzen. Die Voraussetzung dafür ist, dass man sich als „Neuling" zuerst einmal die Zeit nimmt und weniger selbst redet, sondern mehr zuhört – das klingt einfach und offensichtlich, ist es aber in der Regel nicht. Natürlich stehen wir Führungskräfte, meist schon aufgrund der Höhe unseres Gehaltes, unter dem Druck, recht schnell Erfolge zu zeigen und den Beweis dafür anzutreten, dass die Entscheidung, uns an Bord zu holen, und die damit verbundene Investition die richtige war. Diesem Druck jedoch in der Form nachzugeben, dass man direkt „mit Pauken und Trompeten" loslegt, bringt einen meiner Erfahrung nach nicht weiter: Hier, wie auch bei den Paaren auf der Fläche, lohnt sich die Zeit, die man sich nimmt, um erst einmal zuzuhören und die Aufmerksamkeit zu öffnen nicht nur für die lauten Schläge, sondern vor allem für die vielen kleinen und feinen Zwischentöne. Das bedeutet ja nicht im selben Atemzug, seine erlernten Inhalte zu vergessen, ganz im Gegenteil – aber wenn man einmal verstanden hat, „wie die Musik spielt", lassen sich diese natürlich viel besser auf den konkreten Fall anpassen, in Geschwindigkeit und Detail verändern und haben damit eine viel größere Chance, bei den Teilnehmern des Konzerts Gehör zu finden. Generell gilt im Übrigen im Geschäftsleben, wie auch im Tanzen: Hastiges Rennen auf der Fläche ist eher irritierend – und trägt, wie später die Ergebnisse in der Regel zeigen, auch nicht wirklich zum Erfolg bei.

Meines Erachtens wird die Diskussion darüber, welche Geschwindigkeit, welcher Takt und welche Melodie angebracht wäre, vor allem im großen Umfeld der Digitalisierung oft sehr schwarz-weiß und in einer Art und Weise geführt, die sehr auf die Wertung des Anderen und damit auf Konflikt ausgelegt ist. Hier stehen sich seit dem

Beginn der Debatte um die digitale Transformation in der Mitte der 2010er-Jahre die traditionsbewussten Unternehmen und die alles verändern wollenden „Evangelists" bzw. „Gurus" mit heruntergelassenem Visier gegenüber und beharren darauf, dass ihre jeweilige Musik mit ziemlicher Sicherheit die beste, die jeweils andere aber auf alle Fälle nicht zu gebrauchen ist. An dieser Stelle mache ich immer gerne den Vergleich mit dem, was wir Tänzer auf einem Turnier leisten müssen: Fünf, wenn nicht sogar zehn unterschiedliche Tänze pro Runde müssen wir zeigen – jeder davon mit einer anderen Geschwindigkeit, seiner besonderen Rhythmik und individuellen Aussage. Beherrschen müssen wir sie alle auf die gleiche Art – die Frage ist also nicht, welcher davon „der richtige" oder „der beste" Tanz ist, sondern vielmehr, wie schnell wir uns mit unserem Körper und unserem Geist, die ja immer die gleichen bleiben, darauf einstellen können. Dazu ist einmal mehr zwingend notwendig: aktives Zuhören – und sich die paar Sekunden zum Erkennen, Verstehen und Aufnehmen geben, um dann dem entsprechenden Thema gerecht zu werden und ihm idealerweise dann noch seinen individuellen Stempel aufzudrücken. Das gleiche Vorgehen hat mir in meiner Tätigkeit viele Male geholfen, wenn ich als Berater vor Kunden oder als Führungskraft vor meinen Mitarbeitern stand: viele Gespräche mit Mitarbeitern unterschiedlichster Tätigkeiten und Hierarchielevels zu führen und damit den Stand und die Aussage der Melodie des Unternehmens aufzunehmen. Tatsächlich hilft hier auch oft diese „verrückte Methode namens Fragen", wenn man sich nicht sicher ist, ob man den „Beat", der gerade in der Luft liegt, schon erfasst hat. Auf Basis der Antworten und des Gehörten ist es dann viel besser möglich, das richtige Vorgehen aus dem eigenen Repertoire zu fischen und darauf aufbauend, für den richtigen Tanz richtig zu führen. Die Kunst liegt also, im Tanz wie im Unternehmen, im

2 MUSIK – Der Zauber des Zuhörens

kreativen und konstruktiven Umgang mit der Vielfalt – und nicht im Beharren auf der „eigenen/einen/wahren Weisheit".

Was ich Ihnen mit all diesen Geschichten und Analogien sagen will, ist eigentlich recht simpel – aber wie ich finde, in unseren Beziehungen mit anderen Menschen extrem kraftvoll: Zuhören gehört in meinen Augen zu den am meisten unterschätzten und oftmals leider sträflich vernachlässigten Fähigkeiten der heutigen Zeit. Wenn ich die Musik nicht wahrlich höre, wird es mir nie gelingen, sie mit meinem Körper und meiner Bewegung zum Ausdruck zu bringen – und schon gar nicht werde ich den Punkt erreichen, an dem man sieht, wie einzigartig meine persönliche Interpretation davon geworden ist. Stellen Sie sich also auch in Ihrem Unternehmen nicht „über die Musik" und nutzen sie allein dazu, Ihre Darbietung „abspulen" zu können. Nehmen Sie sich vielmehr die notwendige Zeit und hören Sie zu, was das Unternehmen und seine Menschen bewegt, erfühlen Sie, welche Klänge funktionieren und welche nicht – und nutzen Sie dann Ihre Kompetenz, dieses Lied aufzunehmen, zu Ihrem zu machen und dann zu interpretieren. Bieten Sie kleine kreative Veränderungen an: ein wenig schneller, ein wenig lauter, ein Instrument mehr – was auch immer interessant und machbar erscheint. Wenn dann alle erst einmal gewöhnt sind, an das Auftauchen und Bearbeiten von Variationen, ist der Moment gekommen, um auch einmal ganz neue Lieder anzubieten – und um dann zu sehen, zu welcher wunderbaren Vielfalt das Unternehmen und seine Menschen fähig sind. Diese Vielfalt ist für mich der Schlüssel, um mit einer Welt, die wir nicht vorhersehen können, umzugehen und die Zukunft der Menschen, die darin leben, zu gestalten – und ein paar Momente des Zuhörens, wenn die Musik des Lebens spielt, sind mit Sicherheit ein guter Anfang dafür.

3

BASICS – Der andere linke Fuß

Der Tanz ist ein Gedicht und jede seiner Bewegungen ist ein Wort.
Mata Hari (Mata Hari (Datum unbekannt): Aphorismus zum Thema Tanz. http://www.aphorismen.de/zitat/137522, letzter Zugriff am 17.12.2024)

Das Leben einer Führungskraft, die ein kleines Team, eine große Einheit oder ein ganzes Unternehmen führt, ist stets gefüllt mit Verantwortung und geprägt von sehr anspruchsvollen Aktivitäten. Diese haben in der Regel eine immense Bandbreite, die sich wie ein Fächer in eine Kaskade an einzelnen Aufgaben und unterschiedlichsten Details aufbricht. Das erfordert nicht nur die Fähigkeit, dieses Spektrum stets gut im Griff zu behalten, sondern zudem jede Menge richtig gewählte und relevante Kommunikation, die natürlich gerade in Zeiten der Veränderung vorher auch immer gut durchdacht sein will. Alles, was geschieht, benötigt unsere Aufmerksamkeit als Führende in gleichem Maße – und das meist noch unter

Begleitung einer mit lautem Schlag tickenden Uhr, die auf dem Tisch des Managements oder der Gesellschafter steht. Die permanente Flut an Informationen, die von uns abverlangten Entscheidungen und das Wissen über mögliche Konsequenzen sorgen schnell dafür, dass man immensen Druck empfindet und sich von der Aufgabe überwältigt fühlt, deren Komplexität man befürchtet, niemals so ganz stemmen zu können. Das soll bei unserem gemeinsamen Start in die Welt des Tanzens nicht auch so sein; daher haben wir ja auch zu Beginn erst einmal über Musik gesprochen und sind nicht gleich hektisch in komplizierte Figuren eingestiegen. Lassen Sie uns das so einfach noch ein wenig beibehalten und daher auch jetzt, wo wir langsam mit Schritten beginnen wollen, für den Moment unser Geschäftsleben und unsere Führungsrolle noch vollkommen beiseiteschieben. Beginnen wir unsere gemeinsame Reise langsam, bedacht und als Privatleute dort, wie man das auch im wahren Leben als Tänzer tut: mit dem ersten Betreten des Saales und der Fläche – und damit, wie sich das so anfühlt. Und dann mit den Grundlagen, die Sie im Weiteren benötigen werden: den einfachen Schritten. Wir Tänzer nennen das „die Basics".

Wenn wir uns nun also dem „heiligen Boden" nähern, möchte ich zunächst gerne eine kleine Beobachtung mit Ihnen teilen – vielleicht kennen Sie diese ja auch aus eigener Erfahrung? Bleiben wir also zu Beginn unseres Trainings zunächst einmal noch gemeinsam einen Moment am Rande der Fläche in diesem schönen Saal mit all seinen warmen Lichtern und dem dunklen, glänzenden Holzboden stehen. Schauen wir den Menschen zu, die gerade lachend in unseren Raum hereinkommen, langsam ihre Mäntel ablegen, andere Schuhe anziehen und, ins Gespräch mit den anderen Teilnehmern vertieft, noch ein paar Minuten auf den Beginn der Stunde warten. Wenn Sie genau hinschauen, sehen Sie das Gleiche wie ich? Diese Menschen da vor uns betreten die Tanzfläche nicht einfach. Sie bleiben vielmehr fast alle neben diesem großen Rechteck stehen, einige stellen sich bestenfalls an dessen äußersten Rand. Ohne Aufforderung ihres Trainers werden sie nicht weitergehen, in die Mitte stellen werden sie sich schon gar nicht – und das wird noch eine ganze Weile lang so bleiben. Freiwillig geht da in der ersten Stunde niemand auf die Fläche.

Erfahrene Tänzer kennen dieses liebevoll beobachtete Phänomen bei Anfängern sehr gut – es ist ein Effekt, der mich auch nach drei Jahrzehnten in meinem Sport immer wieder verwundert, mir aber bis heute ein Lächeln auf das Gesicht zaubert: Menschen, die einen Tanzsaal betreten, um Unterricht zu bekommen, haben erst einmal einen unglaublichen Respekt vor dieser Kunst – und damit auch vor der Fläche, auf welcher sich diese Kunst manifestiert. Der Grund? Alle Anfänger gehen davon aus, dass Tanzen einfach unglaublich kompliziert sein muss und, was noch viel wichtiger ist, sie selbst (!) vermutlich nie in der Lage sein werden, auch nur einen einzigen Schritt richtig hinzubekommen. Dass das zu allem Überfluss auch noch irgendwann gut aussehen soll, ist erst recht unvorstellbar. Sie erkennen sich selbst ein wenig wieder? Nun – gut, dass wir miteinander reden! Ich als Tänzer möchte hier immer sofort ermutigend einschreiten, wenn ich das höre, denn aus meiner Sicht wurde Tanzen von Menschen für Menschen geschaffen – warum also Angst davor haben? Natürlich ist dieses Gefühl aber etwas, was meine und Ihre Aufmerksamkeit als Trainer und Anführer erfordert und wo vermutlich ein erster Ansatzpunkt liegen könnte für uns, Menschen zu bewegen – insbesondere dann, wenn wir uns wünschen, dass sie als Teil unserer Teams neue Fähigkeiten im Unternehmen aufbauen.

Sicherlich, so werden Sie sagen, spielt die Angst, sich „dumm anzustellen" oder gar zu blamieren, hier eine ganz große Rolle – das ist ohne Zweifel richtig, aber dem möchte ich entgegnen: Das ist kein spezielles Problem des Tanzens, sondern ist für uns Menschen erst einmal bei allen Dingen so, die wir als „blutiger Anfänger" das erste Mal tun. Mit dieser offensichtlichen, aber genau deswegen vielleicht noch zu kurz gesprungenen Erklärung wollte ich mich einst als junger Trainer daher nicht gleich zufriedengeben. Daher hakte ich auch bei neuen Paaren immer wieder noch einmal nach, warum es für sie ein Wagnis ist, die Fläche zu betreten.

Die Antworten der Teilnehmer auf meine Fragen ergaben mit der Zeit das (im Prinzip ja schöne) Ergebnis, dass ein Großteil dieses Zögerns auf ehrlicher Bewunderung für diese Kunstform beruht. Tatsächlich sind ja die meisten Anfänger schon vor ihrem eigenen ersten Tag auf der Fläche vom Tanzen auf irgendeine Weise fasziniert oder verzaubert worden – sonst hätten sie sich ja schließlich auch nicht entschieden, einen entsprechenden Kurs zu belegen. Es gibt tatsächlich wenige Menschen, die einem mit Herz und Leidenschaft vorgetragenen Tanz wirklich überhaupt nichts abgewinnen können, denn Tanzen rührt an unser innerstes Sein. Wir Menschen waren und sind, seit es uns gibt, schon immer für Magie und Zauberei, für die Illusion des Wunderbaren empfänglich gewesen – wenn uns nun ein Paar auf der Fläche glauben lässt, dass wir einfach alles überwinden können, selbst die allem zugrunde liegenden Mächte der Physik und erst recht unsere scheinbar unverrückbaren körperlichen Grenzen, dann begeistert uns das. Wenn wir dann noch feststellen, dass wir beim Zuschauen die Zeit und alles um uns herum vergessen haben – und vielleicht sogar danach eine Träne der Rührung auf unserem Gesicht entdeckt haben (wir lieben eine gute Geschichte und ein Happy End!), können wir das problemlos anerkennen. An etwas zu glauben, lässt uns sowohl in Geschichtenform dem entkommen, was wir wissenschaftlich zu wissen meinen oder füllt auch oftmals einfach die Lücken dessen, was wir mit harten Fakten nicht erklären können – dieser Gedanke geht sehr tief in uns hinein und ist übrigens einer der Gründe, warum der Tanz in fast allen Religionen fest verankert ist. Denn, obwohl wir in unserem Leben meist nach dem Beherrschen von Wissen und Dingen streben, verzaubert uns doch das Unbeherrschbare. Der Traum der Darbietung lässt uns also der harten Realität entfliehen, für ein paar Minuten wenigstens. Hier beginnt jedoch unser Gehirn sofort, einen anderen parallelen Gedanken zu aktivieren: Nämlich genau, weil es so wundervoll ist, glauben wir reflexhaft oftmals auch, dass genau dieses wunderbare Erlebnis für uns selbst, in unserem eigenen Leben, entweder aufgrund der uns gegebenen Fähigkeiten oder wegen all unseren Belastungen und Limitierungen, denen wir in unserem oftmals in einem hohen Maß, z. B. von einem schreienden Kind, den pflegebedürftigen Eltern oder einem missmutigen Chef, fremdbestimmten Alltag begegnen, immer nur ein schöner Traum bleiben wird. Tatsächlich haben mir viele Menschen in persönlichen Gesprächen gestanden, dass es für große Gefühle und Freiheit eher wenig Platz in ihrem Leben gibt – sie müssen vor allem erst einmal ihren Alltag geregelt bekommen und damit hätten sie definitiv genug zu tun. Das klingt zunächst recht traurig, doch genau deswegen liegt darin gleichzeitig eines der wundervollsten Geschenke, die ich als Trainer diesen Menschen geben kann: Dieses Erlebnis der Freiheit gibt es im Tanz für jeden. Tatsächlich. Wenn ein Lied in Ihnen Gefühle auslöst, können Sie tanzen. Und solange die Musik spielt, sind Sie frei. Glauben Sie mir.

Respekt vor der „Kunst" und der Abgleich mit sich selbst sind also Ursachen für die Zweifel in den Köpfen von Tanzschülern – und im Übrigen auch in den Köpfen von Mitarbeitern, die auf einmal z. B. agil arbeiten sollen. Eine weitere liegt jedoch meines Erachtens, nach vielen Stunden des Zuhörens, ziemlich sicher auch in der Art begründet, wie wir Menschen denken: Wir beurteilen die Komplexität eines Vorgangs intuitiv im ersten Schritt nach dem Ergebnis, das wir vor uns sehen – selten, und wenn überhaupt, erst in späteren Schritten, nach der Art, wie es tatsächlich zustande gekommen ist. Nutzen wir zur Verbildlichung ein Beispiel aus einem ganz anderen Bereich, der nichts mit Sport oder Beruf zu tun hat: Denken Sie in diesem Moment einmal an das Hochglanzfoto eines (laut Beschreibung zumindest) unglaublich leckeren Gerichtes in einem Kochbuch. Das schaut auf dem Bild immer hervorragend aus, die Farben der Zutaten strahlen nur so, und wir können die Geschmäcker schon fast auf der Zunge spüren – und wir denken automatisch, dass das sicher ziemlich kompliziert zu kochen sein wird. Dass diese Mahlzeit ganz im Gegenteil vielleicht in kurzer Zeit und ohne große Kniffe auch für einen Laien machbar wäre, kommt uns erst einmal von allein nicht in den Sinn. Dieser Reflex unseres menschlichen Gehirns ist übrigens ein Effekt, den wir Tänzer uns an anderer Stelle mit Absicht relativ oft zunutze machen: Manche Figuren, die wir zeigen, wirken auf den Zuschauer fürchterlich spektakulär, sind in der Umsetzung jedoch in Wahrheit ziemlich simpel und damit vor allem eines: kraftsparend. So einige Turniere wurden mit dieser Strategie überzeugend und auf eine ziemlich effektive Weise gewonnen. Dabei ist das zunächst einmal gar nicht negativ oder ironisch gemeint: Wenn eine gezielte Handbewegung in Richtung meiner Partnerin das beste Mittel ist, dem Publikum zu vermitteln, wie viel sie mir in meiner Rolle und in unserer Darbietung auf der Fläche bedeutet – nun, dann ist es das Mittel der Wahl. Tatsächlich sorgen wir als Tänzer ja auch dafür, dass die Zuschauer bei einer einwandfreien, mit Leichtigkeit vorgetragenen Performance in der Regel schnell vergessen, dass es am Ende viele einzelne Schritte sind – denn Sie wollen ja ein Kunstwerk sehen, keine Pinselstriche. Natürlich stecken da, wenn man Turniere tanzen will, viele ungezählte Stunden des Trainings dahinter und sie wollen nicht wissen, wie oft man diesen einen Schritt wieder und wieder vor dem Spiegel geübt hat, wie oft man bei der anschließenden leichten Drehung an die Wand geknallt ist, bevor sie geklappt hat – und, um das auch einmal zu sagen, wie dämlich man sich selbst als vermeintlich talentierter Tänzer angestellt hat, als man das erste Mal versuchte, eine komplett neue Figur anzugehen. Der Weg von dort bis zu einer Darbietung, die keine Schwerkraft zu kennen scheint, ist ja aber für jeden möglich, führt dabei über viel Arbeit, aber erfordert vor allem eines: das Verständnis eines einzelnen kleinen Schrittes. Denken Sie also beim nächsten Mal, wenn sie eine komplizierte Darbietung vorgeführt bekommen und das Gefühl sie beschleicht, dass das für Sie „eine Nummer zu groß ist": Es sind alles kleine Schritte, nach dem ersten folgt der zweite – und schließlich hat jeder Zauberer einmal klein angefangen.

Nachdem Sie jetzt hoffentlich den ersten Respekt ein wenig ablegen konnten, ist endlich der Zeitpunkt gekommen, an dem wir gemeinsam richtig ins Training einsteigen. Ich werde Ihnen zu Beginn einen kleinen Einblick geben in das, was wir „Tanztechnik" nennen – lassen Sie sich davon bitte nicht abschrecken, auch wenn sich der Begriff zugegebenermaßen furchtbar anhört. Denken Sie immer daran: Jeder Mensch kann tanzen – Sie also auch! Und nachdem Sie bis hierher schon aufmerksam zugehört haben, wird Sie unsere erste Übung deswegen auch nicht überraschen: Sprechen wir über so normale Dinge wie Gehen und Langsamkeit. Die erste halbe Stunde, die Sie hier verbringen, besteht aus einem gemeinsamen Spaziergang durch den Saal.

Das klingt zunächst einmal vielleicht komisch für Sie – ich ernte da auch immer wieder gerne mal einen verwunderten Blick von meinen Teilnehmern. Nachdem die erste Zurückhaltung aufgegeben ist, möchte jeder immer sogleich in die schwierigen Dinge und die „großen Geheimnisse" einsteigen, sich biegen, winden und durch den Raum fliegen. Eigentlich liegt die Grundlage für diesen von mir gewählten Einstieg aber auf der Hand: alles, was nicht mit Gehen erklärbar ist, gibt es nicht im Tanzen. Damit möchte ich Ihnen nicht nur den ersten Respekt noch ein wenig mehr nehmen, sondern ihren Fokus auch zunächst weg von Komplexität hin auf den einfachsten aller Bausteine richten. Denn Führung funktioniert nicht ohne Bewegung – und damit nicht ohne das Wissen, wie man überhaupt einen Schritt vorwärts macht.

Warum das Gehen für das Verständnis von Tanzen und damit für uns Sportler so wichtig ist, ist relativ schnell erklärt: Wenn es für unseren Körper physikalische und biomechanische Gesetze gibt, die definieren, wie wir uns beim einfachen Gehen, also dem berühmten „einen Schritt vor den anderen", fortbewegen, so gelten diese selbstverständlich auch, wenn wir dies nun schneller, mit Richtungswechsel oder mit einer eingebauten Rotation tun wollen. Wenn wir also grundlegend verstehen, welche Kräfte wirken, wenn wir bei einem Schritt kontrolliert unser Gleichgewicht verlieren, um von einem auf den anderen Fuß zu wechseln oder welche Muskeln greifen, um uns dort, wo wir mit diesem Fuß landen, aufzufangen, ohne sofort umzufallen – nun, dann können wir dieses Wissen direkt anwenden, um uns nach und nach komplizierte Bewegungen zu erschließen. Wenn wir also unseren Körper im Gehen gut kennenlernen, wissen wir schon eine Menge über unser Instrument, auf dem wir beim Tanzen spielen werden.

Die Komplexität einer Darbietung oder einer Bewegung können wir noch weiter reduzieren, indem wir die Geschwindigkeit herausnehmen: Reden wir über Langsamkeit. Wenn Sie die Gelegenheit dazu haben sollten, sprechen Sie einen Turniertänzer einmal darauf an, welche Technik er am wohl am meisten trainiert. Wenn er Latein tanzt, wird er Ihnen sagen: die Gehschritte in der Rumba. Der Hintergrund: Die Rumba ist in den lateinamerikanischen Tänzen der langsamste Tanz (in den Standardtänzen ist das der langsame Walzer) – es ist also der Tanz mit der meisten Zeit, welche wiederum mit Bewegung zu füllen ist. Wenn wir also in der Lage sind, viele Sekunden mit einer langsamen, detailreichen Bewegung auszufüllen, dann können wir das ziemlich sicher auch, wenn wir weniger Zeit haben. Deswegen mögen gerade Anfänger zu Beginn immer vor allem die schnellen Tänze: Da muss man noch nicht so viel tun...

Gleichzeitig aber erlaubt es Langsamkeit als Mittel im Training, eine Bewegung mit einem Maximum an Aufmerksamkeit im Detail nachzuvollziehen. Wann bewegt sich mein Fuß, wann mein Becken, wann mein Oberkörper? Wann verliere ich tatsächlich mein Gleichgewicht? Wann berührt welcher Teil meiner Sohle den Boden? Wann ist mein Gewicht wo über dem Fuß? Sie sehen, ein einzelner Schritt ist unwahrscheinlich viel Detailarbeit – und dieser Schritt, Millionen Male wiederholt, bei eisigen Temperaturen in einem Tanzsaal mit ausgefallener Heizung oder bei 43 °C im Sommer, wenn schon die erste leichte Bewegung zu Schweißbächen führt und alle anderen Freunde im Schwimmbad liegen, bildet die Grundlage für all das, was sie später als Performance sehen werden. Sie sehen: So ganz unbegründet ist der Respekt des Einsteigers natürlich dann doch nicht, verbergen sich doch viele kleine Details in den einfachen Dingen. Die Erkenntnis bleibt die gleiche: Komplexität ist oftmals nicht wirklich „kompliziert" – sie ist manchmal nur eine Zusammensetzung aus vielen kleinen einfachen Dingen.

Die verringerte Geschwindigkeit des einzelnen Schrittes hat noch einen anderen Effekt, den manche Tänzer mehr, andere weniger mögen: Sie nimmt ihnen nämlich jede Möglichkeit, Fehler zu vertuschen oder ihre untrainierten Aspekte mit anderen Effekten zu überlagern – dem sogenannten „Blenden". Einen „Blender" nennen wir Tänzer gerne einen Tänzer, der mit hektischen, großen, optisch irritierenden Bewegungen über die Fläche „rennt" – oftmals, um zu vertuschen, dass eine Vielzahl an Grundlagen gar nicht vorhanden ist. „Effekthascherei" ist ebenfalls ein passendes Wort. Der geübte Blick eines erfahrenen Wertungsrichters erkennt das auch; für das unerfahrene Auge des nicht tanzenden Zuschauers bleibt es oft verborgen und erzeugt trotz fehlender Qualität der Bewegung durchaus Applaus. Gleichzeitig stellt sich dann trotzdem später auch hier das vage Gefühl ein, dass das nicht alles nicht wirklich fundiert ist – vermutlich kann der Zuschauer es nicht sofort artikulieren, aber er merkt, dass das, was er gesehen hat, „nicht die ganze Wahrheit" war. Leider, muss man sagen, gibt es auch in unserer Tanzwelt natürlich Trainer, die ihre Paare auf genau diesen Effekt hintrainieren und es lässt sich nicht vermeiden, dass ein nach solchen Vorgaben trainiertes Paar auch einmal ein Turnier gewinnt. Auf lange Sicht gesehen, setzt sich dieses Vorgehen jedoch nicht durch. Je höher man aufsteigt im Tanzsport, desto komplexer werden die Aufgaben, die in immer neue, immer öfter wechselnde Choreografien eingebaut sind – und ohne ein detailliertes Verständnis der Grundlagen sind diese nicht zu meistern. Unter Tanzsportlern ist es ein bekanntes Phänomen, dass manche Paare zu Beginn ihrer Laufbahn viel Aufmerksamkeit mit ihrer Optik erzeugen und schnell durch die ersten niedrigeren Klassen aufsteigen, um dann doch irgendwann sehr heftig in den ersten

Runden von Turnieren hängenzubleiben, weil ihnen die Grundlagen für mehr Klasse schlicht noch fehlen – was dann eine meist sehr bittere Erkenntnis darstellt und bei vielen leider auch manchmal zur Abkehr vom Tanzsport führt. In diesem Moment zeigt sich dann auch, was die wahre Motivation eines Sportlers ist: War es der Genuss am schnellen Erfolg? Oder die echte Befriedigung, eine Herausforderung gemeistert zu haben? Qualität zahlt sich meiner persönlichen Überzeugung nach tatsächlich langfristig aus – für den Tanz, aber auch vor allem für die Menschen selbst, die ihn tanzen. Ein guter Trainer wird sich daher von einem für ihn neuen Paar, das von ihm trainiert werden möchte, immer eine langsame Bewegung zuerst zeigen lassen. Qualität in der Langsamkeit und in den Grundschritten ist eine notwendige Grundvoraussetzung für gesundes Lernen und später das Bewältigen von Schnelligkeit und Effekten.

Wenn der einzelne Schritt und die Relevanz von Geschwindigkeit schließlich einmal in den Köpfen angekommen sind, stellt sich meist ein weiterer Effekt ein: Lustigerweise ist es so, dass Tanzschüler, denen man zunächst einfache Schritte zeigt, irgendwie zeitgleich die simpelsten Dinge ihres Lebens zu verlernen scheinen. Der Klassiker ist die Unterscheidung zwischen den Richtungen:

Trainer: „Die Herren beginnen mit links, die Damen mit rechts."

Leise Stimme aus dem Hintergrund: „Autsch."

Trainer: „Das andere links – danke!"

Im Alltag sind diese simplen Dinge wie links und rechts ja etwas, das wir bereits im Kindesalter gelernt und als Erwachsende eigentlich vollkommen verinnerlicht haben. Beim normalen Spaziergang denkt niemand mehr darüber nach, wann der rechte und wann der linke Fuß zu setzen ist – der Körper tut das unbewusst und automatisch, um nicht umzufallen und um sich auf möglichst energieeffiziente Weise fortzubewegen. Diese Prozesse nutzen wir jeden Tag tausendfach, ohne uns ihrer jedoch je bewusst zu sein – faszinierend, oder? Das Problem der Tänzer ist also, dass sich in dem Moment, wo sie sich das bislang Unbewusste wieder einmal bewusst machen müssen, das so ähnlich anfühlt, als wenn man es verlernt hat – vielleicht haben Sie das auch schon einmal erlebt. Was wir daraus lernen können: In der Tat liegt die Hauptaufgabe eines Tänzers nicht darin, maximal neue, möglichst komplexe Dinge zu erarbeiten. Der wesentliche Kern liegt darin, im ersten Schritt die Einfachheit unseres Körpers und seiner Bewegung wieder zu verstehen, die allzu oft in unserem Alltag in Vergessenheit geraten ist – um dann, mit dieser Normalität und Selbstverständlichkeit, vollkommen neue Bewegungen zu erkunden und für sich zu erobern, welche man vielleicht nicht jeden Tag auf der Straße auf dem Weg zur Arbeit machen würde (zumindest sehe ich relativ selten jemand mit Einschritt-Drehungen durch das Werkstor gehen – Sie schon? Dann haben Sie tolle Kollegen! Wo arbeiten Sie?).

Wenn Sie jetzt nicht wissen, wo Ihnen vor lauter Schritten der Kopf steht: Verzeihen Sie mir, wenn ich Sie in diesem Kapitel und zu Beginn unseres gemeinsamen Trainings erst einmal kopfüber in die Welt des Tanzens und die Grundlagen von Bewegung geworfen habe. Doch das hatte seinen guten Grund: Wenn Ihnen das alles bis hierhin seltsam vertraut vorkommt, dann haben Sie recht. Wir kennen diese Punkte nämlich auch aus unserem Alltag als Führungskraft – sowohl den Respekt vor neuen Herausforderungen, die Notwendigkeit von guten Grundlagen, die „Blender", welche mehr vorgeben zu scheinen als sie tatsächlich sind und sicherlich auch das Gefühl bei neuen Themen, irgendwie selbst die einfachsten Dinge „nicht mehr gebacken zu bekommen".

3 BASICS – Der andere linke Fuß

Was können wir also für unseren Führungsalltag aus diesem tänzerischen Wissen lernen? Zunächst einmal können wir die Erkenntnis daraus ziehen, dass eine gute Performance auf vielen kleinen Schritten beruht. Gerade auf den Bühnen der Digitalszene, auf den großen Events und Summits, tummeln sich viele Präsentierende, die eine scheinbar atemberaubende Vorstellung halten – wenn man dann ein wenig genauer hinschaut, stellt man oft fest, wie viele Details und Grundlagen tatsächlich fehlen. Gute Sprecher erkennt man meines Erachtens, genau wie gute Tänzer, daran, wenn sie strukturiert und sehr detailreich, sozusagen „farbenfroh", sprechen können und dabei wie ein Tänzer zentriert und authentisch wirken. Man erkennt dabei durchaus, wie viel Arbeit eigentlich wirklich hinter dem Inhalt des Vortrages gesteckt hat und ob der Sprecher, wie man so sagt, „seine Hausaufgaben" gemacht hat. Lassen Sie sich also beim nächsten Mal, wenn Ihnen jemand eine richtig große Show bieten will, nicht irritieren – vielleicht sind Sie gerade Zeuge geworden, wie jemand mit minimalem Aufwand, aber ziemlich effektiv, an Ihnen vorbeiflitzt. Geben Sie sich nicht einfach zufrieden mit dem, was man Ihren Augen als Futter serviert und schauen Sie vielmehr genau hin, was die einzelnen Schritte dahinter sind, die das große Ganze ergeben. Verstehen Sie mich an dieser Stelle bitte richtig: Mir geht es mit diesem Hinweis in keiner Weise darum, verzweifelt in jeder guten Darstellung das Haar in der Suppe zu finden (ein Sport, der ja gerade in Deutschland durchaus recht oft sehr verbreitet ist). Eine gute Performance bleibt natürlich eine gute Performance – und das sollte man auch anerkennen können. Der Applaus ist der Lohn des Künstlers. Aber wenn Sie versuchen, hinter einem tollen Workshop, einem hervorragenden Arbeitsergebnis Ihres Mitarbeiters oder einem faszinierenden Vortrag einer Führungskraft die einzelnen Schritte zu erkennen, um zu sehen, wie Sie das auch erreichen können, dann schaffen Sie mit dieser Sichtweise auf alle Fälle eines immer: Lernen. Und erkennen, mit welchem einzelnen Schritt man beginnen kann. Eine gute Leistung dürfen Sie immer anerkennen – abschrecken aufgrund ihrer vermeintlichen Komplexität sollte diese Sie nie.

Im Weiteren gilt als zweite Erkenntnis die Fürsorge für Grundschritte im Übrigen nicht nur für das Beobachten von außen, sondern auch im Innenverhältnis für die eigene Arbeit in der Transformation, genauer gesagt: für das Arbeiten mit den Menschen, die sich in einer großen Veränderung befinden. Es ist meine feste Überzeugung, dass es die einfachen Dinge sind, wie z. B. eine saubere Meetingvorbereitung, ein regelmäßiges Protokoll, ein korrekter Projektplan oder eine saubere Kostenplanung, welche am besten als vertrauensbildende Maßnahmen wirken. Wenn Mitarbeitende Ihnen nämlich als Führungskraft in der Transformation vertrauen sollen, dass Sie derjenige sind, der das Team über den Berg voller Gefahren bringt, hilft es ungemein, zu sehen, dass Sie jederzeit mit Steigeisen und Seil umgehen können und klare Anweisungen geben. Das ist gleichzeitig außerdem einer der Gründe, warum es sich sehr wohl lohnt, mit seinen Leuten, zumindest zeitweise, gemeinsam an Inhalten mitzuarbeiten und sich als Führungskraft nicht nur auf das Verteilen von Anweisungen und Delegieren von Aufgaben zu beschränken. Es zahlt sich definitiv aus, wenn das Team sieht, dass der Chef das Ganze fachlich selbst auch noch im Griff hat und z. B. ein Publikum mit seinem Vortrag begeistern kann.

Bedenken Sie als drittes (und letztes): Eine großartige Choreografie baut immer auf vielen kleinen, perfekt durchgeführten Schritten auf. Wenn Sie diese aufs Neue zusammensetzen, ist es normal, dass man mal bei simplen Dingen stolpert – und zu Fähigkeiten, die man zum ersten Mal angeht, gehört es dazu, dass sie nicht gleich beim ersten Mal funktionieren. Hier sind Ruhe und vor allem Durchhaltevermögen gefragt. Eine Abkürzung gibt es dafür nicht, aber machen Sie sich immer klar, dass Sie einen Großteil vermutlich schon können, ihn aber nur vielleicht einfach lange nicht mehr im Detail angeschaut haben. Gehen Sie also kleine Schritte, jeden Tag ein bisschen weiter – und dann werden Sie feststellen, dass diese „Magie der kleinen Schritte" auch vieles möglich macht, was vorher unerreichbar schien. Haben Sie gesunden Respekt und Demut vor der Leistung, aber keine friktionserzeugende Ehrfurcht oder gar Angst vor einer großen Aufgabe. Grundlagen bzw. „Basics" sind immer der Schlüssel zu einer Top-Leistung. Für diejenigen unter uns, die nach Disruption streben, sei gesagt: Wer Regeln brechen will, muss vor allem eines: diese beherrschen. Und am Ende vergessen Sie bitte noch nicht Ihren linken Fuß dabei!

4

BALANCE – Dein Körper lügt nicht

Immer, wenn ich einen Workshop mit Geschäftsführern gehalten habe, kam ich mir vor wie im Tanzunterricht: Körper und Energien sprechen immer.

Bernd Preuschoff

Die richtige Balance (und alles, was dazugehört) ist, wie Sie sich sicher unschwer vorstellen können, für uns Tänzer eines der wichtigsten Elemente unseres Sports, mit dem wir uns während unserer kompletten Laufbahn lange, ausgiebig und immer wieder aufs Neue beschäftigen. Ein Körper (oder ein Chef), der unkontrolliert in alle Richtungen wackelt, kann keine gezielten Impulse in bestimmte Richtungen geben – und damit eben auch nicht führen. Zudem schaut er, mit ziemlicher Sicherheit, nicht wirklich gut dabei aus. So einfach ist das.

Wichtig ist hierbei allerdings zunächst, dass wir den Begriff erst einmal genau klären. Denn das Wort „Balance" bzw. der Ausdruck „die Balance zu halten", umfasst für den

Tänzer tatsächlich viel mehr als das, was die meisten vielleicht im ersten Moment damit verbinden: die Vermeidung eines drohenden „Verlustes des Gleichgewichtes". Tatsächlich werden umgangssprachlich und auch in Managementpräsentationen „Balance" und „Gleichgewicht" oftmals inhaltlich gleichgesetzt – für die Bewegung zur Musik, aber auch in Veränderungsvorhaben in Unternehmen, sind diese jedoch grundlegend verschieden zu verstehen, wie Sie später noch sehen werden. Im Tanzsport verwenden wir den Begriff der Balance in einer Vielzahl von Facetten und mit Blick auf das Thema Führung und Transformationsprozesse im Unternehmen lohnt es sich sehr, diese verschiedenen Varianten einmal genauer unter die Lupe zu nehmen.

Wenn wir versuchen, das Thema systematisch anzugehen, so lassen sich generell folgende Balancen für Ihr Training unterscheiden, die a) jede für sich einen anderen Teilaspekt adressieren und welche b) individuell unterschiedliche Maßnahmen erfordern, wenn Sie für das Gesamtbild nach Verbesserung streben:

- Die Balance Ihres Körpers:
  Maßgeblich bestimmt durch die Gesetze der Physik und Biomechanik
- Die Balance Ihres Inneren:
  Z. B. Einstellung zum Wettbewerb, wechselnde Emotionen und Konzentration auch in herausfordernden Situationen
- Die Balance Ihres Tanzpartners:
  Wie Sie sie erkennen und insbesondere, wie Sie damit umgehen
- Die Balance im Paar:
  Hierbei geht es um Ausgeglichenheit im Können, in den individuellen Fähigkeiten und deren Zusammenfügen mit dem Ziel einer harmonischen Gesamtdarstellung

- Die Balance in der Performance:
Eine Choreografie, die zwar abwechslungsreich und interessant, aber nie überladen oder gar konfus wirkt

Schauen wir uns jetzt alle diese Punkte einmal nacheinander näher im Detail an – Sie werden schnell sehen, dass sich hier eine wundervolle Analogie dazu verbirgt, wie sich eine Organisation und deren Führungskräfte nicht nur im Alltag, sondern insbesondere in einem Veränderungsprozess verhalten.

a) Die Balance Ihres Körpers
Der gesunde Lehraufbau für einen Tänzer besteht, wie wir schon gesehen haben, zu einem Großteil erst einmal darin, zu verstehen, wie der eigene Körper und die auf ihn wirkenden physikalischen Kräfte funktionieren und wie man sich insbesondere letztere zunutze machen kann. „Natürliche Bewegung" ist ein Thema, welches auch im Tanzsport selbst bis zu Beginn der 1980er-Jahre noch nicht so präsent war, wie es heute glücklicherweise ist. Tanzen ist, wie alle Kulturformen, ein lebender Organismus und entwickelt sich daher immer weiter, nicht nur aufgrund des unendlichen Inputs, den frische Trends generieren, sondern ebenfalls aufgrund neuer wissenschaftlicher Erkenntnisse oder sich verändernder kultureller Rahmenbedingungen. Gerade in den lateinamerikanischen Tänzen mit ihren ausgeprägten Hüftbewegungen und abrupten Richtungsänderungen ist die allgemeine Kenntnis der Funktionsweise von Gelenken und Muskelgruppen in den 1980er- und 1990er-Jahren immer wichtiger geworden, denn sie ist essenziell, um gesund zu bleiben und nicht nach wenigen Jahren hochintensiven, aber leider falschen Trainings mit schweren Gelenkschäden die Karriere beenden zu müssen. Ich hatte in meiner Laufbahn das Glück und bin sehr dankbar dafür, sehr früh auf die richtigen Trainer

und Ausbilder getroffen zu sein, die mir dieses Verständnis für Bewegungen beigebracht haben – mittlerweile dreißig mehr oder weniger intensive Jahre auf der Fläche als aktiver Tänzer oder Trainer ohne größere oder dauerhafte Verletzungen sind ein klares Zeugnis davon, was dieses Wissen bewirken kann.

Gesunde und natürliche, sprich: dem menschlichen Körperapparat angemessene Bewegung, sind also das Kernziel eines Tanzsportlers. Um dies zu erreichen, gilt es aber zunächst einmal zu verstehen, was „Bewegung" überhaupt ist – was uns direkt zum Missverständnis zwischen „Balance" und „Gleichgewicht" führt:

Der Begriff „Gleichgewicht" bezieht sich immer auf einen physikalischen Körper (und das ist der Mensch nun mal) im Stillstand bzw. in einer stabilen Position – und hier auf die Frage, ob dieser Körper, als ein Gegenstand oder eine Person, von allein stehenbleibt oder eben umfällt. Mit Blick auf einen kompletten Schritt kann damit jedoch nur entweder seine Ausgangs- oder seine Endposition gemeint sein. Der Moment dazwischen, die „Bewegung", kann also im Umkehrschluss nicht „im Gleichgewicht" sein – sehr wohl jedoch „in Balance" (vorausgesetzt, dass dieser Vorgang mit einer klaren Absicht und Richtung angestoßen und umgesetzt wird). Wenn man in ganzen Bewegungsabläufen denkt, ist es auch in der Regel gar nicht hilfreich, in jeder einzelnen Zwischenposition, über einem Fuß stehend, erst einmal ein Gleichgewicht finden zu wollen. Der damit verbundene Abriss in der fließenden Bewegung, das damit verbundene Bremsen und die erneute Beschleunigung kosten viel zu viel Kraft, als dass man das auf Dauer durchhalten würde. Wichtig ist jedoch durchaus, dass Sie, bevor Sie eine kontrollierte Bewegung initial beginnen, im „Gleichgewicht" waren – alles andere wäre „Fallen". Übrigens ist Fallen für den Beobachter ein perfektes Indiz, dass Sie trotz allen Lächelns weder

Ihr Gleichgewicht noch Ihre Balance im Griff haben. Ihr Körper lügt nicht.

Tatsächlich ist es aus Trainersicht so, dass ein Mensch, den Sie auffordern, sein „Gleichgewicht" zu halten, immer reflexhaft versuchen wird, dies durch ein sehr starkes Anspannen der Muskeln zu tun – Sie kennen sicher den Spruch „um das Gleichgewicht zu kämpfen". Kämpfende und angespannte Muskeln sind jedoch leider der Gegner jeder aktiven Beschleunigung und damit jeder schnellen Bewegung! So wird beispielsweise ein voll angespannter Wadenmuskel Sie nirgendwo mehr hin schnell wegbefördern (das dürfen Sie jetzt gerne einmal gleich ausprobieren). Feste Muskeln machen langsam, lockere machen schnell – so lautet die einfache Grundregel. In einem lockeren Muskel ist Ihre Kraft noch abrufbar und das ist eine wichtige Erkenntnis, welche Sie als Tänzer schnell verstehen müssen und weswegen Sie trainieren, Muskelkraft nur sehr dosiert und so minimal wie möglich einzusetzen.

Diese Fähigkeit ist im Weiteren auch eine Grundvoraussetzung, um auf einer mit Tanzpaaren vollgefüllten Fläche zu „überleben": Da hier ständiges, teilweise eben noch unvorhergesehenes Ausweichen (und damit Verändern der Bewegungsrichtung) erforderlich ist, werden Sie für effizient eingesetzte Muskelkraft schnell dankbar sein – es sei denn, Sie wollen einmal probieren, unter Aufbietung all Ihrer Ihnen zur Verfügung stehenden Power und Anspannung, die Menschenmassen auf einer Fläche zu teilen. Ich kann Ihnen versichern: Dies lässt Sie auf der Beliebtheitsskala der anderen Paare ganz schnell nach unten sinken; schön anzusehen wird es sicherlich nicht sein. Tänzer werden vielmehr versuchen, ihre Bewegungsenergie flüssig umzuleiten, um so Richtungen zu verändern und damit, wie durch Zauberhand geführt, durch die Menge zu fliegen – im Tanzsport gibt es sogar einen speziellen Begriff für diese Kunst: „Floorcraft", das elegant durchgeführte, maximale Ausnutzen der Fläche.

Zusammenfassend heißt das also: Bewegung ist nichts anderes als das kontrollierte Verlieren des Gleichgewichts – und Balance beschreibt die Fähigkeit zum Umleiten und Kontrollieren von Bewegung. Gleichgewicht ist Stillstand.

Dieses Bild lässt sich tatsächlich aus meiner Erfahrung 1:1 auf Organisationen im Wandel übertragen: Wenn sich die Welt permanent immer aufs Neue verändert und eigentlich schnelle Bewegung erforderlich wäre, um voranzukommen, reagieren viele Unternehmen stets mit dem Versuch, ihr Gleichgewicht zu kontrollieren – und erzeugen damit automatisch genau das Gegenteil von dem, was eigentlich in dieser Situation zielführend wäre. Das Management verwendet in diesen Momenten dann meist auch genau diesen Satz: „Wir müssen jetzt Ruhe reinbringen." Die Organisation strengt also alle „Muskeln" an, um nicht zu fallen – obwohl das bedeutet, in dem Zustand zu verharren, in welchem diese sich aktuell befindet und obwohl eine neue Position in einer anderen Richtung vielleicht sogar überlebensnotwendig wäre, da ein anderes, fremdes Unternehmen gerade genau dorthin zielt, wo man bislang stand.

Es macht also tatsächlich aus meiner Sicht wenig bis keinen Sinn, in einem Transformationsprozess nach „Gleichgewicht" zu suchen – sehr wohl aber nach „Balance" in der Bewegung: durch einen effizienten Einsatz von Ressourcen und die Bereitschaft, die eigene Bewegung sofort umzulenken, falls man merkt, dass sich nochmals neue Entwicklungen am Markt ergeben haben und der angestrebte Platz auf der Fläche bereits besetzt ist. Auf alle Fälle ist es aus meiner Sicht unnötig, vor einem Moment ohne Gleichgewicht solche Angst zu haben; vielmehr gilt es, dieses Gefühl positiv zu besetzen und als Grundvoraussetzung für Bewegung zu akzeptieren. Am Ende stehen wir hier vor einer ganz einfachen Mindsetfrage, die Sie für sich als Führungskraft beantworten müssen: Sind Sie der Meinung, Sie gewinnen, weil Sie a) ihren exakten Platz auf der Fläche nicht verloren haben und dabei nicht umgefallen sind – oder b) weil Sie die Fläche maximal ausgenutzt haben und dabei am elegantesten aussahen? Die Antwort darauf hängt davon ab, ob Ihr Zielsystem der Ort ist, an dem Sie stehen – oder die Welt, in der Sie sich bewegen. Die Antwort eines Tänzers darauf ist eindeutig. Balance in der Bewegung ist der Weg zum Ziel.

b) Die Balance Ihres Inneren
Als Führungskraft über innere Ausgeglichenheit auf eine authentische und vor allem ehrliche Art offen zu sprechen, ist im beruflichen Umfeld heutzutage immer noch nicht leicht; auf alle Fälle nicht so leicht, wie es mittlerweile sein sollte. Entweder haben Sie es immer noch mit einem Gegenüber zu tun, der zur „alten Garde" des Managements gehört und für den das Zugeben von Sorge, Kummer oder gar Zweifel ein Zeichen von Schwäche ist – und der dies vielleicht sogar irgendwann genau deswegen gegen Sie verwenden wird. Oder man landet im anderen Extrem, wo auf fast schon esoterische Art und Weise in sehr blumigen Worten und ohne viel Konkretes nur noch über „Happiness" und „Purpose" gesprochen wird, was sich dann gegebenenfalls in ganzen weltweiten Bewegungen, wie z. B. „Working Out Loud", manifestiert. Verstehen Sie mich bitte auch hier nicht falsch: Diese Entwicklung der letzten Jahre, dass wir zunehmend über Dinge, die für Menschen emotional wichtig sind, sprechen und deren Relevanz anerkennen, ist absolut die richtige und ich bin froh, dass sich hier so viele Kollegen engagieren – der Mensch ist keine Maschine und wird es auch nie sein. Es bleibt jedoch festzuhalten, dass auch hier meines Erachtens die Extrempositionierung, die viele Vertreter dieser Strömungen

manchmal ebenfalls repräsentieren, oftmals den Zuhörer zwar bewegt, aber schlussendlich doch ratlos zurücklässt, weil nicht klar ist, wie das dann konkret im eigenen Unternehmen umgesetzt werden kann.

In diesen Zeilen soll es daher auch gar nicht um „Managementtraditionen" oder „Massenbewegungen", sondern einzig und allein um eine Person gehen: nämlich Sie selbst. Wenn jeder Einzelne kleine Schritte macht, ist ein großer Weg getan – und einer muss ja auch schließlich anfangen.

Wenn Sie selbst sportlich aktiv sind und regelmäßig trainieren, ist Ihnen vermutlich bewusst, welche Wichtigkeit Ihre Tagesform für Ihre Leistung hat und welche Faktoren diese positiv oder negativ beeinflussen. Nicht jeder Tag ist gleich – und nicht jeder ist dazu gemacht, Weltmeister zu werden. Meine Tanzpartnerin und ich hatten es uns aus diesem Grund zu unserer Regel gemacht, vor jedem Training (und das war in Bestzeiten fünfmal pro Woche, plus die Turniere und Shows am Wochenende) fünf Minuten kurz zu sprechen, was jedem von uns am Tag so passiert war. Von außen mag das wie Plaudern ausgesehen haben – für uns war es ein Ritual, um dem Partner die Möglichkeit zu geben, noch vor dem ersten echten Schritt auf dem Parkett ein Gefühl für den mentalen Zustand des Gegenübers zu bekommen und sich darauf einzustellen. Sei es eine alles entscheidende Klausur, für die Sie lernen, sei es der Lebensgefährte, mit dem Sie gerade streiten oder auch manchmal sehr ernste Dinge wie der Tod eines Angehörigen, all diese Dinge beeinflussen unseren Geist und unseren Körper. Erliegen Sie bitte vor allem nie der Illusion, dass Sie „das schon im Griff haben" und dass dies „keiner mitbekommt": Wenn Sie sehr lange mit jemandem trainieren und ihn jeden Tag an der Hand haben, merken Sie sowieso sehr schnell an seiner Haltung, seiner Spannung, seinem Zittern, seiner Atmung und vielem anderem mehr, dass etwas gerade in ihm vorgeht, was ihn mehr als üblich beschäftigt. Ihr Körper lügt auch hier nicht. Wenn Sie sich jedoch in diesem Moment schon mitten im Powertraining befinden, wird es schwer für Ihren Partner sein, hier plötzlich einen Break zu machen und beginnen zu wollen, ein tiefergehendes Problem zu lösen, welches mit körperlichem Fleiß nichts zu tun hat. Der einfache Satz zu Beginn „Es geht mir heute nicht gut." kann daher sehr kraftvoll im Sinne Ihrer Beziehung zu Ihrem Gegenüber sein. Denn es gibt ihm die Gelegenheit, darauf zu reagieren und man entgeht auch der unvermeidbaren Frustration, wenn eine Figur partout nicht funktionieren will, man selbst sich voll hineinsteigert in die Leistung und erst dann feststellt, dass der Partner das heute gar nicht mitgehen kann. Im Umkehrschluss wissen Sie beide an denjenigen Tagen, an denen dieser Satz nicht fällt, mit absoluter Sicherheit, dass Sie heute alles geben können. Das Gleiche gilt nicht nur für Paare im Leistungssport, sondern ebenso für Sie und Ihr Team aus Kollegen und Mitarbeitern.

Die Voraussetzung, um diesen Satz auszusprechen, ist natürlich nicht nur eine etablierte Atmosphäre des Vertrauens, sondern vor allem auch eine absolute Ehrlichkeit sich selbst gegenüber und auch das Bewusstsein dafür, dem Gegenüber Ehrlichkeit versprochen zu haben. Leider ist es eines der Kernprobleme unserer Zeit, dass wir meinen, nur anerkannt und gemocht zu werden, wenn wir permanent gesund, souverän, gutaussehend und guter Laune sind. An vielen Stellen in unserem Berufsalltag ist scheinbar ausschließlich Hochleistung gefragt und kein Raum für „schwache Momente". Vor diesem Hintergrund haben es viele Menschen zu einer wahren Meisterschaft gebracht, sich bezüglich ihres emotionalen Zustandes permanent selbst zu belügen. Als Athlet ist Ihnen natürlich durchaus bewusst, dass man in der Tat im Sport und im

Beruf auch manchmal die Zähne zusammenbeißen und trotz aller Schmerzen sein Bestes geben muss – man lernt aber auch recht schnell, die Momente klar zu erkennen, in denen dies wirklich erforderlich und auch sinnvoll ist. Der Fehler liegt darin, zu glauben, es müsste immer so sein – wie bei einer Maschine. Wir Menschen sind das nicht.

Zu dem Thema Schwäche kann man sicher stehen, wie man möchte: Als Tänzer müssen Sie sich immer vor Augen halten, dass ein entgegen einer inneren Schieflage durchgezogenes Training mehr Schaden anrichtet, als es schlussendlich nutzt. Ein Großteil Ihres Erfolges beruht in diesem Sport nämlich darauf, dass Sie Bewegungsabläufe so lange trainieren, bis Sie sie nahezu unbewusst ausführen können. Diese sind dann Bestandteil Ihrer Körpererinnerung, welche diese Bewegung dann bei Bedarf erneut abruft. Wenn sich jedoch eine Bewegung in Ihrer Erinnerung manifestiert in Kombination mit dem Gefühl des Unwohlseins oder der Unsicherheit, dass Sie im Training an diesem schlechten Tag hatten, kann das zu einem permanenten Stolperstein in Ihrer Choreografie werden, der Sie auf jedem Turnier immer wieder aufs Neue vor eine mentale Herausforderung stellt. Meine Partnerin und ich haben uns daher an manchen Tagen, nach diesen ersten fünf Minuten, gegen das Training und für einen gemeinsamen Spaziergang entschieden – das kurzfristige Verzichten auf diese eine Trainingseinheit hat sich langfristig immer in besserer Performance ausgezahlt.

Alles, was ich Ihnen aus dem Sport erzählt habe, gilt in gleichem Maße für Ihre Arbeit als Führungskraft: Ihre Mitarbeiter nehmen sehr wohl wahr, ob Sie in Ihrer Aufgabe gerade vor Kraft strotzen oder ob es etwas gibt, was Sie gerade anderweitig sehr bewegt. Trennen Sie sich von dem Gedanken, dass Sie das schon so verstecken werden, dass niemand davon etwas mitbekommt. Meiner Erfahrung nach sind Ihre Mitarbeiter nicht nur absolut entspannt, wenn Sie als Chef sagen: „Mir geht es heute nicht gut." Ganz im Gegenteil, Sie werden feststellen, dass Ihre Leute sofort versuchen werden, Ihnen zu helfen. Authentizität ist nicht nur generell eine sehr schätzenswerte Eigenschaft an einem Menschen und innerhalb eines Teams – ich habe sie auch immer kennengelernt als etwas, was die Verbindung zwischen den Menschen und die Bereitschaft, Verantwortung zu übernehmen und für andere einzustehen, in hohem Maße intensiviert. Diese Intensität der Beziehung ist für ein Tanzpaar im Wettbewerb keine Option, sondern überlebenswichtig, denn außer Ihrem Partner gibt es niemand anderen. Sie beide sind, einmal mehr, die kleinste Mannschaft der Welt.

Wenn Sie also darauf achten, Ihre innere Balance im Blick zu halten, werden Sie feststellen, dass Sie darüber hinaus als Kristallisationspunkt dienen können für andere, die diese Balance ebenfalls suchen und für sich aufnehmen – und damit legen Sie den ersten Grundstein dafür, dass Dinge sich verändern und eine Bewegung in Ihrem Unternehmen entstehen kann. Und Sie werden sehen, dass es in einem Umfeld aus immer mehr balancierten Menschen jeden Tag viel leichter wird, die eigene Balance zu behalten. Die kleinste Mannschaft der Welt kann dann alles gewinnen. Gemeinsam.

c) Die Balance Ihres Tanzpartners

Als Herr in einem Tanzpaar hat man eine besondere Aufgabe: die Dame zu führen. Hierbei spielt das Bewusstsein über deren momentane Verfassung und die notwendige Fürsorge natürlich eine ganz besondere Rolle. Die Parallele zum Begriff der „Führungskraft" ist hier nicht nur auf zufällige Weise vorhanden, sondern absolut zutreffend.

Was Führung nun genau ist und was insbesondere eine gute Führung ausmacht, möchte ich Ihnen im Folgenden in einem eigenen Kapitel und dann sehr gerne ausführlich erläutern. Einigen wir uns daher für den Moment darauf, dass es die Aufgabe des Herrn ist, die Dame zum einen bei ihren Aktionen zu unterstützen, und zum anderen natürlich Richtungen vorzugeben, in die sie oder das Paar sich bewegen soll – sei es a) geplant im Rahmen der Choreografie oder b) ungeplant, um einem anderen Paar auszuweichen oder an einen besseren Platz auf der Fläche zu kommen. Für Manager und Mitarbeiter gilt das Gleiche, meinen Sie nicht?

Es gibt im Tanz eine Wahrheit, die Sie relativ schnell akzeptieren müssen: Sie können Ihren Partner mit Ihren Mitteln der Führung in der Sekunde des Wettbewerbs nicht besser machen, als er im Moment tatsächlich ist. Besser werden kann er nur selbst – und das braucht seine Zeit. Deswegen benötigen Sie für das Bilden eines Tanzpaares auch erst einmal zwei herausragende Solisten – oder zumindest zwei Menschen, die bereit sind, mit der gleichen Geschwindigkeit und Intensität an sich zu arbeiten. Klappt eine bestimmte Figur nicht, muss jeder sich selbst daran machen, die Ursache zu erkennen und das zu verbessern, was er zur erfolgreichen Durchführung beitragen muss – bis es dann schließlich gemeinsam gut aussieht. Dabei gibt es durchaus auch eine Art „Spezialistenwissen", was die jeweiligen Bewegungen des Herrn und der Dame angeht – vieles ist gleich, aber manches dann doch unterschiedlich, was aber in Summe das Zusammenspiel im Paar erzeugt.

Wenn man also an einem bestimmten Trainingstag feststellt, dass sich der Partner nicht in der inneren oder äußeren Balance befindet, macht es keinerlei Sinn, ihn durch permanentes Impulsgeben noch zusätzlich zu stören und zu versuchen, ihn „besser" machen zu wollen. Auch, wenn viele Herren es tatsächlich gut meinen und nur helfen möchten: Sie machen es nur noch schlimmer, denn Ihre Dame kann mit einem zusätzlichen äußeren Reiz nicht umgehen, wenn ihr ganzer Körper bereits von Sinnen überflutet wird und daher ihr ganzer mentaler Fokus auf sich selbst liegt. An dieser Stelle empfiehlt es sich tatsächlich, sich eine Viertelstunde Auszeit zu geben, damit jeder die Chance hat, erst einmal zu sich zu kommen. Das ist in diesem Fall keine verlorene Zeit, sondern ein gewonnenes restliches Training, welches ansonsten ganz sicher am Ende zwei Tänzer voller Unzufriedenheit und Frust nach Hause schickt.

Genauso fatal sind an dieser Stelle Kommentare in Richtung des Partners der Art: „Das musst Du doch so machen! Das kann doch nicht so schwer sein!" Damit signalisieren Sie Ihrem Partner nicht nur, dass er Ihre Erwartungshaltung nicht erfüllt oder Sie innerlich vielleicht sogar an ihm und seinem Leistungsvermögen zweifeln – Sie mischen sich auch noch in eine Domäne ein, die nicht die Ihre ist. Auch wenn Ihr Satz vor dem Hintergrund des Ehrgeizes und des Fleißes vielleicht verständlich sein mag: Halten Sie sich vor Augen, dass Sie gerade dabei sind, einem Menschen, der sowieso gerade seine Balance sucht, noch dazu den Boden unter den Füßen wegzuziehen. Dass dieser Mensch nun in eine Verteidigungshaltung gehen wird, ist nicht nur berechtigt, sondern geradezu unvermeidlich. Und nicht nur das: Sie haben nicht nur nichts zur Lösung beigetragen, sondern auch in seinem Kopf ein kleines Zweifeln an das gegenseitige Grundvertrauen gelegt, das nach und nach erst wieder geheilt werden muss. In diesem schwierigen Moment benötigt Ihre Dame mehr als alles andere Ihre Ruhe – sei es, in dem Sie ihr die besagten fünfzehn Minuten geben oder dass Sie ihr Halt anbieten für das, was sie gerade im wahrsten Sinne des Wortes, innerlich oder äußerlich, umwirft.

Ich habe diese Situation viele Male mit meiner Tanzpartnerin erlebt und es war, wie Sie sich denken können, nicht immer nur ausschließlich sie, die sich an einem Tag ohne Balance im Saal eingefunden hat: Auch ich kam oft genug „durch den Wind" in den Saal. Ich kann Ihnen aber sagen: Dies waren sehr prägende Momente für unsere Leistungsgemeinschaft. Wenn Ihr Mitarbeiter also das nächste Mal „wackelt" und nicht in der Lage ist, seine Leistung zu zeigen, schauen Sie darauf, ob er gerade mit sich selbst kämpft. Wenn dem so ist, hören Sie auf, ihn „auf Biegen und Brechen" bewegen zu wollen. Geben Sie ihm Halt – oder eine Auszeit, er wird Ihnen ziemlich sicher signalisieren, was es genau ist, was er gerade braucht. Seien Sie der Partner, den Sie gerne hätten, wenn Sie gerade in Schieflage sind. In Momenten wie diesen zeigt sich, was Ihre gemeinsame Beziehung wert ist.

d) Die Balance im Paar

Die Zusammenstellung eines Tanzpaares bzw. die Entscheidung darüber, wer mit wem tanzen sollte, ist eine sehr delikate Sache, die nicht immer ganz so leicht ist, wie es für den Betrachter erscheinen mag. Ob man will oder nicht, fällt man als Trainer in diesem Moment ein sehr, sehr persönliches Urteil, wenn man Herren und Damen aus einer Gruppe von Tänzern zu Paaren zusammenfügt. Man trifft diese Entscheidung daher auch nicht leichtfertig, sondern auf Basis langjähriger Erfahrung und vor allem vor dem Hintergrund des angestrebten Ziels: Wollen die Teilnehmer nur gelegentlich zur Musik Spaß haben, spielen viele Faktoren keine Rolle, die im Gegenzug bei der Ambition, einmal Turniere gewinnen zu wollen, elementar sind. Natürlich ist die Zusammenstellung des Trainers auch immer nur ein Vorschlag – ob die beiden vor Ihnen tatsächlich auch miteinander können und wollen, steht nochmal auf einem ganz anderen Blatt. Als Trainer müssen Sie dafür sorgen, dass sie es wenigstens einmal miteinander versuchen – genau, wie Anja und ich es damals taten.

Noch einmal schwieriger wird es natürlich, wenn Paare zu Ihnen als Trainer kommen, die bereits im Turniergeschehen aktiv sind, bei denen aber schon in der Grundkonstellation ein Ungleichgewicht herrscht. Hier muss man mit viel Fingerspitzengefühl agieren, um in kleinen Schritten das Gesamtbild zu verbessern, ohne durch zu hart formulierte Meinung jede Menge Sprengkraft ins Paar zu bringen.

Zu den klassischen Ungleichgewichten innerhalb eines Paares können Dinge gehören wie:

- Unterschiedliche Leistungsbereitschaft (Wie viel Training bin ich bereit, zu leisten?)
- Unterschiedliches Leistungsvermögen (Wie viel kann ich mit meinen körperlichen Voraussetzungen und entsprechendem Training realistisch schaffen?)
- Unterschiedliche Einstellung zu Wettbewerb und Herausforderung (Wie gehe ich mit Druck, Niederlage und Sieg um?)
- Unterschiedliche Lernbereitschaft (Wie offen bin ich für Feedback, Kritik und Verbesserung?)
- Unterschiedliche Ziele (Was will ich auf der Fläche erreichen und warum?)
- Unterschiedliche Wahrnehmung des Partners (Sehe ich ihn als gleichwertigen Mitstreiter an oder gibt es Gefühle von Über-/Unterlegenheit?)
- Unterschiedliche Wünsche, sich auszudrücken (Was will ich auf der Fläche darstellen?)

Alleine an dieser Aufstellung können Sie schon erkennen, welchen Anteil die Arbeit am „inneren Ich" der Tänzer für einen Trainer hat – dieser ist viel größer, als es für den Zuschauer von außen den Anschein haben mag und überwiegt bei Weitem das Feilen an Bewegungen und der körperlichen Physis. All die oben genannten Punkte besitzen, wenn sie nicht offen adressiert werden, eine wahrlich immense Sprengkraft, sowohl für den einzelnen Tänzer als auch für das gesamte Paar und dessen Karriere. Wenn solche Ungleichgewichte über längere Zeit vom Trainer nicht angegangen werden, sind sie die Ursache für persönliche Verletzungen, Erlebnisse des Scheiterns und schlussendlich oftmals auch für Menschen, die trotz eines langen gemeinsamen Weges auseinandergehen und nicht mehr miteinander sprechen. Und: Es gibt keine Möglichkeit, diese Punkte konfliktfrei zu umgehen und „unter den Tisch fallen zu lassen". Diese Herausforderungen kann man nur offensiv angehen, denn nur, was zum Entschärfen auf dem Tisch liegt, kann nicht mehr bei jeder Gelegenheit in die Luft fliegen.

Eine Balance im Paar herzustellen, bedeutet auf der anderen Seite aber auch nicht einfach, beide Partner gleich zu machen. Ein gutes Tanzpaar braucht Diversität und unterschiedliche Rollen, welche auch ihre jeweiligen Stärken ausspielen können müssen – die Partner sollen ja nicht immer nur ein entspanntes und harmonisches Miteinander darstellen, sondern zum Beispiel in recht aggressiven Tänzen wie dem Paso Doble, in dem der Stierkampf und der Flamenco thematisiert werden, sich auch als „würdige Gegner" stolz gegenüberstehen. Ein gewisses Maß an selbstbewusster Unterschiedlichkeit ist also zwingend notwendig, damit es spannend wird für den Zuschauer und die gezeigten Geschichten zum Mitfiebern anregen. Die Balance zwischen ungesunden Ungleichheiten und hochinteressanten Unterschieden zu finden, ist die Kunst, um die es beim Tanzen geht.

Diese kurze Ausführung gibt Ihnen vielleicht auch eine kleine Ahnung davon, warum ein weiteres der üblichen Vorurteile gegenüber dem Tanzsport in keiner Weise der Realität entspricht: Nicht alle professionellen Tanzpaare sind auch privat ein Liebespaar. Diese Beispiele gibt es zwar; in der Tat sind es eher die Ausnahmen, in denen Ehepaare als Tanzsportler erfolgreich wurden oder erfolgreiche Tanzpaare auch privat zueinandergefunden haben – und langfristig Bestand hatten. Miteinander zu tanzen, ist zwar sicherlich immer reizvoll, lässt einem aber keine Möglichkeit, sich vor seinem Partner zu verstecken oder ihm etwas vorzugaukeln. Auch hier gilt: Der Körper lügt nicht, denn das, was Sie auf die Fläche bringen, offenbart, wie leistungsbereit, kritikfähig oder zielstrebig Sie sind – und vor allem, wie Sie zu Ihrem Partner stehen und was Sie von ihm halten. Gleichzeitig ist es ganz normal, dass in einem Tanztraining zwischen den beiden Partnern auch einmal „die Fetzen fliegen" – das ist in einer Leistungsdisziplin, die Sie körperlich und mental so vielfältig als Individuum fordert, auch vollkommen ok. Tanzpaare, die privat nicht „verbandelt" sind, haben dann die Möglichkeit, in ihr jeweiliges Zuhause zu gehen und alles erst einmal sacken zu lassen – um am nächsten Tag dann zum Hörer zu greifen und sagen zu können: „Es tut mir leid, war nicht mein Tag gestern." Für „richtige" Paare ist das sehr schwer: Man fährt mit demselben Auto nach Hause, sitzt auf derselben Couch, liegt im selben Bett. Tanzen ist daher nicht selten für Paare eine echte Nagelprobe für die Beziehung, in der sich zeigt, wie man miteinander umgeht und wie ein gemeinsamer Weg aussehen kann. Für den Trainer ist daher ein Liebespaar, das in den Tanzunterricht kommt, nicht zwingend ein Glücksfall, sondern vielmehr etwas, das man mit viel Fingerspitzengefühl behandeln muss. Tanzunterricht ist manchmal mehr Paartherapie als echtes Bewegungstraining – eine Verantwortung, die man neben all den Schritten und Figuren nie aus den Augen verlieren darf.

So hart, wie es klingt: Ein professionelles Tanzpaar, das sich von seinem Performancelevel nicht in Balance befindet, hat auf einem Turnier wenig Chancen – denn dadurch, dass hier nur zwei einzelne Personen (und keine ganze Mannschaft) auf der Fläche stehen, wird jeder Unterschied oder jede Disharmonie zwischen den beiden unmittelbar und schonungslos offensichtlich. Sicherlich ist es möglich, mit einem exzellenten Solisten im Paar nicht sofort auszuscheiden – bei der Entscheidung um den Sieg wird ein „stimmiges" Paar jedoch immer „die Nase vorn haben". Die Paarharmonie ist nicht ohne Grund eines der wesentlichen Wertungskriterien, nach dem die Jury am Rand der Fläche ihre Entscheidung trifft.

Hier kommen wir auch schon zur Parallele, die uns im Geschäftsleben begegnet: Je größer Ihre Mannschaft ist, umso eher wird es möglich sein, gelegentlich jemanden auf deutlich niedrigerem Leistungsniveau als den Rest des Teams „zu kaschieren" – wir Tänzer kennen das aus dem Formationssport. Wenn Sie auf 16 Tänzer und 32 Füße schauen sollen, ist es bei der Schnelligkeit und Wucht des Bildes schon deutlich schwerer, genau zu erkennen, ob jemand in dieser Menge nicht performt, als wenn nur zwei Tänzer vor Ihnen stehen. Fakt ist aber, dass, wenn es schließlich um Hochleistung und den Vergleich mit anderen Top-Mannschaften geht, diese eine Person vielleicht (oder sogar ziemlich sicher) den entscheidenden Unterschied ausmachen wird, der dafür sorgt, dass es für das gesamte Team eben nicht für eine Bestleistung und damit nicht zum Sieg reicht. Zum anderen können Sie davon ausgehen, dass genau dieser Sachverhalt dem Rest der Mannschaftsmitglieder sehr wohl bewusst ist – insbesondere den Leistungsträgern, welche die Extrastunde Training noch an das normale Pensum anhängen. Wenn Sie diesen Fakt nicht adressieren und diese fehlende Balance über längere Zeit anhält, wird über kurz oder lang die gesamte Leistung des Teams darunter leiden. Eventuell verlieren Sie sogar diejenigen Key Player, welche die

Mannschaft bislang zum Erfolg getrieben haben – im schlimmsten Fall sogar an das Team des größten Wettbewerbers. Gleiches gilt auch für das Einzelpaar bzw. die kleinste denkbare Mannschaft: Ein Star alleine kann kein Paar auf Dauer ziehen.

Schlussendlich bedeutet das, dass Sie, auch, wenn es unangenehm wird, stets konsequent, ehrlich und transparent sein müssen: Wenn sich ein Team ein gemeinsames Ziel gesetzt hat, müssen sich auch alle zu dem dazu erforderlichen Level an Leistung und Training committen. Wenn jemand „hinterherhinkt", braucht er Aufmerksamkeit und Coaching, damit er diese Lücke schließen kann – aber ihm muss auch bewusst sein, dass man genau dieses Aufschließen von ihm erwartet. Wenn sich jedoch jemand, trotz aller Unterstützung und allem Support, nicht weiterentwickeln will und vielleicht auch offen zugibt, dass er es gar nicht einsieht, mehr zu geben – nun, dann gehört es auch zu den Aufgaben von uns Führungskräften, dieses Teammitglied auf einen anderen, vielleicht für ihn besseren Weg außerhalb der Mannschaft zu führen. Hier nicht zu handeln oder gar aus Gründen der Konfliktvermeidung den Weg der Anspruchsreduzierung zu gehen, ist fatal. Vermeiden Sie immer, dass Sie Ihre Ziele kompromittieren, in dem Sie fehlende Leistungsbereitschaft zu lange tolerieren.

Am Ende müssen Sie sich eindeutig klar machen, dass es der Jury an der Fläche genau wie auch dem Markt mit seiner Dynamik egal ist, ob jemand gerade „schwere Zeiten" durchmacht, in den letzten Wochen „nicht so viel Zeit" zum Training hatte oder „halt einfach nicht mehr drin ist" – Markt wie Jury können beide nur das beurteilen, was im Wettbewerb auf der Fläche zu sehen ist. Und so hart das sein mag: Nur das zählt. Dafür haben Sie sich entschieden, als Sie sich zum Turnier angemeldet bzw. Ihre Rolle als Führungskraft angenommen haben.

e) Die Balance in der Performance

Wenn beide Athleten, wie in den vorangegangenen Absätzen beschrieben, in sich selbst und auch miteinander in Balance sind, dann ist schon viel erreicht. Dies zu schaffen, ist aber für einen Tänzer ein hartes Stück Arbeit – und zu allem Überfluss ist diese Arbeit nie zu Ende. Allerdings gibt es noch eine letzte Dimension, die man abschließend beachten muss, wenn ein gutes Paar im Wettbewerb erfolgreich sein soll: nämlich das, was es auf der Fläche anbietet. Seine Performance.

Auf dieses Kunstwerk, das man hier gemeinsam mit seinem Partner erschafft, gehen wir später noch im Detail ein. In diesem Abschnitt ist es mir aber wichtig, einen der größten Fehler anzusprechen, den ein Tänzer in meinen Augen mit seiner Choreografie machen kann. Zusammenfassen lässt sich dieser mit den Worten: „Höher! Schneller! Weiter!".

Wenn Sie über eine lange Zeit sehr hart und sehr ausgiebig an einer Figurenfolge gearbeitet haben, die jede Menge Schwierigkeitsgrade enthält und Sie viel Nerven gekostet hat, sind Sie natürlich immer versucht, beim nächsten Auftritt dem Wertungsgericht dieses Produkt Ihrer Arbeit in möglichst brachialer Form in der Ihnen zur Verfügung stehenden Zeit „um die Ohren zu hauen". Schließlich wollen Sie endlich (!) Anerkennung und damit den verdienten Lohn für Ihren Schweiß und die Zeit, die Sie da hineingesteckt haben. Bei vielen Unternehmen erscheint mir das ähnlich: Man arbeitet und arbeitet hinter verschlossenen Türen, setzt alle Ressourcen auf ein neues Produkt, ein Projekt, eine Kampagne an – und wenn es soweit ist, schießt man aus allen Rohren auf den Markt. Der Effekt ist oftmals der gleiche wie auf der Fläche: Die Reaktion der Kunden ist irgendwie nicht diejenige bzw. nicht so voller Enthusiasmus, wie man es erwartet bzw. erhofft hat. Der Grund: Was für Sie wichtig ist, muss noch lange nicht relevant für den Zuschauer sein.

4 BALANCE – Dein Körper lügt nicht

Eine Session, die ich mit all mein Paaren mache, dreht sich deswegen um das ausführliche Hineinversetzen in einen Wertungsrichter. Das Ziel: zu verstehen, was für diesen Entscheider wichtig ist und in welcher Situation er sich befindet. Vor welchen Herausforderungen steht er eigentlich, wenn er am Rande der Fläche 1–1,5 min Zeit hat, um sich zwischen sechs oder, bei internationalen Turnieren, bis zu zwanzig Paaren auf der Fläche zu entscheiden? Was kann er in dieser Zeit überhaupt wirklich beurteilen – und was ist für ihn vollkommen unmöglich? Was kann, ganz grundlegend gesprochen, ein Mensch überhaupt an optischen Reizen aufnehmen, analysieren und bewerten innerhalb so kurzer Zeit? Bei diesen Sessions dauert es in der Regel nicht lange, bis jemand sagt: „Man muss auffallen!" Nun, das ist richtig – aber wie kann das gehen? Hier lohnt sich einmal mehr ein Blick in die Art und Weise, wie wir Menschen funktionieren.

Faszinierenderweise sind unsere Augen und unser Gehirn mit ihren Reflexen so gebaut, dass sie beide mehr auf einen stark verändernden Impuls reagieren als auf einen gleichbleibenden Reiz. Dies ist ein altes Relikt aus der Zeit, als wir noch in der Savanne vor Raubtieren auf der Hut sein mussten. Dieses Design bedeutet schlussendlich, dass ein Mensch unbewusst immer eher dorthin schauen wird, wo sich in seinem Augenwinkel etwas schnell verändert – und wenn das, was dort geschieht, auch noch abwechslungsreich bleibt, wird er auch länger zuschauen wollen. Diesen Effekt machen sich gute Tänzer zunutze und gestalten ihre Figurenfolgen immer so, dass sie einen ständigen Wechsel aus schnell und langsam, „laut" und „leise", großen und kleinen Bewegungen beinhalten. Das sichert ihnen nicht nur die Möglichkeit, dass man auf sie aufmerksam wird – man schaut ihnen darüber hinaus auch gerne länger zu! Immer passiert etwas Neues, etwas anderes, es ist abwechslungsreich und man möchte immer wissen, wie es denn wohl weitergeht.

Für uns im Unternehmen bedeutet das: Das, was Ihr Team anbietet, sollte meiner Meinung nach bei Transformationsvorhaben genau so aufgebaut sein wie eine gute Choreografie. Ihre Partner und Kunden möchten nicht „alles auf einmal" (und dann lange nichts) – sie wollen vielmehr auf eine lange und erlebnisreiche Reise mitgenommen werden, auf der es etwas zu erleben gibt. Wir kennen das aus dem Marketing als „experience" – schaffen Sie Erlebnisse. Überfordern Sie Ihr Umfeld, Ihr Unternehmen und auch die Mitarbeiter also nicht, in dem Sie ausnahmslos immer alle Botschaften mit voller Wucht und Geschwindigkeit platzieren – machen Sie es vielmehr abwechslungsreich, machen Sie es spannend, zeigen Sie Ihre Fähigkeit, mit den verschiedenen Möglichkeiten zu spielen. Zeigen Sie Ihre Balance. Machen Sie die Leistung Ihres Teams zu einer Geschichte mit Höhen und Tiefen, bei der man dabei sein darf. Die Aufmerksamkeit und der Applaus werden kommen, da bin ich mir sicher. Wenn Sie mich fragen, wie meine Teams und ich unsere digitalen Erfolge in der Vergangenheit erreicht haben, sage ich Ihnen, dass dies immer eine Geheimzutat war: Spannung und Abwechslung, die Variation von Geschwindigkeiten und dem Publikum die Möglichkeit geben, teilzuhaben und einzusteigen in die Performance – das zusammen ist eine starke Kombination.

5

PARTNERING – Der Solist ist der Feind des Paares

Ich habe einen Sport gewählt, bei dem man nur gemeinsam gewinnen kann. Im Beruf ist es genauso.

Bernd Preuschoff

Wenn Sie sich für Tanzen interessieren und damit richtig loslegen wollen, dann benötigen Sie (wenn Sie dabei jetzt nicht nur an das Herumflippen in der Diskothek denken) ganz offensichtlich zuerst einmal einen Partner (oder eine Gruppe, wenn Sie das mehr anspricht). Wenn Sie darüber hinaus sogar eine sportliche Laufbahn im Tanzsport anstreben, dann brauchen Sie etwas ganz Besonderes: einen Menschen, der die gleiche Vision, den gleichen Willen zur Arbeit und das gleiche Verständnis von Performance hat wie Sie – und darüber hinaus bereit ist, alle Höhen und Tiefen, die eine solche Laufbahn zwangsläufig mit sich bringt, mit Ihnen gemeinsam durchzustehen. Dabei ist es, wie so oft im Leben, nicht ausreichend, dass nur

„die Chemie stimmt" zwischen Ihnen: Sie werden diesen Menschen (und er Sie) emotional und charakterlich vollkommen „nackt" kennenlernen und Momente miteinander verbringen, die Sie beide an Ihre jeweiligen Grenzen und dann hoffentlich darüber hinausbringen. Sie werden gemeinsam Erfolge und Niederlagen erleben, lachen und weinen, das ganze Auf und Ab einer Laufbahn durchleben – und daher gibt es an dieser Stelle auch kein „Vielleicht". Die kleinste Mannschaft der Welt funktioniert nur mit demjenigen Level an Zusammengehörigkeit, welches ohne vorgetäuschte Tatsachen entstehen kann. „Fakes" stehen die Herausforderungen des Wettbewerbs nicht lange durch. Es gilt also: Augen auf bei der Partnerwahl!

Wenn Sie eine Gruppe von Einsteigern, sei es im Sport oder im Beruf, bei den sogenannten „ersten Schritten" betreuen, ist das in der Regel immer relativ problemlos und alle haben eine Menge Spaß, denn alle sind neu in diesem Umfeld und beginnen mehr oder weniger auf dem gleichen Leistungsniveau. Sobald, nach ein wenig Training und den ersten erfüllten Aufgaben, die Frage ansteht, wer nun den Weg des Leistungssports bzw. größerer Aufgaben einschlagen kann und will, wird es spannend – denn nun müssen Paarkonstellationen bestätigt oder gefunden werden, die miteinander funktionieren können. Es beginnt also, individuell und vor allem sehr persönlich zu werden. Nicht alle, die gerne miteinander arbeiten/tanzen wollen, sind jedoch auch zwingend die beste bzw. erfolgversprechendste Variante. Hier bedarf es, wie wir im Kapitel zuvor schon gesehen haben, sehr viel Feingefühl, um die eventuellen Bedenken, die man als Trainer hat, offen anzusprechen und das, was man aufgrund seiner Erfahrung in der Zukunft als Herausforderungen, manchmal auch sogar als Hindernisse auf dem Weg zum vom Paar anvisierten Ziel kommen sieht, in Worte zu fassen. Gleiches passiert zu einem späteren Zeitpunkt immer wieder, wenn

5 PARTNERING – Der Solist ist der Feind des Paares

existierende Teams/Paare sich trennen und nach neuen Kollegen/Partnern für den nächsten Abschnitt der Karriere suchen.

Natürlich haben wir als Trainer im Tanzen manchmal keinen Einfluss darauf, wer mit wem tanzen will – ein Ehepaar z. B. werden wir ja kaum trennen können (obwohl auch das manchmal hilfreich sein kann – Jahrzehnte des Unterrichts mit Ehepaaren sprechen hier aus Erfahrung). Als Führungskraft haben wir jedoch im Gegensatz dazu sehr großen Einfluss darauf, wie unsere Teams aussehen. Doch was ist dann tatsächlich am wichtigsten, wenn es um eine gute personelle Aufstellung geht? Dazu habe ich eine sehr klare Meinung, denn Tanzen hat mich gelehrt, worauf es ankommt: Außergewöhnliche Ergebnisse erfordern diverse Rollen – aber vor allem gleiche Ziele.

Leider sieht man einem Menschen seine eigenen Zielstellungen nicht auf den ersten Blick an. Gehen wir einmal einen Schritt zurück und blicken ehrlich selbst in den Spiegel: Oftmals gehen wir (und das ist typisch menschlich) bei Auswahlentscheidungen bzw. dem Bilden von Konstellationen zunächst nach einem eher oberflächlichen ersten Eindruck vor. Beim Tanzen sind das, wenig verwunderlich, ganz oft z. B. die Größe der Partner, deren Aussehen oder deren Körperform. Auch in der beruflichen Welt sieht man oft, dass Teams aufgrund gewisser Standardparameter wie z. B. besuchte Universität, Zahl der absolvierten Projekte oder, wenn auch unbewusst und sicher ungewollt, nach einem gewissen äußeren Erscheinungsbild ein- bzw. zusammengestellt werden. Zusammengefasst lässt sich sagen, dass wir uns zu Beginn eines Teamaufbaus meist im ersten Schritt an Äußerlichkeiten, einem ersten Eindruck und an der Historie eines Menschen orientieren – was ja zunächst nicht falsch ist, denn manchmal haben wir, z. B. bei der Entscheidung, ob wir einen Bewerber einstellen oder nicht, nicht viel mehr an Informationen zur Verfügung. Diese Dinge sind allesamt nicht unwichtig (so ist z. B. ein gepflegtes Äußeres sicher essenziell, wenn es um eine Position mit Kundenkontakt geht), stellen aber aus meiner Erfahrung heraus nur eine gewisse Grundlage dar, von der man dann starten kann. Ob Ihr neuer Kollege sich richtig entwickelt und ein guter Partner im Team sein wird, wird vor allem anderen davon abhängen, ob er die wichtigste Regel verstanden hat, die es im Mannschaftssport gibt: nämlich, dass er zunächst als Solist hart trainieren und dann als Teamplayer in einem Miteinander performen muss.

Im Tanzsport ist das, wie wir schon gesehen haben, eindeutig erkennbar: Wenn nur zwei Menschen auf der Fläche stehen, sieht man sehr schnell deren individuellen Schwächen, an denen sie vielleicht noch trainieren sollten. Diese Schwächen haben selbstverständlich Einfluss auf die gesamte Bewertung des Paares – beide sind also gezwungen, hart an sich zu arbeiten, um einem Wertungsrichter keinen Grund dafür zu geben, sie nicht in die nächste Runde mitzunehmen. Ein Teamsport benötigt also zuallererst herausragende Solisten, die gut trainiert sind und wissen, was sie tun. Im beruflichen Umfeld ist uns das nicht fremd: Ein einziger Mitarbeiter, der sich dem Kunden gegenüber falsch verhält, beeinflusst die Wahrnehmung Ihres gesamten Unternehmens.

Gleiches gilt jedoch nicht nur für „Schwächen", sondern auch für „Stärken": Wenn in einem Paar ein Partner herausragend ist und dies auch noch besonders hervorhebt, hat das Paar gleichfalls keine Chance – der bessere von beiden wirkt als Solist, er zerstört die schon angesprochene wichtige Balance und „übertanzt" den Partner, wie wir das in unserem Sport nennen. Eine große Herausforderung für den Trainer sind hier die allseits bewunderten „Talente": Ihnen fällt, gerade am Anfang, vieles wie von Zauberhand zu, sie lernen leicht, sehen noch dazu meist

5 PARTNERING – Der Solist ist der Feind des Paares

gut aus und heben sich so schnell ab vom Rest der hart arbeitenden Mitbewerber – und natürlich bekommen sie sehr früh (und mit wenig Arbeit) jede Menge Anerkennung von außen, sodass sich das Selbstbewusstsein gleichsam zügig entwickelt. Hier entstehen dann unter Umständen schnell starke Fliehkräfte im Paar – einer ist der Held, der das ganze Lob bekommt, der andere ist der harte Arbeiter, an dem es immer etwas auszusetzen gibt. Hier gilt es, die Leistung von beiden im richtigen Maße anzuerkennen, um zu vermeiden, dass diese Einheit zerrissen wird – natürlich ohne dem einen die Freude am Erfolg zu nehmen und dem anderen ein unrealistisches bzw. beschönigendes Bild seines Status quo zu zeichnen. Beide müssen aber verstehen, dass nur das Paar als Einheit den Titel gewinnen kann und somit jeder seine Aufgabe zu erledigen hat. Für Egoisten ist kein Platz in der kleinsten Mannschaft der Welt.

In unserem Geschäftsleben sehen wir dieses Phänomen ganz genauso und ich bin mir sicher, bei meinen vorherigen Sätzen hatten Sie eine oder mehrere Personen aus Ihrem Umfeld oder Ihrer beruflichen Vergangenheit im Kopf, auf welche die Beschreibungen der „Talente", „Arbeiter" und „Solisten" ganz gut passen. Ihr Job als Führungskraft ist und bleibt jedoch immer, ein herausragendes Team zu bilden, denn nur das ist es, was Ihnen am Ende des Tages im Unternehmen und messbar am Markt Erfolg bringt. Das beinhaltet zweifelsohne das Fördern von Talenten, was wir so gerne und richtigerweise tun, allerdings bleibt es eben nicht dabei. Unter Trainern gibt es den Satz „Talente trainieren ist einfach.": Man muss wenig Arbeit investieren, alles wird von alleine besser, das eigene Paar bekommt Applaus und alles ist gut. Unsere Aufgabe liegt aber eben auch (und manchmal vor allem) in der Arbeit mit denjenigen, die mehr Input und Zuwendung brauchen – hier ist unsere gesamte Erfahrung und unser

Wissen gefragt, um den Rest der Mannschaft ebenfalls zu entwickeln. Und beide, sowohl Talent wie auch Arbeiter, gilt es, auszugleichen, denn eines müssen beide lernen: Der Erfolg des Paares, zu dem Du gehörst, kommt vor Deinem eigenen – wenn das Paar erfolgreich ist, bist Du es auch.

Viel umfangreicher und damit auch folgenreicher wird die Thematik des Partnerings, wenn wir nicht nur unser eigenes Team bzw. Unternehmen ansehen, sondern darüber hinaus einen Blick in unser Ökosystem an Partnern werfen. Dieser Aspekt hat gerade im Zeitalter der digitalen Transformation viel an Wichtigkeit und zu Recht mehr Aufmerksamkeit gewonnen, denn in einer Welt, in der jeden Tag an jeder Ecke eine neue Technologie und eine neue Möglichkeit entsteht, ist es schlicht illusorisch, alles selbst beherrschen und alleine umsetzen zu wollen. Große Ziele und vor allem Innnovationen, die wirklich nachhaltig sind und Märkte, Industrien, Abläufe oder Kundenerlebnisse fundamental verändern (die sogenannten „Disruptionen"), sind nur mit Alliierten zu erreichen – leider sehen wir unsere Partner im Geschäftsleben doch, vor allem bei großen Markenunternehmen historisch bedingt aus einer Argumentation der Stärke heraus, noch viel zu oft nicht auf Augenhöhe, sondern vielmehr als „Zulieferer", welche wir mit einer starken Hand im Einkauf prüfen, im Preis drücken und jederzeit gerne damit konfrontieren, dass man sie potenziell auch austauschen könnte. Kleiner Exkurs: Das wiederum ist ein Phänomen, dass es im Tanzsport (leider) auch ab und an gibt. Tänzer, die sich selbst für hervorragend halten, dem Partner klar machen, dass sie ja auch mit jemand anderem tanzen könnten, gibt es zuhauf – gerade im Jugendbereich nicht selten getrieben durch ambitionierte Eltern, die für ihren Schützling „etwas Besseres" im Sinn haben und den Partner als Hindernis sehen, welches es auf dem Weg

5 PARTNERING – Der Solist ist der Feind des Paares

zum Erfolg ihres eigenen Kindes aus dem Weg zu räumen gilt. Als Trainer bzw. Führungskraft müssen wir hier sehr klar gegensteuern: Ganz abgesehen davon, ob die eigene Selbsteinschätzung als „Star" an dieser Stelle der Realität entspricht, ist Ehrgeiz sicher gut und notwendig im Leistungssport, aber wenn am Ende eine gemeinsame Performance und ein gemeinsamer Sieg stehen soll, bringt einen diese egozentrische Einstellung und das Herabblicken auf den Partner nicht weit. Jede Rolle muss in einem Team vorhanden sein, braucht ihren Platz und darf ihren Teil am erzielten Erfolg feiern – und im Laufe einer Karriere wird jeder von beiden einmal „der Schwächere" sein, der die Unterstützung des jeweils anderen benötigt.

Als Verantwortlicher für die Digital Story eines Unternehmens habe ich mit Partnering nur gute Erfahrungen gemacht; hier eine gemeinsame Geschichte zu schaffen mit einem gemeinsam getragenen Ziel war immer ein wesentlicher Schlüssel zu unserem Erfolg. Jeder Teilnehmer, sei es ein Beratungsunternehmen, ein Technologieanbieter, ein Kollege des anderen Fachbereichs oder sogar der Wettbewerber, mit dem man kollaborieren könnte: Alle haben sie nämlich ihre eigenen Ziele, an denen sie gemessen werden (final tut das natürlich der Markt) und die es zusammenzubringen gilt. Der größte Fehler liegt hier meiner Erfahrung nach darin, dass wir immer intuitiv geneigt sind, ausgiebige Diskussionen über die Konkurrenz unserer Ziele zu führen und diesen Wettstreit mit aller Macht gewinnen wollen – wir konzentrieren uns also sehr gerne auf das, was uns trennt. Die größte Chance bleibt oft ungenutzt: Wo ist das Ziel, das uns alle vereinen könnte, ohne dass wir unser eigenes kompromittieren müssen? Gerade, wenn es um die Art von weitreichenden Innovationen geht, die es sowieso aktuell noch nicht gibt, ist dieser positive und vereinende Ansatz geradezu offensichtlich – wir müssen ihn als „Leader" nur wählen und konsequent gehen. Wir müssen also, in der eigenen Mannschaft und im Netzwerk, die Choreografen und Architekten einer Performance sein, die größer ist als der einzelne Mitspieler – in der aber jeder davon seinen Erfolg, sein Weiterkommen und seinen Freiraum zum Wachsen hat. Dazu brauchen wir nicht nur eine Vision, die weit vorausreicht – wir müssen auch die Ziele und Motivationen des Einzelnen kennen, um sie in unserer Geschichte entsprechend einbauen zu können; eine Geschichte, die dann eine Chance hat, für sehr viele mitreißend und begeisternd zu sein. Wir müssen also ein Ziel im Sinn haben, das noch nicht sichtbar ist, um das bereits Sichtbare bearbeiten, entwickeln und in ein neues Kapitel führen zu können. Wenn wir eine Choreografie entwickeln, tun wir Tänzer genau das. Tänzer und Führungskräfte sind also vor allem eines: Poeten. Wir formulieren das, was noch nicht da ist.

Wenn wir nun unsere Rolle als Kreative akzeptiert haben, stellt uns das sogleich vor die nächste spannende Frage: Wie soll unsere Geschichte denn nun genau aussehen? Wollen wir Abenteurer sein? Oder Kämpfer? Oder vielleicht doch eher „ganz normal"? Lohnt es sich, Geschichten von anderen („best practices") abzuschauen und zu kopieren? Hier ein Hinweis für Sie, der mir sehr wichtig ist: Ihre Geschichte ist einzigartig. Wie diese lauten könnte und welche Abenteuer sie enthält, hängt ganz alleine von Ihnen und Ihrer Aufgabe, von den gesteckten Zielen, aber auch davon, woher Sie kommen und was Sie geprägt hat, ab. Geschichten von anderen können inspirieren, aber sie zu kopieren, bringt Sie nicht weiter. Wenn immer sie feststellen, dass Sie das Gleiche machen wie andere: Halten Sie inne und denken Sie nach.

Jede gute Geschichte zeichnet sich grundsätzlich vor allem durch eines aus: einen roten Faden, der den Zuschauer mitnimmt, der als Orientierung dient und an dem man die verschiedenen Aspekte entwickeln kann. Sie

5 PARTNERING – Der Solist ist der Feind des Paares

sollte spannend sein, abwechslungsreich, nicht zu einfach, sondern mit Herausforderungen und sie sollte natürlich immer eines machen: den Zuschauer bewegen.

Letzteres ist ein wichtiger Punkt, bei dem viele Führungskräfte meines Erachtens einem ganz wichtigen Irrtum unterliegen (zumindest konnte ich das viele Male beobachten): Die Geschichte, die diese Manager schreiben, wird aus Konsenssicht geschrieben und hat das Ziel, unbedingt allen gefallen zu müssen – denn wenn die Geschichte allen gefällt, wird man auch als Führungskraft gemocht. Dieses Vorhaben ist aus meiner Sicht in der Regel von Anfang an zum Scheitern verurteilt, aus einer Vielzahl von Gründen. Erstens ist es so, dass es ein unmögliches Ziel ist, es jedem Zuhörer/Mitarbeiter recht zu machen. Jeder von uns hat einen unterschiedlichen Geschmack und eine unterschiedliche Einstellung – alle abdecken zu wollen, ist ein hoffnungsloses Unterfangen. Zweitens bringt Sie die Tatsache, allen gefallen zu wollen, nicht wirklich weiter – denn Gefallen kann ich ja nur ausdrücken vor dem Hintergrund dessen, was ich kenne! Die Gefahr, dass Sie zwar Zustimmung erhalten, aber letztendlich inhaltlich zu kurz springen, ist daher groß. Dies ist übrigens ein Effekt, den man heutzutage noch bei vielen digitalen Initiativen gut beobachten kann, welche der Versuchung erliegen und sich hauptsächlich an dem orientieren, was man aktuell im Unternehmen gut findet – und nicht daran, was möglich und richtig wäre. Drittens – und das ist etwas, was Sie auf einer Tanzfläche ganz schnell lernen – ist es so, dass selbst, wenn Sie die kritische Menge auf Ihrer Seite haben, die notwendig ist, um ins Finale zu kommen, es immer (!) jemanden geben wird, der Sie und Ihr Vorhaben für absolut lächerlich hält. Viele Führungskräfte können damit nicht wirklich umgehen und kompromittieren ihre Ziele deswegen: oftmals, weil sie sich in ihrer Karriere bedroht fühlen, sollten sie zu viel unkonventionelle und damit oftmals unbequeme Ideen auf den Tisch bringen. Lassen Sie mich Ihnen hierzu einen Satz weitergeben, den eine sehr geschätzte Trainerin von mir einmal zu mir gesagt hat: „Wenn ich einem Paar auf der Fläche zusehe, muss ich einen Geschmack im Mund haben. Das kann alles sein: salzig, süß, scharf, ganz egal. Es ist auch vollkommen in Ordnung, wenn ich den Geschmack nicht mag. Nur, wenn ich Wasser schmecke – das ist schlecht." Dies soll selbstverständlich kein Freibrief sein, um jedes Extrem zu rechtfertigen – aber worauf sie anspielt: Haben Sie den Mut, mit Ihrem Partner bzw. Ihrem Team den Weg zu gehen, der für Sie der richtige ist. Wenn Ihre Partner und Ihre Mitarbeiter von Ihrer Geschichte überzeugt sind, werden sie diesen Weg mitgehen – denn sie haben es im Übrigen auch verdient, Teil einer guten Geschichte zu sein, denn sie schenken Ihnen einen Lebensabschnitt. Es kann immer sein, dass diese Geschichte dann jemand nicht zu schätzen weiß und natürlich wird auch von irgendeiner Seite Kritik geübt werden – das ist aber ok. Kritik bedeutet Reaktion, also nehmen Sie Kritik an und suchen Sie die Möglichkeiten zur Verbesserung darin. Nur ignorieren sollte man Sie und Ihre Geschichte nicht können – und je mehr Partner Sie um sich scharen und für Ihren Weg begeistern, umso schwerer wird es für andere werden, an Ihnen vorbeizuschauen. Das Schöpfen von Neuem, wie auch die Transformation von Bestehendem, kann nur so gelingen – davon bin ich überzeugt. Gutes Partnering macht aus soliden Einzelleistungen einen spannenden Teamerfolg – und damit aus vielen kleinen Feuern einen Waldbrand.

6

PERFORMANCE – Die alte Dame am Rande der Fläche

Der Körper des Tänzers ist einfach die leuchtende Äußerung der Seele.

Isodora Duncan (Isodora Duncan (Datum unbekannt): https://www.liburnia.hr/de/blog/culture-art/isadora-duncan, letzter Zugriff am 17.12.2024)

Wenn ich Sie in einem persönlichen Gespräch fragen würde, ob Sie im Rahmen Ihrer beruflichen Aktivitäten jedes Mal, wenn Sie die Fläche betreten (also zum Beispiel bei einer Kundenpräsentation oder einem wichtigen Meeting), stets für sich eine Top-Performance anstreben, würden Sie mir sicherlich zustimmen. Natürlich wollen wir alles unser Bestes geben – so gehört sich das ja auch.

Doch was meinen Sie eigentlich genau damit? Was bedeutet das, eine „Top-Performance" abzuliefern? Performance ist mittlerweile ein Begriff, der aus meiner Sicht recht inflationär im Geschäftsleben genutzt wird – leider auch oft mit voneinander abweichenden Interpretationen.

Im Allgemeinen versteht man darunter meist, dass etwas „gut" funktioniert hat, jemand hat „performt" – Performance steht hier also einfach als Synonym für eine gute Leistung. Wir Tänzer subsumieren jedoch unter diesem Begriff viel mehr, nämlich unsere Darbietung in all ihren Facetten: unser Auftreten, unsere Kleidung, die Choreografie und ihre Umsetzung – also eigentlich alles, was das Publikum zu sehen bekommt und wofür es Applaus spendet oder nicht. Performance ist für uns also keine reine Bewertung, sondern ein Produkt, das wir als Ergebnis unserer Arbeit anbieten. All die Stunden im Saal, in denen man sich mit Einzelteilen beschäftigt hat, münden in diese wenigen Minuten im Scheinwerferlicht, auf die es ankommt – und wofür es beim Turnier Ruhm und Ehre gibt, oder eben die Aufforderung, früher nach Hause zu fahren. Es lohnt sich also, sich dieses Konstrukt namens „Performance" etwas genauer anzuschauen.

Nachdem wir ja aus den vorherigen Kapiteln jetzt bereits Bescheid wissen über unsere eigenen Schritte, die Balance des Paares und die Bedeutung unseres Partners, müssen wir wie gesagt nun aus diesen ganzen Bestandteilen „etwas machen". Schließlich ist bis hierher schon jede Menge Arbeit in das Ganze geflossen! Es geht aber auf der Fläche leider nicht darum, zu zeigen, dass wir in der Lage sind, zu arbeiten und vor Leistung zu schwitzen – das interessiert niemanden. Vielmehr ist es unsere Aufgabe, ein Produkt voller Leichtigkeit zu kreieren, welches in sich mehr ist als die Summe all seiner Bestandteile und das wir einem Publikum voller Emotionen vorzeigen können: Eben unsere Performance. Doch das ist leichter gesagt als getan: Denn wie soll diese überhaupt aussehen? Die Möglichkeiten sind schließlich nahezu unbegrenzt: Soll unsere Darbietung schnell und sportlich sein – oder besonders rassig und sexy? Oder vielleicht doch eher klassisch, intellektuell und künstlerisch? Wollen wir in den Bewegungen möglichst viel Synchronität im Paar zeigen – oder eher spannende Unterschiede zwischen Mann und Frau herausarbeiten? Soll es aufgrund bekannter, aber perfekt umgesetzter Schritte einfach sein, uns zuzusehen – oder wollen wir die Zuschauer mit neuen, bislang unbekannten Bewegungen herausfordern? Sie sehen, eine überzeugende Performance muss von langer Hand geplant werden und ist das Resultat von einigen grundlegenden Entscheidungen. Wie gehen Tänzer hier vor?

Wenn man an das Planen einer Performance bzw. der dazugehörigen Choreografie geht, ist es zunächst wichtig, eine klare Entscheidung zu treffen, wen man damit überhaupt erreichen will. Im Turnier sind das vor allem natürlich die Wertungsrichter, deren Rolle es ist, über Wohl und Wehe, also: weiter in die nächste Runde oder nicht, zu entscheiden. Gleichzeitig gilt es aber auch, über das Publikum nachzudenken – schließlich kann ein begeistert applaudierendes Publikum manchmal das Zünglein an der Waage sein, wenn sich herausstellt, dass bei zwei qualitativ hochwertigen Paaren im Finale die Entscheidung über den Turniersieg eine knappe Sache sein wird. Eine weitere Zielgruppe sind selbstverständlich auch die anderen Paare im Wettbewerberfeld, die ja auch entweder zusehen oder zeitgleich neben uns auf der Fläche stehen. Gelingt es uns, diese schon in der Aufwärmrunde mit unserem Können zu beeindrucken oder im Trubel auf der Fläche mit überraschenden Bewegungen abzulenken, kann auch hier ein kleiner psychologischer Vorteil entstehen, den man für sich nutzen kann.

Wie auch immer man die vorrangige Zielgruppe wählt, man sollte sie empathisch genau analysieren und versuchen, auch ihre Anforderungen und Probleme genau zu verstehen. Wir kennen das aus unserem digitalen Arbeitsalltag sehr gut unter dem Prinzip der „Persona". Nehmen wir doch daher (wie schon einmal geschehen) genau das Beispiel der Wertungsrichter noch einmal her und schauen uns die spezifischen Herausforderungen an, welche diese bewältigen müssen:

- Problem 1: Der Standort – Die Richter sind an der Fläche verteilt und können daher nicht überall gleichzeitig hinsehen. Eine Performance muss also dafür sorgen, an allen vorbeizukommen.
- Problem 2: Die Zeit – Wenn das Lied 1,5 Minuten dauert, bleiben bei sechs Paaren genau 15 Sekunden, um jedes Paar zu beurteilen. Selbst, wenn er das möchte: Ein Wertungsrichter hat in der Regel gar keine Zeit, um lange an einem Paar zu verweilen und eine ausführliche Figurenkombination analysieren zu können. Eine Performance muss also jederzeit schnell erfassbar sein – egal, wann man hinsieht.
- Problem 3: Das Wissen – Auch, wenn wir uns das anders wünschen, so sind Wertungsrichter nicht perfekt, denn sie sind am Ende des Tages auch nur Menschen. Von daher ist also der Ansatz, möglichst komplexe Dinge zu zeigen, die einen erfahrenen Beobachter benötigen, um sie zu verstehen, mit Sicherheit der schwierigere Weg. Eine gute Performance gibt auch einem unerfahrenen Wertungsrichter keine Chance, dich NICHT weiter in die nächste Runde zu nehmen – weil sie nämlich jederzeit eine klare und lesbare Sprache spricht.

Sie sehen, dass selbst in den scheinbar offensichtlichen Dingen manchmal doch mehr Details stecken, als man vielleicht oberflächlich anfangs gedacht hat. Sogar ein Wertungsrichter, den man ja als selbstverständlich voraussetzt, weil sonst kein Turnier stattfände, lohnt des näheren Hinsehens. Aber wir können diesen Gedankengang wieder einmal mehr ebenso im Wirtschaftsleben anwenden. Denken Sie einmal darüber nach, wie viele Unternehmen

6 PERFORMANCE – Die alte Dame am Rande ...

tatsächlich ihre Marktdarstellung, sei es das Produkt/der Service selbst oder ihre Markenkommunikation, rein „inside out" gestalten – also nach dem, was sie selbst im Inneren gut finden und was ihnen gefällt. Ob es für den Markt „wertbar" bzw. relevant ist (ganz zu schweigen davon, ob es das Publikum, sprich: den Kunden, begeistert), sind zu oft Fragen, die niemand auf dem Radar hat oder die man als „schon lange beantwortet" ablegt. Dabei lohnt es sich sehr, immer wieder aufs Neue zu hinterfragen, ob alte Einschätzungen noch tragfähig sind. Überlegen Sie sich einfach mal selbst, wie gut es Ihnen gefallen würde, im Publikum einer Aufführung eines prominenten Künstlers zu sitzen, für die Sie vielleicht sogar lange im Voraus schon eine teure Eintrittskarte erwerben mussten – und Sie dann merken, dass der Hauptdarsteller sich nicht im Geringsten auf diese Darbietung vorbereitet hat, sondern einfach seinen „Stiefel durchzieht" und sich im Weiteren auch überhaupt nicht für Sie bzw. das Publikum interessiert. Als die ersten lauten Kommentare des Publikums kommen, sagt er: „Sie zahlen doch eh, um mich zu sehen – also hören Sie auf zu meckern! Ich find's gut!" Vermutlich stehen Sie dann auf und gehen, oder? Kunden am Markt machen sehr oft genau das Gleiche.

Meine persönliche Lieblingsperson war übrigens immer „die alte Dame an der Fläche", über die ich mich immer sehr gefreut habe, wenn ich sie im Publikum entdeckt habe. Turniere finden ja gerne in Kurorten und dann an einem Sonntagnachmittag statt; von daher gibt es immer eine Menge Gäste im Seniorenalter, die dann am Veranstaltungsort vorbeikommen und ihren Kaffee und Kuchen beim Zuschauen am Rande eines Turniers genießen. Dieses Publikum war mir stets das liebste – denn es hatte absolut keine Ahnung von „richtigen" Schritten oder komplizierter Technik, zeigte aber stets unmittelbare und vor allem ehrliche Reaktionen der Begeisterung oder gar der Rührung, wenn man es mit der eigenen Performance im Herzen erreicht hatte. In tiefer Erinnerung geblieben ist mir eine alte Dame, die nach einem Tanz zu mir kam, mir ein weises Lächeln schenkte, meine Hände in die ihren nahm und zu mir sagte: „Junger Mann, das war so bezaubernd, was Sie da eben gezeigt haben – da hat ein altes Herz nochmal so schnell geschlagen, wie damals, als ich jung war!" Erlebnisse wie diese waren für mich der beste Maßstab, ob ich als Künstler auf dem richtigen Weg war, wenn ich einen mir unbekannten Menschen (der sich weder dafür interessierte, noch beurteilen konnte, ob ich technisch „gut" war) ganz unvermittelt in seiner Seele erreichen konnte. Ein Gedanke, der doch eigentlich auch für unser Geschäftsleben sehr schön wäre – oder meinen Sie nicht?

Wie Sie vielleicht schon beim Lesen der vorherigen Zeilen an sich selbst gemerkt haben, stellt sich beim Ausdenken einer Performance nach und nach ein „innerer Film" ein. Wenn das noch nicht der Fall sein sollte, machen Sie jetzt doch einfach mal den Selbstversuch: Stellen Sie sich vor, wie Sie gemeinsam mit ihrem Partner die dunkle Fläche eines großen, schön ausgeschmückten Ballsaals betreten und beobachten Sie sich selbst dabei, wie sie gemeinsam ein paar Runden zu einer schönen Walzermusik drehen. Sie werden feststellen, dass Sie automatisch beginnen, Details auszufüllen: Ihre Kleidung, die Gäste, die Farbe des Bodens, die Farbe des Blumenschmucks und vieles mehr, vielleicht hören Sie ein bestimmtes Lied oder sie riechen gar das Parfüm Ihres Partners, das Sie so mögen. Diese Gabe menschlicher Fantasie, die Sie gerade erleben, ist von größter Wichtigkeit für unsere Kunst: Noch bevor es diese in der Realität gibt, beginnt man, sich die eigenen Abläufe vorzustellen, platziert sie auf Flächen, stellt sich das Paar bei der Durchführung vor. Ohne eine solch detailreich visualisierte und detaillierte Vorstellung der

6 PERFORMANCE – Die alte Dame am Rande ...

Zielperformance ist es nahezu unmöglich, diese auch wirklich umzusetzen – sie bleibt in der Tat unerreichbar, denn ich weiß nicht, was zu tun ist. Je genauer ich nämlich diese Darbietung visualisiert habe, umso klarer wird, was ich zu trainieren habe und wie der Weg zu dieser Performance im Detail auszugestalten ist. Zudem gilt auch hier der magische Satz: Wenn ich es mir vorstellen kann, ist es auch möglich – aus dem Bild in meinem Kopf kann ich also jede Menge Motivation für mich selbst ziehen. Zudem bin ich nicht festgelegt auf eine einzige Version und kann daher verschiedene Varianten erst einmal in meiner Vorstellungskraft erstellen – auf diese Weise der eigenen Kreativität freien Lauf zu lassen, ist ein tolles Gefühl. Es geht ja um Dinge, die noch nicht existieren. Sie erinnern sich? Wir sind Poeten.

Diese Fähigkeit zur Visualisierung ist für mich bis heute nicht nur in meiner Arbeit als Trainer wertvoll, sondern mindestens genauso hilfreich im Geschäftsleben. Immer, wenn ich neue Einheiten, Services oder gar Unternehmen aufgebaut habe, habe ich sie mir in meinem Geist vorher unzählige Mal durchdacht und bildlich vorgestellt. Dabei wollte ich immer die Erlebnisse genauso bauen, wie ich sie gerne sehen würde, wenn ich „im Publikum" säße bzw. der Kunde, Geschäftspartner oder Wettbewerber wäre. Ich fand diesen Ansatz zur Zielerreichung immer unglaublich nützlich, denn es erlaubte mir, meinen Mitarbeitern, Geschäftsführern oder Mitspielern sehr konkret davon zu erzählen, was ich vorhabe – ich hatte es ja sprichwörtlich „vor Augen".

Oft stellt man in Gesprächen fest, dass Führungskräfte oftmals jedoch einen anderen Weg gehen: Sie sehen sich nicht den zukünftigen, sondern den aktuellen Zustand ihres Unternehmens an und planen dann, ihn zu verbessern. Vermutlich tun sie das, weil dieser Zustand tatsächlich real ist und nicht nur ein imaginäres Konstrukt

– was sich erst einmal als Absprungbasis sicherer anfühlt. Das Ergebnis aus diesem Vorgehen muss nicht zwingend schlecht sein, aber es ist nur logisch, dass diese Art des Denkens sich zwangsläufig immer an dem orientiert, was man bereits kennt. Zudem ist der Begriff „besser" ein relativer Ausdruck und somit führen „Verbesserungen" am Ist nicht zwangsläufig zu wirklich neuen Zuständen. In der Digitalwelt kennen wir diese Diskussion unter dem Begriff „10-mal besser vs. 10 % besser".

Eine klare, im Geiste visualisierte Vorstellung des Zielzustandes, also im wahrsten Sinne des Wortes eine Vision zu haben, ist daher, so meine ich, ein grundlegender Bestandteil des Unternehmertums bzw. Entrepreneurship – alle berühmten Unternehmen haben einmal an dem Punkt gestartet, an dem jemand sagte: „Das gibt es noch nicht, aber ich sehe es genau vor mir … ". Ich kann hier nur den Rat geben: Nehmen Sie sich die Zeit und stellen sie sich eine zukünftige Performance immer genau so vor, wie sie Sie selbst und andere begeistern würde. Malen Sie sich in allen Farben und Details aus, wie Ihre Performance gemeinsam mit Ihrem Team aussehen wird, wenn sie eines Tages erreicht ist und wie sich das anfühlt, sie erreicht zu haben. Diese Zeit lohnt sich immer – für Sie und alle, die Sie begeistern wollen. Und haben Sie dabei keine Angst, dass man Sie für einen „Spinner" halten könnte: Wenn Sie es sich mit allen Sinnen, in bunten Farben, in voller Bewegung und mit Filmmusik im Hintergrund, vorstellen können, dann ist es auch möglich. Lassen Sie sich nichts anderes einreden.

Wenn das Zielbild schließlich steht und man alle Komponenten, die dafür notwendig sind, beieinanderhat, dann beginnt eigentlich erst der körperliche, der harte Teil der Arbeit: üben, üben und nochmals üben. Allerdings tun wir Tänzer auch hier das nicht „im stillen Kämmerlein": Normalerweise entstehen im Tänzerleben neue

6 PERFORMANCE – Die alte Dame am Rande ...

Performances nämlich häufig an bestimmten, für uns wichtigen strategischen Punkten: zur Vorbereitung auf eine Meisterschaft, nach dem Aufstieg in eine neue Klasse und vor dem ersten Turnier in derselben, sowie für bestimmte Shows, für die man individuell etwas vorbereitet. Tänzer und Trainer legen hier auf diesem Weg in der Regel immer einzelne Abschnitte fest, in denen bestimmte Ziele erreicht sein müssen („time-boxing") – und werden, so oft es irgend geht, den Abgleich mit dem wichtigsten Kritiker suchen: dem Publikum. In unzähligen Testvorführungen werden die neuen Abläufe dargeboten, damit die Zuschauer schonungslos ihr Feedback abfeuern können. Der Grund, warum man dies früh tut, ist einfach: Sollte es in der Performance etwas geben, was nicht zu verstehen ist, den Fluss stört oder nicht eindeutig genug war, ist es besser, man findet es früh heraus und nicht erst auf dem Event, bei dem man etwas erreichen will. Dieses Vorgehen kennen wir sehr gut in unserem Berufsleben aus unserem Schatzkästlein mit der Aufschrift „agile Methoden": Ständiges Testen von Produkten, Lösungen und Services am Kunden hilft, frühzeitig Fehler oder auch Lücken zu erkennen. Die Kunst liegt dabei nicht darin, ein einziges Mal sein Vorgehen zu verproben und dann Feedback aufzunehmen, sondern es vielmehr immer und immer wieder zu tun. Dazu gehört Fleiß und vor allem die Bereitschaft, trotz aller Mühen und Anstrengungen, vielleicht nochmals zu hören: „Den Teil verstehe ich nicht."

Das häufige Üben hat bei uns Tänzern noch eine andere Ursache: Wir müssen alles, was wir in unseren Abläufen tun, in maximalem Ausmaß verinnerlichen, sodass wir sprichwörtlich „im Schlaf" unsere Performance darbieten können. Der Grund dafür ist, dass wir in der Regel die genauen Umstände nicht kennen, die wir am Turniertag und -ort vorfinden – auf dem Weg zum Turnier kann von Stau bis Unfall jede Menge passieren, genauso wie am Austragungsort selbst, wo die Fläche vielleicht glatter oder kleiner ist, mehr Paare auf der Fläche sind oder die gespielte Musik grausiger ist als erwartet (ja, es ist so: Wir kennen die Musik nicht vorher.). Es gibt also alle möglichen Umstände und Einflüsse, die uns aus der Balance und damit weg von unserer Höchstleistung bringen können. Unsere Abläufe müssen also so sicher sitzen, dass uns das nichts anhaben kann, wir uns locker auf alles einstellen können und trotzdem den Kopf frei haben, um mit dem Publikum zu lachen. Dies ist eine Regel, die ich aus genau dem gleichen Grund mit all meinen Teams immer so gehalten habe: Wenn wir etwas tun, dann testen wir so oft, bis wir es im Schlaf können. Gerade in meiner Zeit in der Unternehmensberatung, in der Kundenvorgaben und die Umstände im Projektumfeld ständig wechseln können, hat dies uns schon mehr als einmal den Erfolg gerettet – denn wir konnten ganz entspannt, auch bei kurzfristigen Änderungen, unsere Performance abrufen. Die Erkenntnis daraus: Jemand, der souverän und ohne mit der Wimper zu zucken, überall und jederzeit eine starke Leistung bringt, hat in der Regel kein Glück, sondern hat ziemlich sicher vorher unzählige Male geübt. Gute Führung macht Performances nicht nur schön, sondern vor allem stabil.

Auch hier kommt übrigens nochmal die Fähigkeit zur Visualisierung ins Spiel: Im Rahmen der Vorbereitung auf einen großen Wettbewerb spielt die mentale Arbeit nämlich mindestens eine genau so große Rolle wie das körperliche Training. Deswegen stellen wir Tänzer uns, neben den Übungen im Saal, unsere Performance in den heißen Vorbereitungsphasen vor einem Turnier unzählige Male in unserem Kopf vor. Zuerst aus der Ich-Perspektive, also wie es wäre, unsere Performance auf der Fläche am Austragungsort zu tanzen – das hat den Vorteil, dass man vieles von dem, was sich unerwartet ereignen könnte, im Geist schon einmal durchgespielt hat, falls es dann wirklich passieren sollte. Dann überrascht es einen nicht mehr und bringt einen nicht mehr aus dem Konzept, denn man hat es „schon gesehen". Im zweiten Schritt stellen wir uns unsere Performance von außen vor, wie sie die Jury und die Zuschauer sehen würden – dies hilft uns immer wieder als Abgleich, ob wir selbst auch begeistert wären von dem, was unsere Augen erblicken. Es ist ein starkes und sicheres Gefühl, eine Bewegung auszuführen und in diesem Moment genau zu wissen, welche Emotionen gerade durch die Zuschauer gehen. Ich mache das bis heute im Beruf genauso: Mein Team weiß ganz genau, dass ich einen Auftritt, eine Präsentation oder ein Event unzählige Male, mit allen möglichen und unmöglichen Zwischenfällen, im Geiste vorher durchlaufen habe. Es ist immer wieder aufs Neue lustig, wenn nach einer Veranstaltung, auf der etwas völlig Unerwartetes passiert ist und wir den Vorfall dann doch locker gelöst haben, ein Mitarbeiter zu Ihnen kommt und sagt: „Mensch, genau das hast Du vorher angesprochen – wie konntest Du das nur vorhersehen?" Konnte ich nicht, ich bin kein Hellseher – aber ich habe eine Waffe namens Fantasie. Ich konnte es mir vorstellen.

Abschließend möchte ich hier auch einen Gedanken nochmals aufgreifen, den ich an anderer Stelle schon kurz angeschnitten habe: ohne Risiko keine einzigartige Performance. Selbst wenn Sie, wie oben beschrieben, alles hunderte und tausende Male geübt haben, gilt es im entscheidenden Moment, auf Risiko zu gehen. Eine Performance, die begeistert, ist eine, in der ich als Zuschauer etwas erleben darf – wenn ich sehe, dass der Performer „eine ruhige Kugel schiebt", wird das nicht der Fall sein. Viele Führungskräfte gehen gerade in diesen Momenten, bei denen es auf etwas ankommt, z. B. einer Präsentation vor der Geschäftsführung, einem großen Kunden oder beim Beförderungsgespräch, ebenfalls oft lieber „auf Nummer sicher" und geben damit der Kontrolle den Vorrang, um ein schlechtes Urteil auf alle Fälle zu umgehen. Es ist auch sicher von Vorteil, in schwierigen Situationen, soweit möglich, alles im Griff zu haben – aber um einen Wow-Effekt zu erzeugen, braucht es das gewisse Extra mehr. Wir Tänzer wissen deswegen ganz genau, wann wir unsere Komfortzone des Vorbereiteten verlassen und etwas Außerordentliches zeigen müssen – dabei vertrauend auf unser ausgiebiges Training, das uns Sicherheit und Kondition verschafft hat. Wir performen dabei ohne Angst vor Urteil – denn wir können es sowieso nicht allen recht machen und ohne Risiko gibt es eben keine einzigartige Performance. Beherzigen Sie diesen Rat von Zeit zu Zeit in Ihrem Geschäftsleben: Gute Vorbereitung ist alles, wenn es darauf ankommt – aber das Herz der „alten Dame an der Fläche" gehört am Ende den Mutigen!

7

FÜHRUNG – Bewegen, ohne zu berühren

Als Chef muss ich mich selbst bewegen. Wenn ich das nicht mache: Aus welchem Grund sollte es dann mein Team tun?

Bernd Preuschoff

Kommen wir nun zu meinem absoluten Lieblingsthema: Führung. In diesen facettenreichen Komplex bin ich über viele Jahre immer wieder mit Leidenschaft kopfüber eingetaucht und bis heute liebe ich Führung als Unterrichtsthema mehr als alles andere. Es ist für mich deswegen so besonders, weil es ein Thema ist, das alle Sinne umfasst und, wie wir sehen werden, weit mehr ist, als einem anderen Menschen „Richtungen vorzugeben". Wenn Führung gelingt, ist es das Kernstück der Magie zwischen zwei Partnern – dann, wenn man spürt, wie Energien und Impulse zwischen zwei Menschen fließen und auf faszinierende Weise ein neues gemeinsames Ganzes entsteht. Glauben Sie mir: Das Gefühl, seine Dame in eine neue Position zu führen, um dann zu sehen, wie sie diese Figur mit all ihrer Grazie ausführen kann, ist unbeschreiblich, irgendwo zwischen Dankbarkeit, Stolz und Bewunderung. Gute Führung zeichnet sich dadurch aus, dass man sie fast nicht sieht – und derjenige, der geführt wird, sie nicht als Beeinflussung, sondern als Unterstützung wahrnimmt, durch die er nahezu unmerklich, aber auf ganz natürliche Weise Dinge tun kann, die er alleine sonst nicht oder nur unter viel Kraftaufwand erreicht hätte. Vor allem ermöglicht sie es ihm, zu glänzen, weil er aus dem gegebenen Impuls mit seinem Körper und seinen Bewegungen das Beste machen kann. Das hört sich nicht nur so an, als wenn wir bereits über die Führung eines Mitarbeiters sprechen würden – Sie werden sehen, dass Sie auch in diesem Kapitel alle Erkenntnisse direkt für Ihren Managementalltag verwenden können. Sie müssen vielleicht nur ein paar sicher geglaubte alte Glaubenssätze infrage stellen und Dinge einmal aus einer anderen Perspektive ansehen.

Auch hier erzähle ich Ihnen zum Einstieg gerne wieder eine kleine Anekdote aus dem Unterricht: Wenn man Anfänger in der ersten Stunde des Tanzunterrichts fragt, was sie schon über Tanzen wissen, meldet sich mit ziemlicher Sicherheit (mindestens) eine Dame und sagt: „Die Herren müssen führen!", oft begleitet von einem wissenden Grinsen in Richtung des jeweiligen Partners, der dann meist leicht mürrisch zurücklächelt. Tatsächlich scheint dies einer der Punkte zu sein, die auch bei Laien zum Thema Tanzen fest im Kopf verankert sind – auch, wenn sie es selbst noch nie getan haben. Tatsächlich ist es so, dass fast alle Menschen in irgendeiner Form schon einmal mit Tanzen in Berührung gekommen sind – wenn nicht durch eigene Kursteilnahme, dann doch vielleicht auf der Kirchweih, auf einer Hochzeit, in einem Kinofilm oder im Fernsehen bei Samstagabendshows. Dort ist dann natürlich direkt sichtbar, dass die Herren „irgendetwas" mit

7 FÜHRUNG – Bewegen, ohne zu berühren

ihren Armen tun, was bei den Damen „etwas" bewirkt – was auch immer „irgendetwas" ist. Meine Vermutung ist, dass Führung als Konzept tatsächlich für Außenstehende immer sehr faszinierend ist und auch ohne Detailwissen als absolut wichtig angesehen wird – gleichzeitig aber das, was beim Führen geschieht, für viele zunächst ein „großes magisches Etwas" bleibt, von dem man (oder Mann) keine Ahnung hat, wie es denn wirklich gehen könnte.

Ich räume deswegen zu Beginn meiner Einheiten immer gleich mit den wichtigsten zwei Irrtümern auf, die in schöner Regelmäßigkeit auf der Fläche auftauchen und sich deswegen in der Vorstellung vieler Menschen oft fest verankert haben. Über diese zwei Punkte von vornherein ein klares Weltbild zu haben, verändert die Art, wie man gemeinsam Tanzen lernt.

Irrtum Nr. 1: „Führen heißt, den Partner von Punkt A nach Punkt B zu bewegen."
Wenn Sie das Kapitel über Balance zuvor aufmerksam gelesen haben, können Sie eigentlich schon jetzt einwenden, dass dies nicht richtig sein kann: Denn niemand weiß schließlich besser über sein Gleichgewicht und seinen Schritt Bescheid als Ihr Partner selbst. Nur er (oder sie) kann in sich hineinspüren und entscheiden, wie er sich am sichersten fühlt, den nächsten Schritt umzusetzen. Wenn Sie also wollen, dass er das Bestmögliche aus dieser Bewegung machen soll, nutzt es nichts, ihn mit Kraft bewegen bzw. gar manchmal, dem Augenschein nach, fast tragen zu wollen. Spannenderweise hört man von Damen (die ja meist tanzbegeisterter sind als Männer) oft den Satz: „Ich mag es, wenn mich ein Herr bei der Führung richtig anpackt!" Diese Aussage basiert, so erfahre ich in meinen Rückfragen, meist auf der Erfahrung mit tanzenden Männern, die in der Regel (und das ist gut so) erst einmal sehr vorsichtig mit ihren Damen umgehen, sowie natürlich

auch einfach in diesem Moment nichts falsch machen wollen und daher eher sehr zarte Signale geben, wenn überhaupt. Das führt logischerweise wiederum dazu, dass die Dame erst einmal nicht bzw. nicht sicher weiß, was der Herr von ihr will. Zudem spürt sie die Unsicherheit desjenigen, der ihr da gegenübersteht. Da ist der Wunsch nach deutlicheren Zeichen natürlich durchaus nachvollziehbar, macht den besagten Satz aber vom Inhalt nicht richtiger – fußt er doch auf der Tatsache, dass der Herr noch nicht wusste, wie er am besten vorgehen soll. Leider ist es auch so, dass eine detaillierte Führung in deutschen Tanzschulen eher wenig unterrichtet wird. Hier besteht der Unterricht meist aus dem Nachtanzen vorgefertigter Figurenfolgen, die der Tanzlehrer vorführt und in die bestenfalls kleine „Richtungssignale" eingebaut sind. Dies hat mich schon immer zu der Frage angeregt: Wie soll man Führen lernen, wenn es nicht notwendig ist, weil alle Richtungen und Schritte sowieso schon festgelegt sind? Das ist im Übrigen auch der Grund, warum ich in meinem Unterricht nie feste Abläufe verwende: Freiheit in der Bewegung und damit in der Interpretation der Musik ist das Ziel. Wenn ich zweimal den gleichen Tanz tanze, aber einmal spielt ein trauriges und einmal ein fröhliches Lied – wie soll ich der Musik gerecht werden, wenn mein Ablauf an Figuren schon vordefiniert und immer der gleiche ist? Gehen wir also im Weiteren davon aus, dass wir diese vordefinierte Reihenfolge nicht haben und jeden Moment in völliger Freiheit neu entwerfen wollen – dann kann es erst recht nicht mehr unser Anliegen sein, unseren Partner permanent durch die Gegend zu schieben. Richtig ist vielmehr:

„Führen heißt, dem Partner aus einem gemeinsamen Punkt A aufzuzeigen, wo Punkt B liegt, so dass er eigenständig dorthin laufen und gleichzeitig den Schritt dorthin perfekt aussehen lassen kann."

Meine Aufgabe als Führender ist es also, einen feinen Impuls zu geben – und nicht mit aller Kraft zu schieben. Es ist an dieser Stelle ebenfalls wichtig, sich an die Grundlagen der Physik zu erinnern, die man mal in der Schule gelernt hat: nämlich, dass man mit Kraft nur Gegenkraft erzeugt. Sie können das gerne einmal mit einem Freund ausprobieren: Nehmen Sie seine Hand und versuchen Sie, ihn mit Kraft in eine von Ihnen bestimmte Richtung, welche er nicht kennt, zu stoßen. Sie werden sofort feststellen, dass die initiale Reaktion darauf Widerstand ist. Das hat natürliche Ursachen, die in unserem Bewegungsapparat fest veranlagt sind: Der menschliche Körper ist darauf ausgerichtet, aufrecht zu gehen und daher unter allen Umständen Balance zu halten; er wird also **gegen** die Kraft anarbeiten, welche diese Balance zu stören versucht. Selbst wenn es Ihnen gelingen sollte, Ihr Gegenüber mit Kraft in die richtige Richtung zu schieben, werden sie feststellen, dass er dort erst einmal mit seinem Gleichgewicht kämpft und ziemlich sicher stolpert. Wenn Sie ihrem Freund jedoch sanft, aber deutlich, eine Richtung vorgeben, werden sie sehen, dass er irgendwann selbst den Schritt in diese Richtung macht, dieses Mal unter eigener Kontrolle.

Denken Sie also daran, wenn Sie das nächste Mal Ihre Mitarbeiter in eine Richtung bewegen wollen: Es nützt nichts, Kraft anzuwenden und zu schieben – sie erzeugen genau das Gegenteil von dem, was Sie wollten und selbst wenn Sie tatsächlich einen geringen Effekt erzeugen, ist das Ergebnis sehr wackelig. Die Grundannahme vieler Führungskräfte scheint auch immer noch zu sein, dass ihr Mitarbeiter grundsätzlich erst einmal das nicht tun will, was sie von ihm möchten, und daher muss man in ihren Augen möglichst viel Nachdruck walten lassen. Das ist mitnichten der Fall: Ich bin überzeugt, dass viele Mitarbeiter sehr gerne das Beste aus „ihrem Schritt" machen und Leistung bringen wollen – sie brauchen nur einen klaren

Impuls und dann muss man sie, im Vertrauen auf deren Fähigkeiten, machen lassen. Wenn Sie tatsächlich dann doch einmal jemand vor sich haben, der so gar nicht mit Ihnen arbeiten will, kommen Sie auch mit Kraft nicht weiter. Wenn jemand nicht mit Ihnen tanzen mag, würden Sie auch nicht mit Kraft antworten – oder? Sie würden ihn gehen lassen, also tun sie das auch hier und suchen Sie sich für den Moment einen anderen Partner für die anstehende Aufgabe. Und gehen Sie als Grundannahme bitte davon aus, dass auch dieser sein Bestes geben wird.

Schieben ist nicht Führen.

Irrtum Nr. 2: „Nur der Führende muss lernen, zu führen – der Geführte macht dann automatisch alles richtig."
Dieses Vorurteil ist nicht nur unter tanzenden Damen weit verbreitet, sondern auch unter vielen Belegschaften in Unternehmen. Natürlich hängt viel von guter Führung ab, wie ich schon angedeutet habe – aber tatsächlich muss man im Laufe seiner Karriere auch lernen, geführt zu werden. Dies bedeutet natürlich, für die eigene Aufgabe, deren Umsetzung und Ergebnisse im Rahmen der Gesamtperformance Verantwortung zu übernehmen und dies nicht an den Auftraggeber zurückzudelegieren. Einer meiner Vorgesetzten in meiner beruflichen Karriere sagte einmal dazu: „Verantwortung ist der erste Schritt zur Freiheit." Daran glaube ich bis heute: Wenn ich für mein Tun maximale Eigenverantwortung will, ohne dass mir jemand ständig „hineinredet", muss ich für meine Leistung und deren Ergebnisse die Verantwortung übernehmen und liefern. Das schafft nicht nur Vertrauen bei meinem Partner: Es ist auch die Grundlage dafür, überhaupt in einen lösungsorientierten Diskurs einzusteigen, wenn einmal etwas nicht miteinander funktionieren sollte. Denn nur, wenn ich genau weiß, was ich benötige, um meine beste

Leistung abzurufen, kann ich dem anderen sagen, was ich von ihm brauche. Das gilt für meinen Tanzpartner wie für meinen Chef. Tatsächlich wechseln ja nicht nur erstere, sondern auch zweitere immer mal wieder im Laufe eines Lebens – und jedes Mal hat man es mit einem neuen Charakter zu tun. Es bedarf dann bei beiden einer gewissen Zeit des Einspielens miteinander, bevor alles reibungslos funktioniert. Der respektvolle und wertschätzende Austausch mit dem Ziel, immer besser miteinander zu performen und jedem die Möglichkeit zu geben, seine beste Leistung auf dem Weg abzurufen, ist daher unverzichtbar und unendlich wertvoll. Wichtig ist es also, selbst Verantwortung für das eigene Handeln zu übernehmen.

Tatsächlich ist es im Tanz aber auch so, dass selbst ein richtig gut führender Partner nicht viel bewirken kann, wenn sich der andere nicht führen lässt bzw. kein Verständnis für „geführt werden" besitzt – oder, noch schlimmer, wenn beide versuchen zu führen und die Rollenverteilung nicht klar ist. Dann kommt ebenfalls keine gute Paarperformance zustande, sondern man beobachtet vielmehr ein heilloses Durcheinander von guten Absichten, die aber trotzdem in Missverständnissen münden – kommt Ihnen das aus Ihrem Alltag vielleicht bekannt vor? Ich kann hier immer nur empfehlen, den oben genannten Irrtum zu beseitigen, die genauen Rollen zu klären und sich zuzugestehen, dass beide eine Aufgabe haben, mit der sie nun beschäftigt sind: Wir müssen lernen, zu führen und geführt zu werden.

Wenn diese beiden Irrtümer aus dem Weg geräumt sind und nun beide Partner sorgsam und aufmerksam im Bewusstsein ihrer individuellen Aufgaben miteinander umgehen, ist der Weg offen für ganz neue Erfahrungen mit sich selbst und miteinander. Wie ich ja bereits angedeutet habe, ist Führung mehr als nur eine Hand, die einen Impuls gibt – und das bringt uns zum „Führen ohne Hände".

Dies ist eine Übung, die ich sehr gerne mit meinen Paaren durchführe, und zwar genau dann, wenn sie anfangen, bei der Führung entspannt mit ihren Händen umzugehen. Gerade dann also, wenn sie sicher mit diesem Instrument werden, nehme ich es ihnen sogleich weg. Die Aufgabe lautet für die Herren nun, ihre Damen ohne Nutzung der Hände, nur mit ihrem Körper, nach vorn oder hinten, rechts oder links, oder in Rotationen durch den Raum zu führen. Natürlich sorgt das immer erst einmal für ein großes Erstaunen, denn zu diesem Zeitpunkt können sich die Paare nicht vorstellen, wie das nun funktionieren soll. Tatsächlich gelingt es aber sehr gut und nach ein wenig Ausprobieren kommen die Paare schnell selbst darauf, worauf es dabei ankommt: Zum einen muss die Dame ihren Herrn nun sehr aufmerksam beobachten, seine kleinsten Regungen wahrnehmen und seine Bewegungen bestmöglich antizipieren – gleichzeitig benötigt sie ein Höchstmaß an Körperkontrolle, um schnell genug reagieren zu können, sollte sie eine Richtung einmal falsch erahnt haben. Zum anderen müssen die Herren sehr, sehr eindeutig ihren Körper in die Richtung bewegen, in welche sie die Dame führen wollen – ansonsten hat die Dame keine Chance, rechtzeitig zu reagieren. Von außen erkennt man nun, dass die Herren sehr überzeugt und sehr deutlich sichtbar ihre Bewegungen umsetzen, dabei aber auch sehr sorgsam mit ihrer Dame umgehen. Für den Zuschauer ist das faszinierend: Es wirkt nämlich, als gäbe es ein unsichtbares Band zwischen den beiden Partnern, welches nur irgendwie vorm Betrachter verborgen wird, aber dafür sorgt, dass sich das Paar im Gleichklang bewegt. Gleichzeitig transportiert diese Darstellung nicht nur ein körperliches Miteinander, sondern das Paar bietet, nicht zuletzt durch seinen intensiven Blickkontakt, ein Bild voller Harmonie und Zusammengehörigkeit.

Die Lernerfahrung daraus ist sehr klar und für die Paare sehr wichtig: Wenn es darauf ankommt, braucht es die Hände nicht zum Führen zwingend – das erleichtert zunächst enorm. Die wichtigste Erkenntnis jedoch ist: Hände und Arme sind nur das Übertragungsmedium für eine starke und konsequente Körperbewegung, welche letztendlich der Impuls für den Partner und dessen Aktion ist. Ab diesem Zeitpunkt kann man beobachten, dass die Herren ihre Führungsbewegungen in den Armen und Händen viel feiner und effizienter einsetzen und die Damen mit einem ganz anderen Aufmerksamkeitslevel unterwegs sind.

Wenn wir Führungskräfte im Geschäftsleben beobachten, können wir diese Übung als Bild ebenso anwenden, denn wir sehen genau das Gleiche passieren: Hier gibt es zwar keine Hände und Arme, aber natürlich Worte – Anweisungen und Direktiven, die eine Führungskraft formuliert, um seine Mitarbeiter in eine bestimmte Richtung zu führen. Aber wie oft haben wir das Gefühl, dass wir zwar die Worte hören und verstehen, aber dass die dazugehörige Person sich selbst keinen Zentimeter bewegt? Das erweckt in uns den Eindruck, dass hier etwas nicht stimmt: Wir können die Situation nicht „lesen", unsere Wahrnehmung meldet uns unterschiedliche Signale. Sehr gut beobachten kann man das beispielsweise in der Diskussion um das Digital Mindset des Mitarbeiters, welches Führungskräfte neuerdings gerne verlangen und erwarten, dass ihre Angestellten sich mit Geschwindigkeit, agil und trotz Unsicherheit souverän bewegen – allerdings tun das die wenigsten Vorgesetzten im gleichen Moment selbst. Dieses Verhalten lässt den Mitarbeiter (zu Recht) die Frage stellen, warum um alles in der Welt er es dann nun tun sollte. Führung bedeutet also auch hier, zunächst einmal sehr eindeutig sich selbst zu bewegen, wenn man andere Menschen in eine Richtung steuern will – nur mit den Armen bzw. Worten eine Anweisung zu geben, ansonsten aber nichts zu ändern, erzeugt Verwirrung, Unsicherheit und daher im Endeffekt meistens Stillstand, weil sich jeder fragt, wie das nun zu verstehen ist. Als Führungskraft eine Einheit zwischen Körper- und verbaler Sprache bzw. zwischen Worten und Taten zu zeigen, ist in meinen Augen elementar für gute Führung. Dieser Effekt ist nicht unbekannt, wie die jüngsten Diskussionen in den Führungsforen um Begriffe wie „Authentizität" oder „Eat your own food" belegen – für mich geht es dabei aber hauptsächlich um das Schärfen der eigenen Wahrnehmung für die Konsistenz der eigenen Signale, die man als Chef sendet: Klare Richtungen für andere erfordern eindeutige Bewegung bei einem selbst.

Wenn den Paaren auch diese Übung gelungen ist und sie beginnen, sich komfortabel damit zu fühlen, nur auf Basis des Augenkontaktes und dem Beobachten geführt zu werden, komme ich meist zur nächsten Übung: Die Damen tanzen mit verbundenen Augen. Wieder einmal nehme ich also den Paaren das Medium, das ihnen gerade Sicherheit gegeben hat, weg und fordere sie erneut heraus, eine Lösung für diese Aufgabe zu finden. Es geht dabei um Vertrauen in und Empathie für den Partner.

Wie man sich leicht vorstellen kann, ist das Verbinden der Augen für die Damen keine leichte Sache: Wir Menschen orientieren uns in großem Maße über optische Reize in unserer Umwelt. Wir sind ehemalige Fluchttiere, die darauf angewiesen sind, ihre Umgebung schnell zu verstehen und es hängt sogar ein wesentlicher Teil unseres Gleichgewichtssinns von unserem Sehen ab – daher ist diese Übung auch immer erst einmal sehr wackelig. Mit verbundenen Augen zu tanzen, hört sich nicht nur erst einmal unmöglich an – es erzeugt zunächst auch einmal eine Menge Hilflosigkeit in mir, wenn ich noch nicht einmal mehr einschätzen kann, wo die Wände des Saals sind, in dem ich mich bewege. Die Herren, die nun wieder ihre Hände benutzen dürfen zur Führung, sind meist auch erst einmal überfordert – verlassen sie sich doch in aller Regel schon ein Stück weit darauf, dass ihre Dame ihren Teil zur Lösung beiträgt, wenn sie einen Fehler wahrnimmt. Diese Möglichkeit gibt es nun nicht mehr, die Herren übernehmen also viel mehr Verantwortung. Gleichzeitig ist ihnen natürlich bewusst, dass sich ihre Damen mit verbundenen Augen nicht wirklich wohl fühlen. Der Effekt: Sie beginnen, sehr verständnisvoll und vorsichtig ihre Damen zu bewegen, während diesen nichts anderes übrigbleibt, als dem Herrn voll zu vertrauen, dass er gut auf sie aufpassen und sie rechtzeitig umlenken wird, bevor sie in eine Wand laufen. Die Herren müssen dabei natürlich ebenso sehr gut verstehen, welche Bewegungen die Dame gerade ausführt, damit sie sie im Falle des Balanceverlustes unterstützen können – sie selbst wird das ohne Sehen kaum bewerkstelligen können. Der Dame hier das Gefühl „Ich bin da und passe auf Dich auf!" zu vermitteln, ist wichtiger als alles andere.

Der für den Betrachter sichtbare Effekt im Paar ist auch hier gegeben: Auf einmal sieht man einen Herrn sehr sorgfältig, ja fast liebevoll seiner Führungsaufgabe nachkommen, dabei sehr auf seine Dame aufpassend – und wir sehen Damen, die zwar alle Schritte selbst machen, aber im wahrsten Sinne des Wortes im „blinden Vertrauen" auf ihren Partner. Der mentale Effekt für die beiden ist dabei jedoch noch viel stärker: Das intensive Maß des gegenseitigen Wahrnehmens hebt die Zusammengehörigkeit und die Harmonie des Paares auf ein neues Level. Wer sich schon einmal komplett in die Hände des anderen begeben hat, dabei beraubt eines unserer wesentlichen Sinne zur Selbstständigkeit, und gelernt hat, dass sich der andere alle Mühe gibt, aufzupassen und die eigene Bewegung zu verstehen, öffnet sich zukünftig auf ganz andere Weise in der

Zusammenarbeit. Umgekehrt: Wer einmal komplett seine eigene Bewegung hintenanstellen musste, weil er absolut damit beschäftigt war, die Bewegung des anderen vorauszuahnen und jederzeit unterstützend zur Seite zu stehen, sieht danach seinen Partner und sich selbst mit anderen Augen.

Und auch hier können wir, mit einem wohlwollenden Lächeln im Gesicht, die Parallele zu unserer Arbeitswelt aufmachen: Empathie und Vertrauen zwischen uns und unseren Mitarbeitern ermöglichen ein neues Level für unser Miteinander. In aller Regel haben wir als Führungskräfte mehr Möglichkeiten als unsere Mitarbeiter, korrigierenden Einfluss zu nehmen, wenn bei ihnen unerwartet Dinge außerhalb ihres Einflusses nicht funktionieren. Wenn Ihre Leute merken, dass Sie hier empathisch und sanft, aber verlässlich unterstützend eingreifen und dafür sorgen, dass man wieder sein Gleichgewicht findet, ist das in meinen Augen die größte Möglichkeit, Vertrauen zu schaffen. Das beginnt bei kleinen und alltäglichen Dingen, wie z. B. dem Kind, das krank ist und dem Satz „Geh nach Hause und kümmere Dich, wir finden jemand, der heute Deine Aufgabe abnimmt – komm morgen wieder, wenn die Kleine wieder fit ist" – es geht aber auch bei großen Dingen weiter, wenn wir z. B. wahrnehmen, dass eine Kollegin an einer gewissen Stelle in der Zusammenarbeit mit einem anderen Bereich nicht weiterkommt, weil man sie dort als Frau nicht ernst nimmt und wir als Chef/Chefin hier uns klar vor sie stellen und den Diskurs führen müssen, bis sie sich wieder, um im Bild unserer Übung zu bleiben, frei bewegen kann. Wenn wir in diesen Situationen unsere Mitarbeiter und Partner allein lassen, bedeutet das fast immer einen großen Verlust an Vertrauen und damit in Folge definitiv ein deutlich reduzierteres Maß an Motivation und Commitment: Wer gelernt hat, dass es Ihnen egal ist, ob man Hilfe braucht, wird auch für Sie

7 FÜHRUNG – Bewegen, ohne zu berühren

nicht die Extrameile gehen, geschweige denn, sein berufliches Schicksal in Ihre Hände geben – warum auch? Nutzen Sie also diese kleinen und großen Gelegenheiten, um Ihren Leuten zu zeigen: Ich bin da – für Dich. Und ich sehe für Dich, wenn Du nicht sehen kannst.

Wenn die Paare alle diese Übungen überstanden und viel Zeit mit dem Üben verbracht haben, wird sichtbar, wie sehr sie nicht nur als Tänzer, sondern auch als Menschen gereift sind. Wenn Sie einmal ein Profiturnier besuchen, wird Ihnen auffallen, dass die wirklich erfolgreichen Sportler, welche auf der Fläche ein Feuerwerk an Emotionen und Intensität abfeuern können, neben der Fläche meist sehr ruhige Zeitgenossen sind. Das liegt in der Tat daran, dass es sich hier um Personen handelt, welche Empathie und Ruhe für ihr Gegenüber verinnerlicht haben – denn ihr gemeinsamer Erfolg hängt davon ab. Das soll nicht heißen, dass es in unserem Sport keine Paradiesvögel gibt, das steht außer Frage – aber die guten davon sparen sich die Extravaganz doch für die gezielte Performance auf der Fläche auf.

Als letzte Lektion im Bereich Führung, nach viel einzelnen Aufgaben und einer Unmenge an Details, lernen die Herren für ihre Rolle stets eines: Es geht nicht darum, dem Publikum zu zeigen, wie hervorragend wir führen können. Es geht einzig und allein darum, dass unsere Partnerin, welche die besonderen Bewegungen ausführt, die nur sie umsetzen kann und die uns als Paar so einzigartig machen, mit unserer Unterstützung auf jede nur erdenkliche Weise glänzen kann. Wir sprechen als Tänzer hier oft vom „Framing": Das schöne Bild, welches die Zuschauer mit seinen Farben, Schwüngen und Details anzieht und welches sie bewundern, das ist unsere Dame – wir Herren sind „nur" der Rahmen, der dafür sorgt, dass dieses Bild im Scheinwerferlicht einzigartig zur Geltung kommt.

Auch diese Analogie dürfen wir in meinen Augen genauso in unser Berufsleben überführen. Natürlich geht die Übernahme einer Führungsrolle immer mit einem gewissen Maß an Sichtbarkeit und Prominenz einher, welche der Person an sich gelten. Zudem erfordert eine Aufgabe, in der es um den Aufbau, das Skalieren oder Transformieren eines Unternehmens geht, immer einen Charakter mit einem gewissen Selbstbewusstsein und Rückgrat, um den Gegenwind auszuhalten, der einem in diesen Rollen doch recht heftig um die Nase weht und der gerne auch einmal persönlich wird. Wenn wir alle Widerstände überstanden haben, spricht auch nichts dagegen, sich über ein persönliches Lob zu freuen. Wenn unser Ziel ist, wirklich nachhaltig und belastbar ein Unternehmen und seine Zukunft zu beeinflussen und zu verändern, geht es aber für uns als Führungskräfte vor allem darum, erst unsere Teams und dann unser Unternehmen erfolgreich zu machen – wenn uns das gelingt, sind wir es automatisch selbst auch. Natürlich braucht es zu Beginn den Impuls von uns, aber ohne die erfolgreiche Umsetzung unserer Teams werden unsere Initiativen nichts weiter als Ideen auf Papier bleiben. Ich bin davon überzeugt, dass ein erfolgreiches Team das beste Aushängeschild für eine starke Führungskraft ist – und wenn ein Team einen Sieg feiert, soll es auch die Anerkennung dafür bekommen. Auch als Trainer kennt man das: Bei der Siegerehrung steht das Paar oben auf dem Treppchen, nicht Sie als Betreuer – aber natürlich weiß jeder, dass Sie der Betreuer sind. Lassen Sie also Ihrem Team diesen Moment, in dem die Zuschauer es bewundern – und geben Sie ihm den Rahmen dafür, der diesen Moment komplettiert, schützt und scheinen lässt.

8

LERNEN – Die unendliche Leiter

Don't practice until you get it right. Practice until you can't get it wrong anymore.

Autor unbekannt

Die Fähigkeit zu kontinuierlichem Lernen spielt, wie bei allen Fähigkeiten im Leben, auch beim Tanzsport eine elementare Rolle. Dies ist unter anderem daran zu erkennen, dass die gesamte Turniersystematik in unterschiedlichen Leistungsklassen aufgebaut ist, in denen man sukzessive aufsteigt. Jeder neuen Klasse sind größere Figurenkataloge und Bewegungsspektren zugeordnet, welche dann von den Paaren auf den Turnieren erwartet und dort bewertet werden. In den Einsteigerklassen sind diese Vorgaben noch strikt und die zugelassenen Figuren von Anzahl und Umfang her noch recht überschaubar – und das mit gutem Grund: Die Tänzer sollen in den niedrigen Klassen zeigen, dass sie die Grundlagen von Bewegung und Technik beherrschen und diese konstant auf gutem Niveau abrufen können. Diese Grundlagen sind nämlich die Voraussetzung, um in den höheren Klassen mit ihren komplexeren Anforderungen bestehen zu können. Wenn zu sehen ist, dass hier in der Basis gute Arbeit geleistet wurde, kann das Paar Turniere gewinnen und nach einer definiteren Zahl an erfolgreichen Platzierungen in die nächste Klasse aufsteigen. Man kann also in unserem Sport eindeutig sagen: Wer die Basics nicht im Griff hat, kommt nicht voran. Die Harmonie im Paar und damit die Führung als deren elementarer Baustein sind dabei stets, vom ersten Turnier an, Bestandteil der Bewertung – der Tänzer muss also bereits bei den ersten Schritten auf dem Turnierparkett Führung übernehmen, um erfolgreich zu sein und es gehört deswegen zu den ersten grundlegenden Dingen, die er lernt. Eine Tatsache, die ich mir durchaus auch im Geschäftsleben so wünschen würde – und weswegen auch Berufseinsteiger in meinen Teams schon bald kleine, aber relevante Führungsaufgaben übernehmen, um so früh wie möglich diese Fähigkeit zu trainieren und sie sich über stetig wachsende Verantwortung und das damit verbundene Lernen zunehmend anzueignen. Sorgen mache ich mir dabei nicht – ich bin davon überzeugt, dass bereits Einsteiger Leistung bringen und Verantwortung übernehmen wollen. Das Einzige, was sie dafür benötigen, ist ein Umfeld, das geprägt ist von offenem, ehrlichen Feedback und der Möglichkeit, Fehler zu machen – eine Atmosphäre, in der schnelles Lernen einigermaßen gefahrlos möglich ist. Wer also an den gestellten Herausforderungen wächst und sich bewährt, steigt auf in die nächste Klasse, in der es dann neue Aufgaben geben wird – das gilt im Beruf für mich ebenso wie im Tanzen und setzt von Anfang an einen Qualitätsstandard in Bezug darauf, wie unsere Teams und unsere Kultur funktionieren.

Wenn wir Tänzer uns auf unsere Lernreise begeben, machen wir uns in der Regel eines sofort bewusst: Wir werden nie „fertig" sein – egal, wie viele Stunden wir im Saal verbringen und wie viele Turniere wir gewinnen werden. Dieser Umstand ist wieder einmal mehr der Tatsache geschuldet, dass wir in unserem Sport keine Weiten, Höhen oder Zeiten haben, an denen wir uns, wie andere Athleten z. B. in der Leichtathletik, orientieren können. Normalerweise definieren diese dann in Formen von Weltrekorden ein gewisses Limit dessen, was menschenmöglich ist. Diese „in Stein gemeißelten" Zahlen existieren bei uns überhaupt nicht – unser Streben gilt der Mehrheit der Wertungsrichter, aber noch viel mehr dem Applaus unseres Publikums. Beides sind Dinge, auf die wir keinen direkten Einfluss haben und welche, wie wir in den vorherigen Kapiteln gesehen haben, von subjektiven Einschätzungen anderer Menschen abhängen – und damit beim nächsten Auftritt wieder ganz anders ausfallen können als beim letzten Mal. Wir Tänzer fassen dies zusammen in dem Satz: „Nichts ist so alt wie der Meistertitel von gestern." Wir sind also nie fertig oder angekommen – und uns ist das sehr wohl bewusst. Aber macht es uns Angst?

Im klassischen Geschäftsleben würden viele eine solche Konstellation vermutlich als eher frustrierend ansehen – schließlich ist der geflügelte Satz der Anerkennung „Der/die hat's geschafft" nicht ohne Grund Gegenstand vieler Gespräche zwischen Führungskräften. Meine Einschätzung ist, dass die Ursache hierfür mehrheitlich im Streben nach Sicherheit zu suchen ist: Wenn wir es als Manager „geschafft" und eine wichtige Rolle erreicht bzw. einen nur schwer vergleichbaren Aufgabenbereich für uns geschaffen haben, sind wir natürlich auch nicht mehr so leicht austauschbar und unsere Position im Unternehmen bzw. im Wettbewerb des Managements, der von vielen als „Haifischbecken" empfunden wird, ist gesichert – und das gibt uns natürlich ein Stück weit Ruhe, nicht mehr jeden Tag in alle denkbaren Richtungen Verteidigungskämpfe ausfechten zu müssen. Wir alle haben sicherlich auch schon einmal den Effekt beobachtet, dass Manager, die ein gewisses Hierarchielevel erklommen haben, auf einmal deutlich in ihren eigenen Aktivitäten nachlassen und eigentlich nur noch Aufgaben zu delegieren scheinen – nicht immer zum Vorteil des Unternehmens, das eigentlich doch genau jetzt vielmehr klare Linie und Dynamik des Handelns erwarten würde. Warum also wählen Tänzer genau das Gegenteil davon, nämlich dieses „Es gibt immer etwas Neues zu (er)schaffen" – und was können wir als Führungskräfte davon lernen, um besser zu werden?

Die Erklärung, warum sich Tänzer für eine solche, im wahrsten Sinne des Wortes endlose Laufbahn entscheiden, ist eigentlich ganz einfach: Sie sind zwar Sportler, aber vor allem sind sie Künstler – getrieben von unbändiger Kreativität, im ständigen Hunger nach neuen Impulsen, Ideen und Eindrücken. Sie streben nach Veränderung – und das nicht (nur) in Form von inkrementeller Verbesserung, sondern vor allem nach etwas, bei dem das Publikum sagt: „Wow – das haben wir noch nicht gesehen!" Denken Sie einmal darüber nach, dass ja auch unser wichtigstes Medium, die Musik, sich permanent ändert – jedes neue Lied, das wir noch nicht gehört haben, startet unaufhaltsam einen Wirbelwind aus Gedanken in unserem Gehirn dazu, welche Gefühlsbotschaft man wohl daraus machen, welche Geschichte man daraus entwickeln und welche Bewegungen man dazu erfinden könnte. Wenn Sie so wollen, leben Tänzer im ständigen Hunger nach Innovation – nach dem, was bis jetzt noch nicht da war. Wenn Sie einem solchen Menschen sagen, dass er nun „fertig" sei und auf ewig nun einfach nur noch das Gleiche weiter tun soll, was er gerade tut, wird er nicht zufrieden sein – er wird ganz im Gegenteil daran zugrunde gehen. Denn wenn es nichts Neues mehr gibt, bleibt kein Raum mehr für die Kreativität und die unbekannten Erlebnisse, die sich erkunden ließen. Das ist als Tänzer unser Lebenselixier – und genau das war es auch immer in meinem Führungsalltag.

Für mich ist die Geschäftswelt, insbesondere in der heutigen digitalen Zeit, ein Raum voller unentdeckter Möglichkeiten. Der Kreativität sind hier keine Grenzen gesetzt und wir haben die Chance, jeden Tag neue Performances zu entwerfen, die es vorher noch nicht gab. Wir können ausprobieren, wir können herausfinden, wir haben die Möglichkeit, einzigartige Dinge zu tun – mich fasziniert das enorm und ich versuche als Führungskraft, genau diese Faszination an meine Teams weiterzugeben. „Es geschafft zu haben" im Sinne von „das muss reichen" ist dabei kein Bestandteil des Zielsystems – „Es zu schaffen" im Sinne von „das war vorher unmöglich" dagegen sehr wohl. In meinen Augen kreiert eine solche Einstellung im Team auch eine unglaubliche Energie, die man über reines Vergeben von statischen Zielen nie erreichen würde – Menschen die Möglichkeit zu geben, Fantasie auszuleben, ist eines der größten Geschenke, welches ich in meiner Rolle als Chef machen kann.

Verstehen Sie mich bitte richtig: Mir ist bewusst, dass das in manchen Ohren nach „unstet" und „unruhigem Geist" klingt; gerade in einer Berufswelt, in der es als positiv angesehen wird, wenn man immer möglichst lange bei einem einzigen Unternehmen war. So ist es aber gar nicht gemeint. Denn natürlich habe auch ich Kinder, habe ein Haus gekauft und damit einhergehenden Verpflichtungen und Verantwortungen übernommen, die Aufmerksamkeit erfordern und bezahlt werden wollen. Ich bin durchaus ein großer Fan davon, gutes Geld zu verdienen und sich um die Finanzierung der Ausbildung seiner Kinder keine Sorgen machen zu müssen. Allerdings haben mich aber auch gerade meine Kinder gelehrt, dass ich ihnen am meisten als Vater gebe, wenn ich selbst erfüllt bin von dem, was ich tue. Mir geht es also nicht darum, in meinem Berufsleben ruhelos zwischen Positionen hin- und herzuspringen – aber sehr wohl ist es mir wichtig, dass ich in der Aufgabe, in der ich gerade tätig bin, herausfinde, was man alles erkunden und erreichen kann. Für mich ist das ein Inbegriff von Freiheit und Glück, auf der Fläche des Geschäftslebens ständig nach neuen Performances zu suchen. Für Unternehmen bedeutet es, eine Führungskraft zu besitzen, die viele verschiedene Dinge von verschiedensten Seiten gesehen und umgesetzt hat – ein echter Mehrwert in Zeiten, in denen sich die Welt ständig wandelt und neue Voraussetzungen schafft. Für die Vielzahl an Herausforderungen immer nur ein Rezept in der Hand zu haben, ist da fatal – Sie kennen vermutlich den Spruch „Wenn man nur einen Hammer hat, dann sieht eben alles aus wie ein Nagel." Nehmen Sie das also aus diesem Kapitel mit: Nie fertig zu sein, ist keine Bedrohung. Nie fertig zu sein, bedeutet endlosen Raum, sich selbst zu verwirklichen und jeden Tag aufs Neue die Möglichkeit zu haben, die Dinge zu gestalten, die einen selbst begeistern. Wer gestaltet, schafft Ergebnisse und Erfahrungen, die bereichern. Und wer reiche Erfahrungen hat, kann entscheiden, wer selbst begeistert ist, kann auch andere begeistern – beides Grund genug, sich seine Kreativität als Führungskraft nie nehmen zu lassen.

Wenn Lernen also bedeutet, ständig neue Dinge zu erkunden, dann bedeutet es gleichzeitig aber auch noch etwas anderes: Lernen können wir nur, wenn wir den Bereich verlassen, der sich für uns angenehm anfühlt und von dem wir glauben, alles unter Kontrolle zu haben. Wir Tänzer können wahrlich ein Lied davon singen, was bedeutet, die Komfortzone zu verlassen: Jede neue Bewegung, jede unbekannte Figur und jeder erste Schritt fühlt sich immer (!) erst einmal fürchterlich unangenehm an – insbesondere dann, wenn man die letzte Choreografie gerade so richtig beherrscht, sie bis in die Details mit glänzender Perfektion ausgefüllt und die Turniere des letzten halben Jahres damit gewonnen hatte. In diesem Moment, typischerweise nach dem Aufstieg in die nächsthöhere Klasse, mit einem neuen Ablauf und neuen Mustern konfrontiert, fühlt man sich vom Siegerpodest direkt wieder auf den Status des blutigen Anfängers zurückgesetzt, während man, leise oder auch laut fluchend, sich durch die unbekannten Richtungen und gefühlten Verrenkungen arbeitet. Diesen Aufwand leisten wir dann natürlich trotzdem erneut, Stunde um Stunde – denn schließlich und endlich wollen wir ja herausfinden, ob wir das in den Griff kriegen, was man uns da als Herausforderung auf die Fläche gestellt hat. Wir sind uns nämlich sicher, dass dieses komische Gefühl und die Zeit des Fluchens vorbei gehen wird – und da wir unseren Körper gut kennen, wissen wir auch, welche Signale er uns da im Moment eigentlich wirklich sendet: Unser Gehirn und unser Gefühl melden uns zwar „unangenehm" – was aber der Körper eigentlich meint, ist „anders".

Sie können das gerne einmal am eigenen Leib ausprobieren: Stehen Sie jetzt bitte aus ihrer bequemen Sitzposition, in die Sie sich für dieses Buch auf Ihrem Sessel gekuschelt haben, auf und stellen Sie sich einmal so richtig gerade hin – so dermaßen gerade, als würde sie jemand mit einem Faden, der an der Oberseite Ihres Kopfes befestigt ist, in die Höhe ziehen wollen. Wenn Sie diese Position erreicht haben, atmen Sie nun, ohne Ihre langgezogene Statur zu verlieren, einmal aus – hervorragend. Was Sie eben gemacht haben, ist eine typische Übung, wie man sie mit Tanzanfängern durchführt, wenn es darum geht, das „Geradestehen" zu lernen, welches für Tänzer so wichtig ist. Ziemlich sicher meldet Ihnen Ihr Körper in diesem Moment von allen Stellen Unbehagen zurück: Die Rückenmuskeln tun weh, der Bauch fühlt sich angespannt an, der Hals ist steif und Sie bemerken noch andere Muskelpartien, von denen Sie bislang vermutlich nicht einmal wussten, dass Sie sie hatten. Es geht Ihnen damit wie den vielen Menschen in der westlichen Hemisphäre, die nicht mehr „normal" geradestehen und im Alltag eher mit rundem als geradem Rücken anzutreffen sind – übrigens eine Ursache der vielen Verspannungen und Bandscheibenprobleme, welche die Orthopäden hierzulande beschäftigen. Was ich Ihnen aber damit zeigen will, ist, dass es sich für Sie, obwohl Sie jetzt eigentlich so stehen, wie der Körper gedacht ist, unangenehm anfühlt. Daher würde jeder diese Haltung gerne sofort wieder aufgeben! Genau jetzt aber ist es wichtig, sie durchzuhalten und damit den Körper daran zu gewöhnen – so lange, bis er die neue Positur schließlich als „normal" empfindet. Vielleicht hilft Ihnen diese Erkenntnis beim nächsten Mal, wenn Sie eine neue Initiative in Ihrem Unternehmen starten: Mit Sicherheit wird der gesamte Organismus Ihnen zurückmelden, dass sich das überhaupt nicht gut anfühlt und das eher alles weh tut, als dass irgendetwas besser geworden ist. Mitarbeiter und Management sagen dann natürlich nicht dazu „Das tut weh!" – sie verwenden dann eher Formulierungen wie „Diese neue Zeug ist doch eher nichts für uns." Ihre Aufgabe liegt jetzt darin, hier nicht lockerzulassen, sondern mit dem Training fortzufahren und so lange diese neuen Dinge zu tun, bis sie zum Alltag gehören – denn nur so kann auch Fortschritt im Lernen entstehen. Durchzuhalten, auch wenn es am Anfang weh tut, nennt man Resilienz.

Wenn Ihre Organisation nach einer gewissen Zeit an den Gedanken von konstantem Training gewohnt ist und sich bereits eine Kultur des Weiterentwickelns aufbaut, ist schon viel gewonnen. Schließlich haben sich schon viele Firmen das Motto des „permanenten Lernens" auf die Fahnen geschrieben und dafür sehr weit gefächerte Angebote entwickelt, welche den Mitarbeitern die Möglichkeit geben, sehr selbständig und autonom die Themen auszusuchen und zu bearbeiten, die für sie interessant sind. Hier wird es aber trotz aller Eigenständigkeit wichtig sein, als Trainer trotzdem immer wieder einmal im Training anwesend zu sein und zu prüfen, ob die Menschen auch richtig trainieren. Warum? Training nutzt nur dann etwas, wenn sich es konsequent an dem ausrichtet, was noch NICHT funktioniert. Wenn Sie z. B. in einen Raum voller Tänzer gehen und die Weisung ausgeben, dass nun an Drehungen gearbeitet wird und die Leute sich darauf vorbereiten sollen, werden Sie feststellen, dass ein Großteil der Teilnehmer Drehungen nur in eine Richtung machen wird – nämlich in diejenige, die man relativ gut beherrscht und die sich gut anfühlt. Hier muss man immer wieder dazu auffordern, dass es wichtig ist, genau die andere (!) Seite zu üben, die man noch nicht „kann". Dies „Vermeiden des Unbequemen" ist nur allzu menschlich und es bedarf definitiv einer gewissen Disziplin, sich hier permanent am Riemen zu reißen. Es lohnt sich aber, denn hier liegt der kleine, aber feine Unterschied zwischen Verbesserung und Bestätigung: Wenn Sie immer nur das üben, was Sie schon können, werden Sie nie Fähigkeiten entwickeln, die Sie noch nicht haben. Als Führungskraft ist also auch das Ihre Aufgabe: Sicherzustellen, dass das Training unbequem bleibt. Nachdem Sie nicht immer dabei sein können, reden Sie darüber offen mit Ihrem Team – und machen Sie klar, dass es Ihre Erwartung ist, den unbequemen Weg zu gehen, weil man nur so an Spitzenleistung gelangt.

Natürlich ist ein Grund für das unkomfortable Gefühl auch die Komplexität der gestellten Aufgabe – sei es im Tanzen oder im Beruf. Wenn Sie sich an unsere erste Trainingseinheit zu den Basics erinnern, dann wissen Sie aber vielleicht noch, wie wichtig es ist, große Performances in kleine Schritte zu zerlegen. Dieses Vorgehen ist natürlich genauso wichtig, wenn es um den Aufbau des eigenen

Trainings und die Gestaltung des eigenen Lernweges geht. Es bringt in der Regel nur frustrierende Ergebnisse und bestenfalls sehr langsamen Fortschritt, wenn man versucht, sofort die gesamte Übung umsetzen zu wollen und permanent nur das Gesamtergebnis probt. Ein gutes Beispiel aus unserem Berufsalltag sind Präsentationstrainings: Es erstaunt mich immer wieder, wie schnell hier oft Menschen unter dem Motto „Trau Dich!" direkt vor das Publikum gestellt werden, obwohl sie das vielleicht noch nie in ihrer bisherigen Laufbahn gemacht haben. Diese Präsentationen münden dann zwangsläufig in einem Fiasko, in dem so ziemlich alles nicht stimmt: Die Sprache ist farblos, die Story nicht ausgearbeitet, die Bewegung beim Präsentieren nicht vorhanden, der Tonfall einschläfernd, die Folien unaufgeräumt. Das ist nicht schlimm, denn schließlich sollen die Teilnehmer genau das lernen – aber als allererstes hat man Ihnen, trotz des meist gut gemeinten aufbauenden Feedbacks aus der Zuhörerschaft, ein negatives Erlebnis verschafft, welches ihre eigene (oftmals tief im Inneren verborgene) Theorie bestätigt, dass sie das vermutlich nie beherrschen werden. In meiner Erfahrung lohnt es sich, die Einzelteile eines solchen Ablaufs erst einmal jedes für sich allein zu betrachten und auch überhaupt erst einmal zu erklären, warum jedes Teil wichtig ist. Zum einen sorgt dieses Vorgehen für mehr und tieferes Verständnis beim Lernenden, zum anderen stellt sich somit auch ein positiver Lernerfolg ein, denn natürlich lässt sich ein einzelner Schritt schneller beherrschen als gleich die ganze Figurenfolge. Wenn am Ende alles zusammengefügt ist zur Gesamtperformance, dann ist meiner Meinung nach erst der Moment gekommen, um vor Publikum zu testen – und in verschiedenen Durchgängen an den Details zu feilen. Überlegen Sie also genau, wie eine Lernreise für Ihre Aufgabe und Ihr Team aussehen könnte: Was sind die einzelnen Schritte, die geübt sein wollen und können, bevor man sich dem großen Ganzen annimmt? Fokus ist der Schlüssel zu gutem Training – und damit zu erlebbarem Lernerfolg.

Lassen Sie mich am Schluss dieses Kapitels auch einmal eine Lanze brechen für diejenigen, die uns im Geschäftsleben manchmal das Leben schwer machen und dafür in Strategiepapieren sehr gerne mit eher negativen Attributen versehen werden: unsere lieben Wettbewerber. Im Geschäftsleben wissen wir, dass es wichtig ist, uns am Markt von anderen abzuheben – und um uns da selbst nicht zu sehr in die Kritik nehmen zu müssen, neigen wir manchmal dazu, uns in solchen Vergleichen darauf zu konzentrieren, was unsere Mitspieler im Markt NICHT können – das ist im Prinzip nicht verkehrt, denn in diesen fehlenden Fähigkeiten liegen schließlich Potenziale, die wir mit unserem Unternehmen heben und uns damit einen einzigartigen Wettbewerbsvorteil verschaffen könnten. Allerdings stelle ich immer wieder fest, dass es bei dieser Betrachtung dann aber auch oftmals bleibt: Überlegen Sie selbst einmal, wie viele Strategiepräsentationen Sie schon gesehen haben, in denen explizit von den Stärken Ihrer Wettbewerber die Rede war? Und in denen diese nicht nur anerkannt, sondern auch im Detail analysiert wurden, um sie zu verstehen und einen Weg zu finden, sie sich anzueignen? Sehr oft wird diese Diskussion umgangen, indem ein Mitglied des Führungsteams relativ kategorisch argumentiert, dass man ja kein „Me-too"-Unternehmen sei und andere nur nachmache. Diese Argumentation springt jedoch meines Erachtens viel zu kurz, denn: Wenn der Wettbewerber etwas richtig gut macht und damit nachweislich am Markt Erfolg hat, lohnt es sich allemal, dem auf den Grund zu gehen. Manchmal sind nämlich bei genauerer Betrachtung gar keine so großen Geheimnisse verborgen, sondern vielmehr viele kleine Dinge im Detail versteckt, die gar nicht so schwer umzusetzen wären und die man relativ problemlos adaptieren könnte – wenn man es aber vorher aus lauter Stolz ganz grundsätzlich abgelehnt hat, überhaupt einmal genauer hinzusehen, vergibt man meiner Meinung nach damit eine große Chance, für die eigene Leistung zu lernen. Meinen Paaren habe ich daher immer eine Aufgabe gestellt: Wenn Sie anderen Paaren beim Tanzen zusehen, möchte ich danach drei Dinge hören, die diese Paare richtig, richtig gut machen. Das fällt vielen am Anfang extrem schwer, denn natürlich würde mancher sich lieber auf die Zunge beißen, als zuzugeben, dass der Erzrivale etwas tatsächlich Außergewöhnliches hinbekommt. Aber nach und nach ändert sich die Einstellung der Leute dazu und man kann die Tänzer dabei beobachten, wie sie nach dieser Feedbackrunde in den anderen Saal gehen, um auszuprobieren, wie sie das hinkriegen könnten, was sie gerade gesehen haben – und sind oft erstaunt, wenn sie feststellen, dass sie das bald auch schaffen. Das Gefühl, dass sich einstellt, nennt sich Souveränität: Wenn ich das beherrsche, was mein Wettbewerber gut kann und was ihn am Markt erfolgreich macht, und dann noch meine individuellen Stärken ergänze, ergibt das in Summe eine sehr starke Kombination, mit der ich mich guten Gewissens auf dem nächsten Turnier präsentieren kann. Der Weg zu einer richtig guten Performance führt also über das Anerkennen von Leistung anderer und die Demut, das eigene Ego hintenanzustellen, um sich alle Möglichkeiten des Lernens offenzuhalten – denken Sie beim nächsten Mal daran, wenn Sie selbst eine Strategiepräsentation erstellen.

Generell ist die Fähigkeit, Feedback offen anzunehmen, eine Kunst für sich. Tatsächlich ist dies für Tänzer aber noch ein Stück wichtiger als für andere Sportler. Einmal mehr kommt hier die fehlende Messbarkeit ins Spiel: Wir können uns nur an dem orientieren, was uns ein anderer Mensch sagt, da uns eine Uhr oder ein Maßband nicht helfen kann. Das ist aber in der Realität leichter gesagt als getan, denn schließlich sind wir Kreative, die in aller Regel eine sehr starke eigene Vorstellung davon haben, was sie auf der Fläche darbieten wollen – und hier Feedback offen entgegenzunehmen, ist nicht immer leicht, ohne den berühmten „unverstandenen Künstler" zu geben. Sie dürfen dabei nicht vergessen, dass ein Großteil der Beurteilung bei uns auch einfach sehr persönlich klingt: Sätze wie „Du wirkst total angestrengt", „Du stehst Deinem Partner da im Weg" oder „Sie sieht da gut aus, Du nicht" können, wenn Sie sich gerade total angestrengt haben, mit einem Lächeln Ihr Bestes zu geben, extrem hart zu verdauen sein. Im Endeffekt bleibt uns trotzdem nichts anderes übrig, als diesen Umstand zu akzeptieren und zu lernen, in der richtigen Form mit diesem Feedback zu arbeiten – denn schließlich geht es um unsere Performance, nicht um uns als Person. Wenn ich meinem Trainer verbiete, mir zu sagen, wenn ich nicht gut aussehe, dann hat er auch nie eine Möglichkeit, mir zu helfen – wenn man das einmal akzeptiert hat, kommt man sehr viel weiter. Aus diesem Grund bitte ich bis heute, proaktiv von mir ausgehend, meine Vorgesetzten oder andere Kollegen um Feedback, denn sie sehen die Dinge, die ich während meiner Performance nicht sehen kann. Das hat nichts mit Selbstzweifeln oder Unterordnung zu tun, sondern mit dem Anerkennen der Tatsache, dass ich nur so als Führungskraft besser werden kann. Gute Absichten kann man schließlich auf der Fläche nicht sehen – Verbesserungen, die durch mit Offenheit und ein wenig Demut akzeptiertes Feedback möglich wurden, dagegen schon – und damit lässt sich die unendliche Leiter problemlos erklimmen.

9

ERGEBNISSE – Auf der Fläche liegt die Wahrheit

Verloren sei uns der Tag, wo nicht einmal getanzt wurde! Und falsch heiße uns jede Wahrheit, bei der es nicht ein Gelächter gab!

Friedrich Wilhelm Nietzsche (Friedrich Nietzsche (Datum unbekannt): Deutsches Textarchiv – Nietzsche, Friedrich: Also sprach Zarathustra. Bd. 3. Chemnitz, 1884., https://www.deutschestextarchiv.de/book/view/nietzsche_zarathustra03_1884?p=95, letzter Zugriff am 17.12.2024)

Als Führungskräfte, wie auch als Sportler, haben wir Ziele, die wir erreichen wollen. Wir streben Erfolge an, die erkennen lassen, wozu wir in der Lage sind und die uns in unserem Tun bestätigen. Wir wollen zu den Besten gehören.

Kommen wir daher nun zu dem, was diese Ziele definiert – und was darüber hinaus viele als Inbegriff von „Erfolg" in ihrem Leben ansehen und anstreben: messbare Ergebnisse, die nicht alltäglich sind und idealerweise für die Ewigkeit in den Geschichtsbüchern stehen. Wie schon an anderer Stelle erläutert, müssen wir Tänzer in diesem Zusammenhang als erstes lernen und akzeptieren, dass es diese messbaren Ergebnisse bei uns nicht gibt. Nicht nur, dass unsere Performance im selben Moment verschwindet, in dem die Musik endet – Schönheit und Korrektheit einer künstlerischen Performance sind per se nicht objektiv messbar und daher fügen wir uns ja auch dem subjektiven Urteil der Wertungsrichter an der Fläche. Dies tun wir in der Hoffnung, dass diese genügend eigene Erfahrung und Hintergrundwissen besitzen, um uns und die anderen Paare fair zu beurteilen und in eine angemessene Reihenfolge in der Wertung zu bringen. Dieses Ergebnis zu akzeptieren, ist dann wieder die nächste Aufgabe: Naturgemäß sehen wir uns nach einem nicht zufriedenstellenden Resultat oftmals „nicht verstanden" oder „falsch beurteilt", natürlich vermuten auch wir manchmal politische Spielchen oder Netzwerke „hinter den Kulissen", die den Sieg des anderen Paares forciert und unseren verhindert haben. Am Ende bleibt uns dann jedoch nichts anderes, als das finale Ergebnis so hinzunehmen und möglichst viele Erkenntnisse aus dem Turnierverlauf zu ziehen, die wir in unser Training bis zum nächsten Wettbewerb einbeziehen können.

Dieses Gefühl der (zumindest teilweisen) „Machtlosigkeit" kennen wir genauso auch aus unserem Berufsleben: Natürlich arbeiten wir an den messbaren Ergebnissen, die wir beeinflussen können, seien es die Noten in unseren Zeugnissen, die Platzierung bei renommierten Awards oder die konkret erzielten Umsätze oder Gewinne unseres Projektes oder Unternehmens. Wir wissen jedoch gleichzeitig ganz genau, dass der Großteil unseres Ergebnisses und deren Bewertung am Ende ein Stück weit von der subjektiven Einschätzung anderer abhängt – ob wir nach dem Bewerbungsgespräch den Job bekommen, den wir uns so wünschen oder ob die mit viel Anstrengung

9 ERGEBNISSE – Auf der Fläche liegt die Wahrheit

erzielten Jahresergebnisse wirklich von den Gesellschaftern als erfolgreich eingeschätzt oder sofort mit Verweis auf besondere Umstände oder Hilfestellungen durch andere relativiert werden. Dieses Wissen erzeugt unweigerlich immer auch ein Stück Unsicherheit in uns selbst – die Furcht bzw. Sorge, aus Gründen, die man selbst nicht in der Hand hat, „ungenügend" oder „nicht gut genug" sein zu können, treibt laut den Erzählungen von Kollegen und Freunden viele in ihrem Geschäftsleben mehr um, als ihnen lieb ist. Wie gehen wir also als Tänzer mit dieser Unsicherheit um, der wir permanent begegnen? Noch viel mehr: Warum suchen wir sie sogar immer wieder aufs Neue? Warum setzen wir uns diesem emotionalen Stress bewusst aus, indem wir so viele Turniere wie möglich bestreiten?

Der beste erste Schritt aus meiner Sicht ist hier, sich erst einmal klar darüber zu werden, was einen selbst im Inneren antreibt. Um diesen Punkt dreht sich auch stets die erste Diskussion, die ich mit meinen Turnierpaaren führe: Tanzt Du für Dich, für den Applaus oder für die Ergebnisse? Die gleiche Frage können Sie sich selbst im Beruf stellen: Arbeiten Sie für sich, für die Anerkennung von anderen oder für ein knallhartes Ergebnis, wie z.B. Ihr Gehalt? Die erste Antwort wird vermutlich sein: „Ja … irgendwie doch für alle drei Dinge!" Das stimmt natürlich, aber hier lohnt es sich, tiefer zu schürfen und sich ehrlich anzuschauen, was für einen persönlich am Ende des Tages dann doch die wichtigste Triebfeder ist. Diese Ziele oder Prioritäten verändern sich auch über die Zeit und Lebenssituationen hinweg und das ist gut so – insofern lohnt es sich aber, sich diese Frage regelmäßig aufs Neue zu stellen und in die innere Klausur mit sich selbst zu gehen. Die Klarheit, die man hier gewinnt, bestimmt nämlich im Weiteren die Art des Trainings, das Ausmaß an notwendigem Einsatz und vielleicht sogar auch die Art der Fläche, die man wählt. Ganz sicher verschafft sie einem selbst Klarheit über die verborgenen Emotionen und Trigger, die einen entweder antreiben oder auch runterziehen können.

Wenn ich selbst diesbezüglich auf meine sportliche Laufbahn zurückblicke, hatte ich zu Beginn meiner Karriere auf der Fläche eine klare Phase, in der es mein einziges und oberstes Ziel war, Landesmeister zu werden. Ein zweiter Platz kam für mich nicht infrage. Ich wollte beweisen, dass Anja und ich, obwohl wir aus einem damals noch oft eher nachrangigen und daher gerne belächelten kleinen Verein kamen, mit den großen Clubs der Region und deren Paaren nicht nur mithalten, sondern auch gegen sie gewinnen konnten. Ich wollte aber auch vor allem mir selbst beweisen, dass Tanzen nicht nur irgendein „lockeres Hobby" für mich war, sondern auch eine Disziplin, in der ich der Beste sein konnte. Und, um ganz ehrlich zu sein, wollte ich auch den anderen Jungs, die den üblichen Fußball spielten oder kräftige Geräteturner waren und mich ob meines Sports anfangs auslachten, mit einem Pokal „den Mund stopfen" – und nicht nur denen, sondern auch irgendwie meinem Vater, der am Anfang mit meinem Hobby auch nicht recht viel anfangen konnte. Denken Sie darüber, wie Sie wollen – das waren als junger Mann mit achtzehn Jahren, voller Hormone und wackeligem Selbstbewusstsein, tatsächlich und ehrlich die Antriebe, die mein Verhalten steuerten.

Dementsprechend habe ich stets versucht, mehr zu trainieren als alle anderen: der Erste im Saal, der Letzte, der ihn verlässt, war mein Motto. Jede freie Minute außerhalb der Schule gehörte meinen Schritten und Folgen, selbst beim Zähneputzen stand ich vorm Spiegel und übte Hüftbewegungen (ich weiß, jetzt haben Sie Bilder im Kopf). Anja, meine Tanzpartnerin, war damals beruflich als Stewardess tätig und deswegen oftmals in der Weltgeschichte unterwegs; ein Umstand, der unser gemeinsames Training etwas herausfordernd machte, da wir unter der Woche nicht immer gemeinsam in den üblichen Gruppeneinheiten unseres Vereines trainieren konnten. Definitiv keine guten Voraussetzungen für eine erfolgreiche Karriere, insbesondere im Vergleich zu anderen Paaren, aber wir fanden unsere Lösungen: Wir wurden in kürzester Zeit bekannt dafür, dass wir beide immer, wenn der andere unterwegs war, jeweils alleine in die Gruppentrainings gingen und, so lustig es für Außenstehende auch aussah, alleine unsere Folgen inmitten der anderen Paare durchtanzten. Anja übte darüber hinaus viel in ihrem Hotel, wenn sie nach ihren Flügen auf irgendeinen Kontinent irgendwann spätabends dort ankam. Ich organisierte zudem alle Freunde und Eltern um mich herum, mich zum Training zu fahren, solange ich selbst keinen Führerschein hatte. Wir sparten uns die teuren Privatstunden bei prominenten Trainern vom Mund ab, sodass wir oftmals auf andere Dinge wie Kino oder einen Restaurantbesuch verzichten mussten. Tatsächlich habe ich mir mit diesem Einsatz für meinen Sport auch nicht immer Freunde gemacht – ich setzte meine Prioritäten anders als andere und hatte dementsprechend eben auch ziemlich oft keine Zeit für die nächste Party. Warum auch: Ich hatte ja meine Partnerin und Clubfreunde, mit denen ich jede freie Stunde verbrachte. Kritik war schwierig für mich: Wenn mich jemand im Training verbessern wollte, musste ich an mich halten, nicht sofort auf die Fläche zu stürmen, um ihm zu beweisen, dass er falsch lag – mehr als einmal musste mich Anja „zurückpfeifen". Den Titel als Landesmeister haben wir dann tatsächlich auch erreicht, schneller sogar als erwartet – genau genommen nach einem Jahr. Damals war es das Größte für mich, diese Goldmedaille in den Händen zu halten – heute ist es eine schöne Erinnerung, bei der ich lächeln muss, wie sehr ich mich da damals als junger Kerl hineingesteigert hatte.

Später in meiner Laufbahn gab es dann jedoch einen anderen Punkt, an dem ich für mich sehr klar merkte, dass sich mein eigenes Zielsystem verändert hatte. Ich hatte nach meinem Umzug nach Nürnberg mit einer neuen Partnerin einen Anlauf unternommen und bevor wir in unser erstes gemeinsames Turnier starteten, wollten wir unsere Programme vor Publikum im Rahmen eines Balles testen. Das ist bei neuen Paarkonstellationen relativ üblich und eine gern genommene Gelegenheit, eine Turniersituation zu simulieren. Dazu hatten wir uns selbstverständlich auch unsere eigene Musik ausgewählt und waren damit das geplante Highlight des Balles, alleine auf der Fläche und vor ca. 200 Gästen. Mir ist das Gefühl bis heute immer noch sehr präsent, das mich damals in den ersten Minuten auf der Fläche durchflutete: Ich hatte alles um mich vergessen. Obwohl es natürlich unser Plan war, alle Abläufe genauestens darzubieten, konnte ich mich nicht recht darauf konzentrieren. Einer der neuen Schritte war nicht superexakt? Es war mir egal. Ich sah nur meine Dame und hörte die Musik, in der die französische Chansonette Patricia Kaas von einer verlorenen Liebe sprach – und als nach dem Ende der Musik tosender Applaus aufbrandete und die Zuschauer aufstanden, fauchte mich meine neue Partnerin neben mir (die aus dem Formationssport kam), noch auf der Fläche vorwurfsvoll an: „Was war das denn??? Da hat ja gar nichts funktioniert!" Als wir dann aber von der Fläche traten, kam ein sehr guter Freund auf mich zu – Günter Lamprecht, den alle „Lampi" nannten, der ebenfalls Trainer war und ebenso wie ich viel gesehen und erlebt hatte (und den ich als Mensch sehr schätzte – leider ist „Lampi" vor zwei Jahren verstorben. Sicher tanzt er da oben auf einer Wolke, da habe ich keinen Zweifel). Er schaute mich lange an, mit leicht roten Augen und sagte nach einer kleinen Weile die unvergessenen Worte zu mir: „Du gehörst nicht aufs

Turnier, sondern auf die Bühne!" Ab dieser Sekunde war alles anders für mich: Die Aussicht auf Wettbewerbe, Siege und Titel war nicht mehr das, was mich antrieb; ich wollte auch keine Wertungsrichter mehr davon überzeugen, dass ich der Beste auf der Fläche war. Ich wollte vielmehr dieses wunderbare Gefühl von soeben sofort wiederhaben, mich auf der Fläche verlieren, meine eigene Musik vertanzen und Geschichten erzählen – und ich wollte diese glücklichen Augen wie die meines Freundes wieder sehen, wenn sie voller Emotionen waren von meiner Darbietung. Ich wollte an mir arbeiten, um meinem Publikum die perfekte Geschichte darzubieten – und nicht mehr, um auf Biegen und Brechen andere Paare im sportlichen Wettbewerb zu schlagen. Ziemlich kurz danach beendete ich auch daher meine aktive Turnierlaufbahn und trete seitdem nur noch mit Shows auf oder genieße den Abend ganz privat mit meiner Partnerin auf einer Tanzparty. Sie sehen: Sobald wir Klarheit über uns selbst haben, macht das etwas mit uns – und wir treffen Entscheidungen, die gesund für uns sind.

Wenn ich mit Kollegen in meiner Community, aber insbesondere auch mit jungen Berufseinsteigern arbeite, erkenne ich meine Erlebnisse von damals oft in deren Worten und Taten wieder – vor allem den Moment, wenn sie an einem dieser Wendepunkte im Leben stehen, weil sich ihre Ziele im Leben verändert haben. Manche sind, wie ich damals, geradezu getrieben davon, Jahrgangsbester oder „CIO des Jahres" zu werden – andere wiederum machen den Eindruck, dass das ihnen vollkommen egal ist, sie aber trotzdem sehr zufrieden sind. Wenn ich Menschen im Wandel als Kollege oder Chef helfen kann, hier Klarheit über ihre Ziele zu finden, ist mir das immer eine große Ehre und Freude. Schwierig wird es allerdings stets dann, wenn Führungskräfte sich nicht klar sind, was sie antreibt: Suchen sie um jeden Preis den nächsten

Karriereschritt, die nächste Gehaltserhöhung oder den berühmten Brand im Lebenslauf – oder vielmehr Erfüllung für sich selbst und eine Art „Ankommen" in einem Umfeld, das sie wertschätzt? Wenn das nicht geklärt ist, spiegelt sich das im Verhalten den Mitarbeitern gegenüber und zeigt sich, wenn Führungskräfte alles gleichzeitig versuchen: Einerseits in extremer, manchmal gefühlloser Weise auf messbare, schnelle Ergebnisse zu pochen, um sich bei Entscheidern zu positionieren UND gleichzeitig als nachsichtiger, empathischer und kulanter Chef rüberzukommen, der mit sich im Reinen ist und von allen Kollegen und Mitarbeitern geliebt wird. Tatsächlich muss hinter diesem Verhalten noch nicht einmal böse Absicht stecken. Manchmal ist es einfach nur ein gut gemeinter Versuch, die eigenen Gedanken übereinander zu bringen, oder ein noch fehlendes Bewusstsein – aber irritierend ist es für die Mitarbeiter trotzdem. Wir Tänzer kennen das Problem: Viele Figuren zeigen zu wollen, ist nicht das Gleiche, wie gut zu tanzen – oftmals bewirkt es genau das Gegenteil. Man kann uns nicht „lesen".

Das Problem, welches in der Arbeitswelt dabei entsteht, ist, dass die Kommunikation des Führenden dann permanent zwischen Extremen schwankt und der Mitarbeiter sich zunehmend fragt, woran er denn nun wirklich ist – und vermutlich erst einmal gar nicht auf eine Direktive reagiert, sondern erst einmal abwartet, was denn wirklich dahintersteckt. Im schlimmsten Fall sorgt dieses Verhalten dafür, dass die Aussagen des Chefs dem Mitarbeiter mit der Zeit egal werden – denn auch wenn der Chef heute mal wieder „ganz umgänglich" ist, am nächsten Tag wird es sowieso wieder anders sein und nur die Zahlen werden zählen.

Wenn Sie sich hier wiederfinden, dann möchte ich zunächst sagen: Ich kann Sie verstehen, denn ich kenne dieses Gefühl ebenso wie Sie. Dieser Zwiespalt ist einem als

Führungskraft nicht immer bewusst – man stellt irgendwann fest, dass das eigene Team „irgendwie nicht so funktioniert", wie man sich das dachte, obwohl man in der eigenen Wahrnehmung meint, doch eigentlich klare und unmissverständliche Worte gefunden zu haben.

Wenn ich mich selbst wieder einmal in einer solchen Situation wiederfinde, gehe ich daher die Lösung genau gleich an wie damals in meinem früheren Training: Ich suche mir jemanden, der die Rolle meines alten Freundes übernimmt. Diese Personen gibt es bei mir und ganz sicher existieren diese auch in Ihrem Umfeld: Sei es der geschätzte Führungskollege oder auch ein Mitarbeiter, zu dem Sie ein gutes und vertrauensvolles Verhältnis haben. Hier hole ich mir offenes Feedback, wie meine Performance im letzten Meeting, beim letzten Workshop oder bei meiner großen Präsentation gewirkt hat. War es eine gute sportliche Leistung? Oder war ich eher „künstlerisch" unterwegs? War ich zu „hart" oder zu „weich"? Wie habe ich im Vergleich zu den von mir selbst gesetzten Zielen performt? Dieses Feedback ist für mich sehr wertvoll und ich halte es für wichtig, es im Detail zu verstehen – aber nicht zu kommentieren, auch wenn der Drang groß sein mag. Das Publikum hat immer recht – der Grundsatz gilt auch hier. Auch wenn ich selbst der Meinung bin, dass alles perfekt war, frage daher ich nach solchem Feedback. Das ist keine Unsicherheit, sondern die Erkenntnis: Andere Augen sehen noch mehr als meine.

Der zweite Schritt ist die Analyse des Feedbacks auf Möglichkeiten zur Verbesserung. Das klingt sehr einfach und banal – ist es aber nicht, auch, wenn Managementbücher es immer so hinstellen. Unternehmen sprechen ja gerne von einer „offenen Feedbackkultur" und nehmen für sich in Anspruch, diese tagtäglich zu leben. Die Realität sieht oft anders aus, denn Feedback erfordert eine Menge Disziplin, insbesondere bei demjenigen, der danach fragt.

Manche Führungskräfte bitten leider oft nicht nach echtem „Feedback", sondern vielmehr nach „Bestätigung" und wollen dabei nochmals in ihrer Überzeugung bestärkt werden. Erkennbar ist das oft schon an der Art der Fragestellung: „Das war gut, oder?" ist etwas anderes als „Wie war das?". Diese Suche nach Bestätigung ist zwar nur menschlich, aber bei Führungskräften ist auch eine andere Fähigkeit gefragt: Akzeptanz und Demut. Subjektives Feedback ist definitiv nicht immer einfach zu akzeptieren, aber gleichzeitig liegt darin vielleicht der Schlüssel zu etwas Großem: nämlich der Klarheit darüber, ob ich überhaupt noch auf der Fläche unterwegs bin, auf der ich aktiv sein will. Wenn das Feedback meiner Vertrauten auf Dauer nämlich nachvollziehbar absolut korrekt ist, ich aber nach reiflichem Horchen in meine Gefühlswelt erkenne, dass ich es stets anders empfinde und mir eigentlich auch nichts mehr daran liegt, die nun erforderlichen Lernanstrengungen zu unternehmen, sondern mein Fokus auf etwas anderes zeigt, ist das eine sehr wertvolle Information für mich selbst. Diese Erkenntnis dann zu akzeptieren und im Weiteren die daraus folgenden Entscheidungen konsequent umzusetzen, erfordert natürlich Mut – sei es, die Position zu wechseln, andere Aufgaben anzustreben oder vielleicht sogar die eigene berufliche Rollenwahl zu hinterfragen. Dieser Mut zahlt sich aber meiner Meinung nach immer aus. Denn schließlich können wir Menschen nur glücklich sein, wenn wir mittelfristig unsere inneren Ziele verfolgen und uns selbst authentisch gegenüberstehen. Der Trade-off zwischen eigenem Feuer und fremden Zielen ist nicht lange durchzuhalten und wird auch immer dazu führen, dass wir nicht nur unsere eigenen Träume nicht erfüllen, sondern auch nie die Ergebnisse liefern, zu denen wir eigentlich in der Lage wären. Wenn wir uns daher in regelmäßigen Abständen die Zeit nehmen, um zu hinterfragen, ob unsere aktuelle Bühne die richtige ist,

9 ERGEBNISSE – Auf der Fläche liegt die Wahrheit

um uns voll zu entfalten, lohnt sich das immer. Das offene Feedback von vertrauten Menschen weist uns hier den Weg und ein zunehmend in sich ruhendes, authentisches Auftreten ist der Lohn.

Generell geben uns unsere Ergebnisse immer die Möglichkeit, zu wachsen – insbesondere auch diejenigen Resultate, die nicht so waren, wie wir sie uns vorgestellt haben. Ganz grundsätzlich glaube ich, dass es in unserem Leben stets die Täler und nicht die Gipfel sind, die uns als Charakter formen und prägen – denn erst, wenn nicht alles gut läuft, stellt sich heraus, was wirklich in uns steckt. Auch hier ist es allerdings im Geschäftsleben oft so, dass Führungskräfte viel Mühe in eine ausgefeilte Strategie investieren, schlechte Ergebnisse zu vermeiden – oder zumindest nicht dafür verantwortlich zu sein. Ihnen ist dabei nicht bewusst, dass das Publikum – in diesem Fall also der Markt, die Kollegen und die Mitarbeiter – das trotzdem sehr wohl wahrnehmen. Der Satz „Das muss jemand anderes entscheiden" ist eine derjenigen Formulierungen, die Mitarbeiter am meisten an einem Chef irritieren. Dieses Phänomen des „abwesenden Leaders" ist leider nicht so selten, wie wir es uns wünschen würden und hat, so meine Beobachtung, fatale Folgen: Wenn die Führungskraft nämlich keine Verantwortung für Ergebnisse übernimmt, egal, wie sie ausfallen – warum sollte der Mitarbeiter das dann tun? Hier besteht die Gefahr, dass nach und nach eine lähmende Kultur entsteht, in der niemand Verantwortung übernimmt und deswegen mit der Zeit auch keine Ergebnisse mehr entstehen – zumindest keine, die gewünscht sind. Wir Tänzer wissen, dass wir in dem Moment, in dem wir die Fläche betreten, stets auch die Verantwortung für das Ergebnis haben, für Erfolg und Misserfolg in gleichem Maße. Ersteres bedeutet das Erreichen unseres Zieles, zweiteres ist ein Prüfstein, an dem wir lernen und für den nächsten Wettbewerb besser werden.

Beide, ein erster wie auch ein letzter Platz, sind somit ein Schritt auf unserem Weg zu einem nächsten, größeren Ziel. Der Weg zum Weltmeistertitel führt also nur über den Mut, die Verantwortung für seine Ergebnisse zu übernehmen.

Zum Akzeptieren von Ergebnissen gehört in einem Wettbewerb außerdem, die gegebenenfalls besseren Resultate des Mitstreiters zu akzeptieren. Im Tanzsport gehört es zu den größten Gesten, als unterlegenes Paar dem Gewinner zu gratulieren. Das ist nicht immer einfach, aber gehört zum guten Ton. Hier gilt es, zu verstehen, dass schließlich beide vor dem gleichen Wertungsgericht tanzten, die gleiche Musik, die gleiche glatte Fläche und das gleiche Publikum hatten. Die Voraussetzungen waren also für alle Teilnehmer identisch und alle hatten die gleiche Chance. Natürlich ist man immer versucht, hier nach Entschuldigungen zu suchen – sei es die Erkältung in der Woche vor dem Wettbewerb, das fehlende Geld für Privatstunden beim Top-Trainer oder der nervige Stau auf dem Weg zum Turnier. Am Ende können die Wertungsrichter das aber nicht bewerten und dürfen es auch nicht – es zählt nur der Moment auf der Fläche und die Leistung, die man dort abrufen konnte. Dem anderen Paar den ihm zustehenden Respekt zu zollen, ist also nur angemessen – und vielleicht war dessen Leistung an diesem Tag tatsächlich einfach auch besser. Hier liegt nicht nur eine Möglichkeit, von seinem Wettbewerb zu lernen – man sollte auch bedenken: Eines Tages wird das Gewinnerglück auch einmal einen selbst treffen – und würde man sich dann nicht auch wünschen, dass die anderen Wettstreiter dieses Ergebnis würdevoll anerkennen? Gegenseitiger Respekt im Wettbewerb, bei allen Ergebnissen, sowie die Anerkennung der Leistung von anderen, macht die wirklich großen Paare und Sportler aus. Denken Sie daran, wenn das nächste Mal nicht Sie, sondern Ihr Kollege vom Geschäftsführer gelobt wird oder der Kollege eines anderen Unternehmens (und nicht Sie) den begehrten Industrie-Award in Händen hält. Ergebnisse sind, wie sie sind. Das nächste könnte Ihres sein.

10

ANERKENNUNG – Eine Reise zu einem Geschenk

Erfolge sind vergänglich, das weiß jeder Sportler. Aber niemand wird vergessen, wie er sich wegen Dir gefühlt hat.

Bernd Preuschoff

Anerkennung bzw. die Suche danach ist ein sehr kompliziertes und auf alle Fälle ein sehr sensibles Thema für viele Menschen. Das liegt vermutlich daran, dass Anerkennung ein deutlich vielschichtigeres und emotionaleres Phänomen ist als die reinen, hart messbaren Ergebnisse, über die wir im vorherigen Kapitel gesprochen haben. Der Kern liegt darin, dass es bei Anerkennung nicht nur um Erfolg geht, denn ob eine Leistung mit gutem Erfolg auch angemessen anerkannt wird, ist ja nicht selbstverständlich. In der Tat ist es ja ebenso möglich (und sicherlich haben Sie diese Situation schon einmal persönlich erlebt), dass man für eine bestimmte Herausforderung absolut alles gegeben hat, mental wie körperlich – aber äußere Umstände, die man nicht beeinflussen konnte, haben ein besseres Ergebnis als jenes, welches schlussendlich erreicht wurde, dann doch verhindert. Für uns Sportler können das zum Beispiel überraschende Verletzungen sein, die sich im Laufe des Wettbewerbes erst einstellen, oder auch so banale Dinge wie ein urplötzlich gerissenes Kleid, dem ein Absatz einer anderen Dame zu nah gekommen ist. Im Beruf kenne wir diese Dinge ganz genauso, wie z.B. den technischen Fehler bei der wichtigen Videokonferenz, in der wir unsere Ergebnisse präsentieren sollten, der wegen Krankheit fehlende Entscheider im Raum bei unserem finalen Pitch, oder auch globale Effekte wie ein Virus, das sich auf einmal aufmacht, die Welt in Angst und Schrecken zu versetzen und dessen Einfluss unsere Lieferketten urplötzlich zum Erliegen bringt.

Diese Momente sind nicht nur ärgerlich, weil man das gewünschte bzw. angestrebte Ergebnis nicht erreicht hat – nein, sie frustrieren uns ungemein, denn in der jeweiligen Sekunde können wir nichts dagegen tun. Das Turnier ist verloren, der Umsatz entgangen, die Entscheidung nicht zu unseren Gunsten ausgefallen. In diesen wichtigen Momenten wollen wir unsere Leistung aber ebenfalls anerkannt bekommen, denn auch, wenn es nicht zum Sieg gereicht hat, sind wir nicht „schuld" gewesen an diesem Ergebnis, das nun in den Geschichtsbüchern steht. Dieses Gefühl, das Beste gegeben zu haben, ist ein sehr wichtiges für uns – und so wollen wir es auch behandelt wissen.

Viel schwieriger jedoch noch als das Erhalten von Anerkennung ist tatsächlich für viele Tänzer, aber auch Führungskräfte, das Geben von Anerkennung. Wir hatten diesen Aspekt schon einmal „horizontal" betrachtet mit Blick auf unseren Wettbewerber, gegen den wir antreten – aber hier geht es um den „vertikalen" Aspekt, wenn es um übergeordnete Personen geht. Viele erfahrene Trainer und Manager, die ich kennengelernt habe, tun sich extrem schwer damit, in den Momenten, wo es angebracht wäre, Leistung von Mitarbeitern oder des Teams anzuerkennen – auch dann, wenn das ursprünglich anvisierte Ergebnis wider Erwarten nicht erreicht wurde. Obwohl sie, wenn es um sie selbst ginge, genau das Gleiche für sich in Anspruch nehmen würden (nämlich dass ihr Chef sieht, dass sie sich sprichwörtlich „die Seele aus dem Leib gerannt haben"), fällt es Ihnen trotzdem schwer, hier „hinter die Kulissen zu sehen" und es folgen nicht selten relativ harsche Urteile, die nicht nur zur Lösung nichts beitragen, sondern darüber hinaus nur den Effekt haben, einem eh schon frustrierten Paar oder Team noch eine zusätzliche Demotivation mit auf den Weg zu geben. Für Mitarbeiter wie Sportler ist das meist recht schwer zu verdauen – denn es fühlt sich an wie ein Vertrauensbruch, wo man doch vom Trainer bzw. Chef eigentlich erwartet hat, dass er hinter einem steht und den handelnden Personen volle Rückendeckung gibt. Wenn wir also von Anerkennung und insbesondere über den Umgang damit sprechen, reden wir auch automatisch immer über etwas anderes: nämlich über den Umgang mit Fehlern. Eine erfolgreiche Leistung anzuerkennen, ist einfach – aber kann man das auch, wenn jemand sein Bestes gegeben hat, ohne dass es am Ende für das Siegertreppchen gereicht hat?

Es beginnt bei uns Tänzern, wie so oft, mit der grundlegenden Einstellung, die man als Wettbewerbsteilnehmer und dann später als Trainer solchen unerwarteten Ereignissen, wie ich sie in den vorherigen Absätzen beschrieben habe, entgegenbringt. Man kann selbstverständlich in der Tat, sogar mit viel Eifer und Emotion, darüber diskutieren, ob man nicht durch besseres Aufwärmen die Verletzung hätte verhindern können, oder ob man nicht gleich hätte sehen können, dass der Rock des Kleides zu lang ist und damit als potenzielle Trittfalle für andere am Boden entlangschleift. Dieser Konjunktiv bringt Ihnen im Sport allerdings überhaupt nichts, denn das, was geschehen ist, ist geschehen und Sie können es nicht mehr korrigieren – dieses Turnier ist definitiv vorbei und gelaufen. Sie wissen aber, dass das nächste Event kommen wird – und so gilt es, diese potenziellen Fehlerquellen für das nächste Mal auszumerzen: Ein neues Kleid muss her oder zumindest der Saum gekürzt werden – und nach der Genesung wird das Aufwärmprogramm überarbeitet. Mit anderen Worten: Alle diese Dinge sehen wir Sportler als Quelle zum Lernen und Besserwerden, die uns das nächste Mal nicht mehr passieren werden. Schaffen wir damit einen Zustand, in dem zu hundert Prozent nie mehr „Fehler" oder „Unfälle" passieren können? Nein – ganz sicher tauchen demnächst andere Dinge auf, die wir nicht erwartet haben und so richten wir uns grundlegend darauf ein, Themen für Verbesserungen schnell zu erkennen, um sie schnell zu verändern oder vielleicht sogar im Vorfeld vermeiden zu können: Ein Kleid kann man ja zum Beispiel einmal im Training mit den anderen Paaren testen – und es nicht bis zum Tag der Meisterschaft daheim verstecken, damit es ja keiner vorab sieht. Der Schlüssel für uns, um mit solchen Situationen umzugehen, ist also eine Kombination aus Demut vor der Tatsache, dass Fehler passieren werden, aus Authentizität, dass sie passiert sind und vor allem aus der Arbeit, aus ihnen zu lernen und sich nicht nur reaktiv, sondern proaktiv darüber zu verbessern.

Diese Erkenntnis können wir, so meine ich, in unseren Führungsaufgaben genauso anwenden. Gerade in der heutigen Zeit ist es unmöglich, alle Entwicklungen der Zukunft vorauszusehen – klassische Planung kommt bei globalen Phänomenen wie einer Pandemie, Kriegsereignissen oder Naturkatastrophen an ihre Grenzen. Insofern ist es weniger relevant geworden, Zeit in die Analyse zu stecken und die Zukunft bestmöglich vorherzusagen, sondern der Fokus sollte vielmehr darauf richten, sich so aufzustellen,

10 ANERKENNUNG – Eine Reise zu einem Geschenk

dass eine schnelle Reaktion und ein schnelles Lernen möglich sind – auch bei unerwarteten Veränderungen. Eigene Vorhaben sollte man erst einmal testen, ob sie funktionieren und in Abhängigkeit vom Ergebnis dann entsprechend weiterentwickeln. Ich möchte hier gar nicht den ganzen agilen Methodenbaukasten der Digitalindustrie zitieren, sondern es geht mir vielmehr darum, Ihnen zu zeigen, dass ein langfristig in Stein gemeißelter „Schlachtplan" einem Sportler nichts helfen würde (oder, wie Mike Tyson es ausgedrückt hat: „Everybody has got a plan, until they get punched in the face"[1]).

Benötigen Sie ein Ziel, dass Sie erreichen wollen? Natürlich. Müssen Sie Ihre Leistung auf irgendeine Weise nachvollziehbar messen? Selbstverständlich, sonst wissen Sie nicht, ob Sie besser werden. Macht es Sinn, starr in eine Richtung zu laufen und eine Änderung der Richtung immer nur den Vorständen eines Verbandes, oder in Ihrem Fall: der Geschäftsführung, zu überlassen? Ich glaube nicht. Denn diese Reaktion dauert lange, die Entscheidungsfindung ist kompliziert und solange bleibt Ihnen bzw. Ihrem Team nichts anderes, als mit dem Bekannten weiterzumachen, von dem sich ja aber gezeigt hat, dass es an einer bestimmten Stelle nicht funktioniert. Es lohnt sich vielmehr, Experimente und Retrospektiven regelmäßig und so früh wie möglich einzubauen, um dann im Paar bzw. im Team eigenständig mit den Erkenntnissen umgehen zu können – damit erreichen Sie Schnelligkeit. Wir Tänzer können es uns in unserem Sport gar nicht leisten, lange an Themen herumzuanalysieren – unser nächster Wettbewerb ist am kommenden Wochenende, insofern

---

[1] Rowan Simpson (2024): Everyone has a plan 'till they get punched in the face. https://rowansimpson.com/quotes/punch/, zuletzt zugegriffen am 13.12.2024.

haben wir diese schnelle Adaption von Veränderungen für uns professionalisiert. Wenn wir Sportler das können – dann Sie doch erst recht!

Mit dem Verständnis für Fehler bzw. meinem Eintreten für einen positiven Umgang damit, möchte ich jedoch – und das ist mir wichtig – nicht ausdrücken, dass Leistung nur eine Option ist. Meines Erachtens ist das auch eines der größten Missverständnisse gewesen, als zum Beginn des Digital Hypes auf allen Veranstaltungen von der berühmten „Fehlerkultur" oder dem „Feiern von Fuckups" gesprochen wurde: Hier waren (so meine Beobachtung) viele Führungskräfte, wie ich meine: zu Recht, verwirrt, denn es klang so, als ginge es darum, nun alles falsch machen zu dürfen und das auch noch zu zelebrieren. Die verwendete Rhetorik hat dabei den Verfassern der entsprechenden Artikel oder den Rednern auf den Bühnen manchmal ein Schnippchen geschlagen. Tatsächlich haben wir Leistungssportler zwar Verständnis dafür, wenn jemand aus Gründen, die nicht in seiner Hand lagen, seine Leistung nicht abrufen konnte oder tatsächlich, in der Hitze des Gefechtes, einen eigenen Fehler gemacht hat – was wir überhaupt nicht akzeptieren, ist, wenn wir sehen, dass jemand nicht sein Bestes gibt oder aus besagtem Fehler nicht lernt. Gehen Sie einmal spaßeshalber in ein Formationsteam, das aus acht Paaren besteht und dessen Aufgabe es ist, in höchster Präzision Gruppenbilder abliefern müssen, und fragen Sie, wie lange man dort jemand akzeptieren würde, der ganz unverhohlen seine Leistung nicht bringen möchte – ich kann Ihnen versichern, dieses Mitglied ist dort ganz sicher nicht lange Teil der Mannschaft. Noch intensiver und direkter erleben Sie das im Paar: Wenn hier einer von beiden „eine ruhige Kugel schiebt", ist der gesamte Paarerfolg in Gefahr und damit die Leistung bzw. das Training des anderen Partners umsonst gewesen. Auf Dauer funktioniert das nicht und deswegen ist es wichtig, hier klare Grenzen zu ziehen bezüglich dessen, was Lernen und was Unlust ist. Genau die gleiche Konsequenz muss man, so finde ich, in seinen Teams im Berufsleben an den Tag legen und die klare Erwartungshaltung formulieren, dass man sich zwar bewusst ist, dass jedem ein Fehler passieren kann und dass das zum Teil des Lernprozesses dazugehört – wer aber wissentlich und willentlich seine Leistung nicht bringen will, ist ein Risiko für den Erfolg der ganzen Mannschaft. Dabei geht es gar nicht so sehr um die einzelne Person und darum, ob man sie persönlich mag – es geht vielmehr um alle anderen, die sehen, dass das eigene Sich-Reinhängen nichts bringt und dass man offenbar auch so, ohne viel Schweiß zu vergießen, in der Top-Mannschaft bleiben darf. Machen Sie sich diese Signalwirkung immer bewusst – sie verlieren dadurch Ihre Top-Performer, was fatal für Ihre Ziele und damit im wahrsten Sinne des Wortes „mission-critical" ist. Es ist Ihre Aufgabe als Leistungssportler bzw. als Führungskraft, dies abzustellen.

Damit sind wir bei dem, was ich persönlich für den besten Weg halte, um eines Tages Anerkennung von Teams, vom Wettbewerb, aber auch vom Umfeld zu bekommen: Leistung liefern, Leistung liefern und nochmals Leistung liefern – und dabei stets das Beste geben, was man in dieser Sekunde abrufen konnte. Das klingt für manche Businessohren heutzutage recht hart – dabei geht es aber nicht um Härte, sondern um Klarheit. Für uns Sportler ist diese Einstellung normal: Ein Wertungsrichter kann nur das bewerten, was er in dem Moment sieht, in dem wir uns beim Turnier auf der Fläche befinden. Ob er uns gut kennt, wie viel wir vorher trainiert haben, was unsere Probleme sind, kann und darf er nicht beurteilen. Insofern wissen wir Tänzer, dass wir im richtigen Moment sehr fokussiert unsere Leistung abrufen müssen – nur das ist der Weg zum Siegertreppchen. Wenn uns das, warum auch immer, einmal nicht gelungen ist, werden wir es beim nächsten Mal wieder versuchen – aber dieses Mal definitiv verbessert und erneut top vorbereitet. Ich glaube, diesen Anspruch kann man genauso klar und unmissverständlich an seine Teams im Arbeitsleben stellen – und in meiner Erfahrung haben diese damit keinerlei Problem, sondern vielmehr eine Menge Freude daran, ihre Aufgaben in einem sportlichen Geist anzugehen (sind doch sowieso die meisten im Privatleben sportlich unterwegs). Dieser formulierte Anspruch gilt im Übrigen, nur um Missverständnisse zu vermeiden, nicht nur für Ihre Mitarbeiter, sondern auch in höchstem Maße für Sie selbst: Jeder Trainer muss in der Lage sein, mit seinen Teams auf gleicher Höhe mitzurennen – nur am Rand zu stehen und Anweisungen auf die Fläche zu rufen, ist nichts, was Respekt oder Ansporn erzeugt. Arbeiten Sie mit Ihren Teams, mit der gleichen Intensität und mit der gleichen Menge Schweiß – die Mitarbeiter werden es Ihnen mit Top-Leistungen danken. Tatsächlich kann man sich auf diese Weise am Markt einen Ruf erarbeiten: nämlich einer der besten Arbeiter im Feld zu sein. Wie wir gesehen haben, gibt auch das keine Garantie auf den Sieg – aber man hat definitiv den Respekt der anderen. Eine verlässliche und konsistente Aneinanderreihung von guten Performances spricht ihre eigene Sprache.

Wenn wir es geschafft haben, dass wir stetig auf hohem Niveau Leistung bringen, bleibt uns am Schluss noch eine letzte Erkenntnis: Egal, wie viel wir investiert und wie viel wir gewonnen haben – Anerkennung bleibt doch stets subjektiv. Sie ist nicht messbar. Anerkennung ist etwas, was einem freiwillig geschenkt wird – man kann sie nicht wie einen Lohn einfordern. Damit entsteht im Wettkampfsport einer der wichtigen Momente, in dem sich entscheiden wird, wie die anderen Tänzer einmal über Sie sprechen werden: Wenn Sie alles gewonnen haben, was es zu gewinnen gibt – fordern Sie immer wieder Anerkennung ein, jedes Mal aufs Neue und weisen darauf hin, wie gut Sie sind (und die anderen nicht)? Sie verstehen vielleicht schon, worauf ich hinauswill: Anerkennung kann nur erhalten, wer bereit ist, als erster Anerkennung zu geben. Auch die anderen Paare auf der Fläche haben nämlich hart gearbeitet, viel Zeit und Geld investiert, sind mit Frustrationen umgegangen, haben auf andere Dinge verzichtet, um zu trainieren – und haben ebenfalls an diesem Tag versucht, ihr Bestes zu geben. Das anzuerkennen, auch als Sieger, ist bei uns im Sport der Punkt, an dem sich auch an der obersten Spitze die Wege von Spitzensportlern und Ikonen nochmals trennen: Die einen bekommen zwar Respekt, die anderen jedoch erhalten Anerkennung. Denken auch Sie daran, wenn Sie sich vielleicht überlegen, wie Sie mehr „Licht" und „Recognition" für Ihre Leistung bekommen könnten – beginnen Sie damit, dies anderen zu geben. Der Rest, so meine Erfahrung, kommt dann mit der Zeit von selbst.

11

IDENTITÄT – Vor Musik kannst Du Dich nicht verstecken

Nur im Tanze weiß ich der höchsten Dinge Gleichnis zu reden.
Friedrich Nietzsche (Friedrich Nietzsche: Also sprach Zarathustra. Ein Buch für Alle und Keinen, 1883–1885 (1. vollständige Ausgabe aller Teile 1892). Zweiter Teil, 1883. Das Grablied)

Darf ich Sie einmal – also so ganz unter uns – etwas ganz Persönliches fragen?

Haben Sie beim ersten Lesen der Überschrift dieses Kapitels, als Sie das Wort „Identität" gesehen haben, unter Umständen etwas zurückgezuckt? Oder haben Sie vielleicht gespürt, wie ein leises Gefühl des Unwohlseins sich in Ihnen ausbreitet? Wenn ja: Ich darf Sie beruhigen: Das geht den meisten von uns so. Die Frage, wer wir wirklich sind, ist die persönlichste, die man uns Menschen stellen kann – sie ist verknüpft mit den großen Fragen nach dem Sinn des Lebens und dem tief empfundenen Wunsch in uns, herauszufinden, warum wir auf dieser Erde wandeln und was wohl der Sinn dieser Zeit sein mag. Wir kennen auch alle ganz bestimmt eine dieser Personen, welche von sich sagen, sie haben für sich ihren Sinn des Lebens gefunden. Das hört sich auch immer total faszinierend an, wenn jemand so spricht; aber wenn wir ehrlich sind, fragen wir uns doch nach solchen Begegnungen immer wieder aufs Neue, ob das tatsächlich wahr sein kann und – ob uns selbst das wohl auch einmal gelingen mag.

Tatsächlich gibt es wohl eine Menge Wege, mehr über sich herauszufinden und ich bin mir sicher, dass auch Sie das schon einmal auf die eine oder andere Weise ausprobiert haben: sei es über Sport, über mentales Training, Coaching im Beruf oder auch einfach durch viele tiefgehende Gespräche mit vertrauten Menschen. Aber Sie werden mir zustimmen, dass der Weg zum eigenen Ich mit vielen Steinen versehen ist – und manchmal hat man das Gefühl, es ist ein hoffnungsloses Unterfangen, sich tatsächlich selbst auf den Grund zu gehen wollen, denn trotz allen Bemühens, Klarheit zu finden, bleibt doch alles irgendwie unscharf. Diese Suche nach Eindeutigkeit kennen wir nicht nur von uns selbst, wir beobachten sie auch bei anderen: Ihnen sind sicher in Ihrer Karriere einige Führungskräfte und Chefs begegnet, bei denen Sie sich gefragt haben, wofür diese eigentlich stehen und welche Position sie genau vertreten. Gerade in schwierigen Zeiten für Team oder Unternehmen geben sich viele Führungskräfte Mühe, über die Maßen professionell zu klingen und insbesondere keinerlei Emotion zu zeigen, was dazu führt, dass man nicht so recht weiß, was sie eigentlich sagen wollten. Gerade der Versuch, sich auf den „neutralen Boden der Sachlichkeit" zurückzuziehen, wirkt oft kalt und empathielos auf die Mitarbeiter – und hat durchaus auch zu dem Klischee des „emotionslosen Top-Managers" beigetragen. Meist sind diese Führungskräfte Personen, die sich – obwohl bemüht, es anders darzustellen – eher sehr schwertun damit, wahrlich klare und starke Entscheidungen zu treffen – und oft steht eine Belegschaft dann verwundert vor diesen Entscheidern und wundert sich, warum sie so „herumeiern" und nicht wirklich „Klartext sprechen". Man hat in diesem Moment das Gefühl: Dieser Mensch da weiß gerade selbst nicht, wo er steht – und was er will. Und das macht das Senden von Führungsbotschaften so schwer, gerade in Zeiten der Veränderung.

Ich möchte diesen Führungskräften, die sich da verheddern, gar keine böse Absicht unterstellen: Die wesentliche Ursache für diese Unklarheit über die eigene Motivation liegt in meinen Augen meist nicht darin, dass man intellektuell nicht in der Lage wäre, zu erkennen, was einen im Innersten bewegt und für was man brennt oder eben nicht. Aber wenn man sich damit auseinandersetzt, muss einem natürlich nicht gefallen, was man da in seinem Seelen- und Gefühlsleben sieht und es ist nicht immer leicht, diesen Anblick selbst zu ertragen. Denn oft sehen wir Dinge, die wir nicht nochmals sehen wollten.

Wir alle sind in großem Maße geprägt von den einschneidenden Erlebnissen unseres Lebens – und diejenigen, welche den größten Eindruck in unserer Seele und unserem Herz hinterlassen haben, waren in der Regel die Tief- und Niederschläge, aus deren Erfahrungen wir nach und nach im Laufe unseres Lebens unser Wertesystem und unsere Handlungsweisen aufgebaut haben. Sich selbst zu erkennen, bedeutet also vor allem, sich noch einmal mit eigenen Tiefen, den dunklen Zeiten des eigenen Lebens auseinanderzusetzen. Viele scheuen das – was nicht unverständlich ist, denn oftmals bedurfte es auch einer langen Zeit der Heilung, bis man über gewisse Dinge endlich hinwegkam. „Schlafende Geister soll man nicht wecken" ist ein Ratschlag, den viele für sich auch als Grundsatz in ihrem Leben festgelegt haben. Wenn wir jedoch, einmal mehr, ganz ehrlich zueinander sind, wissen wir, dass das auch nicht wirklich gut funktioniert – in bestimmten Situationen handeln wir immer wieder aufs Neue, oft unterbewusst, genauso, wie diese schlafenden Geister es uns vorsagen. Und diese Triggersituationen gibt es überall: in unserer Familie, mit unseren Freunden, in unserem Sport – aber eben auch in unserem Beruf. Gerade aber, wenn wir eine Rolle als Führungskraft und damit Verantwortung für andere Menschen und deren Familien übernehmen, ist es meiner Meinung nach wichtig, sich darüber im Klaren zu sein, was die eigenen Triggerpunkte sind und was sie auslösen – um, zum Einen, den richtigen Weg für sich selbst gehen zu können, aber noch vielmehr, um nicht immerzu unterbewusst in bestimmten Situationen auf eine Weise zu reagieren, welche einen von guten Entscheidungen für sich und andere abhält. Wir Tänzer lernen sehr schnell, dass „Verstecken" vor sich selbst keinen Sinn macht. Wenn wir andere bewegen wollen, müssen wir wissen, was uns im Inneren bewegt. Und wir haben in unserem Sport einen Schlüssel, der unser Innerstes als Tänzer an die Oberfläche bringt: Er heißt Musik.

„Ich weiß, dass Du wahnsinnig viel fühlst. Ich kann es in Deinen Augen sehen. Aber Du zeigst es nicht. Und das darf nicht sein."

Dieser Satz gehört wohl zu denjenigen, die mich in meiner Laufbahn als Tänzer am meisten geprägt haben. Gesprochen wurde er von meinem Trainer Jason, der zu seiner eigenen aktiven Zeit ein bekannter Tänzer im Professionalbereich war und später außerordentlich erfolgreiche Projekte wie die Show „Burn the Floor", ein nach wie vor über die Bühnen und Stadien dieser Welt tourendes Tanzspektakel, maßgeblich mitgeprägt hat (wenn Sie sich die DVD der ersten Season kaufen möchten, kann ich Ihnen das nur empfehlen – eine der leidenschaftlichsten Tanzshows mit einer Vielzahl von Welt- und Europameistern im Cast! Wenn Sie sich den Film nicht gleich kaufen wollen, ist das auch ok; aber suchen Sie trotzdem kurz einmal bei Amazon nach dem Titel und schauen Sie dann auf das Cover – der Tänzer, den Sie da sehen: Das ist Jason!). Unter anderem war er später auch einer der Profitänzer bei der australischen und Jurymitglied in der griechischen Ausgabe von „Dancing with the Stars", der internationalen Version von „Let's Dance", und hat bei vielen bekannten TV-Shows als Tänzer, aber auch als Choreograf, mitgewirkt.

Jason war mein Gott. Die Stunden mit ihm waren wie Energy-Booster für mich und alles, was er an Wissen teilte, saugte ich stets auf wie ein Schwamm, denn Jason sprühte vor Kreativität und Emotionen, sprudelte immer wieder über vor Geschichten, die er von seinen Reisen und Events erzählte, und vor allem liebte er Musik über alles, sodass er jedes Mal, wenn er uns besuchte, neue Songentdeckungen für uns dabeihatte. Jasons Choreografien, die er für uns entwarf, waren jedes Mal gigantisch, sie waren intensiv und steckten voller Überraschungen, intelligenter Details und innovativer Bewegungen, aber vor allem erzählten sie jede Menge Story. Wenn er Musik auflegte, stand er oft mit geschlossenen Augen erst einmal ein paar Minuten mitten im Saal (ich habe das Bild heute noch im Kopf), hörte zu – um dann, wie aus dem Nichts, in den Raum zu explodieren und Fragmente, die ihm in dieser Sekunde einfielen, zu einem ungeahnten Bild zusammenzusetzen. Ihm dabei zuzusehen, wie er wie wild durch den Raum improvisierte, war mir immer eine helle Freude und grenzenlose Inspiration zugleich. Jason war (und ist) ein unglaublich emotionaler Mensch, der jede Stimmung, die ihm die Musik vorgab, im selben Moment mit allen Fasern seiner Körpers und Gesichtes aufnahm und wiedergab – und der es auf magische Weise schaffte, auf die gleiche Weise seine Schüler aufzunehmen und für sie einen Ablauf zu entwerfen, der dann haargenau auf ihre jeweiligen Persönlichkeiten und Charaktere passte. In Wahrheit war Training mit Jason, auch wenn es sich bis hierher nicht so anhört, für uns Schüler gleichzeitig alles andere als einfach: Seine Emotionen konnten manchmal urplötzlich ungeahnte Wege gehen und wenn er von einer Idee hin- und weggerissen war, hatte er durchaus die Gabe, auch einmal alle anderen im Raum komplett abzuhängen und zu verlieren – um sich dann, wenn er das realisiert hatte, sogleich mit seinem unwiderstehlichen charmanten „Surfer-Boy"-Grinsen dafür zu entschuldigen, dass es ihn gerade „weggeweht" hätte. Wir liebten ihn.

Tatsächlich begegnete mir Jason erst in der zweiten Hälfte meiner aktiven Laufbahn. Dies war der Zeitpunkt, als ich aufgrund meines Studiums gerade in eine andere Ecke Deutschlands umgezogen war und dort mit einer neuen Partnerin versuchte, eine Paargemeinschaft aufzubauen. Diese Zeit war für mich geprägt von Umbrüchen und Ungewissheit; eine Zeit, in der ich vieles neu beginnen und in der ich mich erst einmal mit vielen Unbekannten wie einem neuen Studium oder einer fremden Stadt in meinem Leben zurechtfinden musste. Mit anderen Worten: Viele in der Vergangenheit lieb gewonnene und vertraut gewordene Dinge und Tätigkeiten wurden, gemeinsam mit mir, auf den Prüfstand gestellt. Dazu gehörte auch meine Einstellung zur Fläche, die ich nun mit meiner neuen Dame, nach vielen Jahren der fest eingespielten Abläufe mit Anja, von vorne erarbeiten musste. Ich habe ja in einem der vorherigen Kapitel schon angedeutet, dass sich später ein Schalter umlegte, der dafür sorgte, dass ich einen anderen Weg einschlug – in dieser Zeit mit Jason begann dieser Prozess, der schließlich darin mündete, mir selbst zu folgen.

Spannenderweise war Jason im Vergleich zu den anderen bekannten Professionals seiner Zeit nie so erfolgreich auf den Top-Wettbewerben, wie man es erwartet hätte. In der Regel gelangte er bei den großen internationalen

Turnieren ins Semifinale, selten dagegen in die Finalrunden – obwohl Jason eine große und vor allem sehr leidenschaftliche Fanbase (also so Leute wie mich) unter den Tänzern besaß. Wenn man sich die Turniere, an denen er teilnahm, von der Tribüne aus anschaute, so hatte das für mich immer ein wenig vom „verkannten Künstler": Jason legte immer und überall sein Herz auf die Fläche, tanzte mit einer emotionalen Intensität, die tief bewegend und berührend war – aber er war gleichzeitig in seiner Unkonventionalität einfach nicht zu stoppen. Wenn er sich in eine bestimmte Bewegung verliebt hatte, musste er sie auf der Fläche zeigen, egal wie verrückt sie schien – und es war ihm auch, wenn sein Herz voll angeschlagen hatte, nicht wirklich wichtig, ob ein Schritt in allerletzter Perfektion ausgeführt war. Man merkte richtig, wie er damit in schöner Regelmäßigkeit die Mitglieder des Wertungsgerichtes überforderte und sie zwang, sich zwischen den „state-of-the-art"-Anforderungen und emotionaler Begeisterung zu entscheiden. Jason brach Regeln – wir bewunderten ihn dafür, aber es führte leider in der oftmals konservativen Welt des Tanzsports dazu, dass Jason des Öfteren, sehr zum Unmut der begeisterten Fans, nicht den Weg ins Finale fand.

Jedes Mal, wenn Jason uns dann wieder in unserem Club besuchte, um uns Paaren Unterricht zu geben, erzählte er natürlich ausgiebig von den Turnieren der vergangenen Wochen und deren nicht immer optimalen Ausgang – und jedes Mal wunderte ich mich dabei, wie er so locker damit umgehen konnte, es einmal mehr nicht bis in die absolut vordersten Ränge der Welt geschafft zu haben. Es schien ihm tatsächlich nichts auszumachen: Mit einem Lachen erzählte er wahlweise von den verblüfften Gesichtern der Wertungsrichter oder einfach von der bezaubernden Musik, die auf dem Turnier abends gespielt wurde – um dann aber jedes Mal auch unvermittelt wieder wegzuspringen in Dinge, die er ebenfalls seit seinem letzten Besuch bei uns irgendwo erlebt hatte: ein Theaterschauspiel, ein Konzert, ein Buch. Einfach alles, was ihn inspirierte, verfolgte ihn über Wochen hinaus in seinem Kopf. Eines Tages, nach einer erneuten Erzählung dieser Art, konnte ich schließlich nicht mehr an mich halten und fragte ihn einfach ganz direkt: „Jason, ist das nicht enttäuschend für Dich? Meinst Du nicht, dass Du noch etwas anderes machen musst, dass Du auch ins Finale kommst?"

Verstehen Sie mich bitte richtig: Ich war ein absoluter Fanboy – ich war weit davon entfernt, ihn zu kritisieren und ich hätte mich ohne Ende für ihn und seine Partnerin Tonia gefreut, wenn ich sie auf dem Treppchen ganz oben gesehen hätte. Aber genau deswegen wollte ich ihm eben auch so gut zureden, wie ich konnte – soweit man das als junger Tänzer vermag, wenn man seinem persönlichen Vorbild gegenübersitzt. Jasons Antwort habe ich noch heute genau im Ohr – er lächelte mit dem ihm eigenen Charme und sagte: „Warum sollte ich etwas anders machen? Das, was ich da mache, bin ich. Ich kann nicht anders." Und bezüglich der Frustration ergänzte er: „Die Turniere sind für mich nicht wichtig für den Vergleich mit anderen – sie geben mir vielmehr die Möglichkeit, genau das zu erleben und zu fühlen, was ich gerne mache. Warum sollte ich also frustriert sein?"

Diese Worte, so locker dahingesprochen, hinterließen tiefen Eindruck bei mir und waren der Grund für viele schlaflose Nächte bei mir. Sie widersprachen allem, was ich meinte, zu einer Teilnahme am Turnier und dem Wunsch, zu gewinnen, zu wissen – aber offenbar hatte sich da jemand selbst (und seinen Frieden) gefunden und lebte das mit einer Geradlinigkeit, dass er bereit war, auch alle Konsequenzen seines Weges in Kauf zu nehmen. Und viel mehr noch: Ein verfehlter erster Platz stellte für ihn überhaupt gar keine negative Konsequenz dar – denn sein

Zielsystem war ein vollkommen anderes: Er wollte sich vor allem selbst fühlen und spüren auf der Fläche und seinen freien Geist leben – wenn das ein gutes Turnierergebnis bedeutete, freute es ihn, aber es zog ihn auch nicht runter, wenn es nicht so war. Diese Vorstellung, so frei performen zu können, legte tatsächlich eine langsam brennende Zündschnur an die Art und Weise, wie ich bislang mein Leben und mein Tanzen angegangen war – oder besser gesagt: wie ehrlich ich zu mir gewesen war. Mir wurde klar, dass Jason mich faszinierte, weil er das lebte, was ich in mir spürte – den Wunsch, meine Emotionen zu zeigen und ich selbst zu sein auf der Fläche. Ständig zu gewinnen, war gar nicht mehr mein Thema – nur hatte ich bislang nicht den Mut gefunden, das zuzugeben, weil ich ja noch selbst Teil dieser Wettbewerbsmaschinerie war. Wie konnte es gelingen, diesen neuen Weg zu gehen? Ich war gleichzeitig erschüttert und fasziniert.

Wenige Tage später im Training übten wir mit Jason unsere neue Rumba-Choreografie. Rumba ist, das wissen die meisten Leute, der Tanz der Liebe – und dabei kommt es vor allem darauf an, dem Publikum eine Geschichte von Zuneigung und Weglaufen, von Anziehung und Abstoßung zwischen den beiden Partnern darzubieten – sozusagen das „ewige Spiel der Liebe". Jason wählte für unsere Einheit ein, wie ich beim ersten oberflächlichen Hinhören fand, sehr unübliches Lied: Wie es schien, ging es offenbar in dem von ihm ausgesuchten Song nämlich nicht um ein frisch verliebtes Paar, welches fröhlich im siebten Himmel schwebt – nein, vielmehr ging es um eine Frau, die wohl den Tod ihres Mannes besang und zu einer sehr wehmütigen Melodie in Erinnerungen schwelgte darüber, was sie beide gemeinsam erlebt hatten. Als ich die ersten Takte hörte, fühlte ich mich sehr unwohl damit – unsere Folge war neu, noch nicht eingespielt und fühlte sich absolut noch nicht sicher an, von daher war mir in dieser Sekunde dieser Tiefgang zu viel. Mein Fokus lag gerade ganz woanders, nämlich auf dem Gewinnen von Sicherheit in den für uns neuen Bewegungen und Abläufen. Eine deutlich leichtere Musik ohne viel Tiefgang, die mir erlaubt hätte, erst einmal konzentriert meine Schritte durchzugehen, wäre mir daher deutlich lieber gewesen als eine solch schwermütige Weise. Jason ließ sich jedoch nicht erweichen, die Musik zu wechseln und bestand fest darauf, dass wir auf dieses Lied tanzen sollten – also ergab ich mich in mein Schicksal und begann mit meiner Partnerin, unser neues Programm durchzutanzen. Es dauerte nicht lange und das Unerwartete geschah: Jason stoppte die Musik und forderte uns kommentarlos auf, nochmals von vorne zu beginnen. Ich verstand nicht so recht, warum – hatten wir einen Schritt falsch gesetzt oder eine bestimmte Figur nicht korrekt durchgeführt? Naja, wie dem auch war: Wenn er es so wollte, dann sollte es mir eben recht sein. Wir begannen also von vorne – und wieder brauchte es nur zehn Sekunden, bis Jason uns anhielt – und wieder sollten wir neu starten. So ging das ab jetzt in den folgenden zwei Stunden ungezählte Male weiter: Von vorne anfangen, kurze Zeit später aufhören, von vorne anfangen, kurze Zeit später aufhören. Irgendwann war ich nicht nur körperlich ziemlich am Ende, ich war, um ehrlich zu sein, richtig sauer und genervt davon, immer von vorne zu beginnen, ohne zu wissen, was im vorherigen Durchgang falsch gewesen sein sollte – meine emotionale Selbstkontrolle neigte sich deutlich (!) dem Ende zu. Die vielfachen Wiederholungen hatten jedoch den Nebeneffekt, dass ich das Lied mehrere Male hörte, und so verstand ich sukzessive immer besser, was die Sängerin in dem Lied eigentlich genau erzählte – und als sie schließlich, während ich mir mein Handtuch durch mein schweißgebadetes Gesicht zog, davon sprach, dass sie all die wunderbaren Erlebnisse mit ihrem Mann zwar nie mehr erfahren, aber immer in ihrem Herzen tragen und daher nicht weinen, sondern lächeln würde, da machte es plötzlich „Klick" bei mir: Jason wollte gar nicht, dass wir unsere Folge einfach nur durchtanzten! Er wollte, dass wir genau diese eine Musik, dieses eine Lied, welches er irgendwo auf seiner Reise gehört hatte, mit unserer Darbietung wiedergaben! Geradezu euphorisch begab ich mich also auf die Fläche und dachte mir, dass ich nun genau wüsste, was mein Trainer von mir will – und ich legte mich in meinem Kopf voll in dieses Gefühl aus Trauer, liebevoller Erinnerung und Liebe, als ich mit meiner Partnerin zu tanzen begann. Schlagartig kamen mir die Geschichten meines eigenen Lebens in den Sinn, immer begleitet von den Gefühlen, die man dabei verspürt hatte. Verwirrt von dieser Intensität, bemühte ich mich jedoch gleichzeitig, nach wie vor sehr „wettbewerbsmäßig" („competitive", wie wir das nennen) auszusehen. Es dauerte dieses Mal zwar länger, bis Jason stoppte – aber er ließ uns wieder von vorne beginnen. Ok, dachte ich mir – vielleicht war ja mein erster Versuch im Look immer noch nicht professionell genug gewesen (wir Tänzer sind sehr leidensfähig im Training, müssen sie wissen). Also tauchte ich ein zweites Mal in mir ab in die Gefühlswelt, welche die Sängerin vorgab – versuchte jedoch wieder dabei, irgendwie das richtige Maß an Ausdruck zu finden, das für den Wertungsrichter wohl gerade eben noch so ok wäre. Schließlich hielt Jason wieder die Musik an – kam jedoch dieses Mal direkt auf mich zu und schaute mir tief in die Augen. Ich war jetzt ziemlich irritiert und sauer – halb gefangen noch in mir selbst und bewegt von den Gefühlen des Liedes und den Erinnerungen, die es geweckt hatte, halb verärgert darüber, dass mein Trainer mich hier offenbar zum Deppen zu machen schien. Ich fragte ihn, vor Ärger bebend und mit ziemlich genervter Stimme: „Was passt Dir denn verdammt nochmal nicht???" Er blieb total ruhig, schaute mich lange an – lächelte schließlich und sagte dann diese Worte, deren Anfang ich Ihnen schon erzählt habe und die ich Ihnen nun in vollem Wortlaut weitergebe:

„Ich weiß, dass Du wahnsinnig viel fühlst. Ich kann es in Deinen Augen sehen. Aber Du zeigst es nicht. Weil Du Angst hast, was andere darüber denken könnten. Und das darf nicht sein. Ich möchte sehen, wer Du bist. Alles andere ist austauschbar."

Dieser Leitsatz begleitet mich bis heute, auch in meinem Berufsleben: Zeige, wer Du bist – alles andere ist austauschbar. Was mir Jason damals beigebracht hat, nämlich die Emotionen, die in mir schliefen, tatsächlich auch zu zeigen und sie nicht unter einer „professionellen" Oberfläche zu halten, hat in Folge nicht nur mein Tanzen verändert, sondern prägt bis heute auch meine Arbeit als Führungskraft. Jedes Mal, wenn es mir erneut gelungen ist, seinen Rat umzusetzen, hat das in der Vergangenheit nicht nur ein „bewegtes" Publikum erzeugt, sondern dieser Rat ist für mich bis heute auch der Schlüssel, um eine tiefe Verbundenheit mit meinen Teams und große Authentizität in Beziehungen mit Partnern und Kollegen zu schaffen. Wir mögen es alle sehr, wenn wir den Eindruck haben, dass uns jemand mit ehrlichem Gefühl gegenübertritt – aber wir tun uns unglaublich schwer, es bei uns selbst zuzulassen. Und daher forciere ich das von meiner Seite proaktiv, wenn ich Menschen begegne und lade sie ein, zu zeigen, wer sie sind. Natürlich bedeutet das nicht, sich in permanenten Gefühlsausbrüchen zu ergehen und jegliche Art von Professionalität links liegen zu lassen – Jason wollte am Ende des Tages von mir ja trotzdem, dass ich die technischen Details korrekt abliefere. Allerdings wollte er, dass ob aller Professionalität mein wahres Ich nicht verloren geht und sichtbar wird – wie ich finde, ein guter Ratschlag auch für uns in Führungspositionen.

11 IDENTITÄT – Vor Musik kannst Du Dich ...

„Professionalität" ist ein Begriff, der sich verselbstständigt hat und das bedarf der Korrektur: Saubere Ergebnisse, stimmiges Vorgehen, hoher Anspruch an die Ergebnisse – das ist vollkommen in Ordnung. Aber das Vertuschen und Verbieten von Emotionen oder menschlichen Zügen mit dem Verweis „Das tut man nicht im Berufsalltag!" – das ist die falsche Richtung. Wir sind alle Menschen, mit ihren Freuden und Motivationen, aber auch mit ihren Sorgen und Ängsten – zu glauben, das Eine gibt es ohne das Andere, oder anzunehmen, dass Mitarbeiter ein anderes Wesen werden, sobald sie durch eine Bürotür gehen, ist ein Irrglaube. Es ist für mich immer wieder spannend zu sehen, wie andere Kollegen, denen ich begegne, damit umgehen, wenn man ihnen Offenheit und authentisches Gefühl zeigt – einer Phase des ungläubigen Beobachtens folgt meist dann eine große Erleichterung und „Ausatmen", gefolgt von einem viel entspannteren Einsteigen in den wahren gegenseitigen Austausch. Es ist erstaunlich, wie oft uns Menschen manchmal „Professionalität" beim Miteinander im Weg steht.

Natürlich bedeutet ein offener Umgang mit sich selbst auch, dem eigenen Ich ehrlich ins Gesicht zu sehen und die eigenen Gefühle nicht unter den Teppich zu kehren. Die Musik damals machte mich traurig – ich konnte ihrer Botschaft nicht ausweichen und musste daher irgendwann in meine Vergangenheit sehen, genau auf diese Stellen, auf die man nicht gerne hinschaut. Tatsächlich hört es sich so leicht an, wenn man davon spricht, als Tänzer die Musik zu vertanzen – in Wahrheit bedeutet es aber jedes Mal aufs Neue wieder, den Mut dafür aufzubringen, egal, welche Richtung die Musik nimmt, sich auch wirklich (!) in die Bereiche unserer Seele zu begeben, die davon angesprochen werden. Leider tun sich unsere westlichen Kulturen, gerade die deutsche mit ihren preußischen Wurzeln, traditionell schwer mit Gefühlen – ganz im Gegensatz z. B.

zu den südamerikanischen Nationen. In unserem „Land der Ingenieure" glauben wir sehr oft (und gerade in der Arbeitswelt), dass alles, Beziehungen, Organisationen oder Nationen, sich in einer Art Algorithmus oder Mechanik darstellen lässt, welche sich durch Methoden bzw. das richtige Handwerkszeug stets auf sachlicher Ebene und analytisch korrekt lösen lassen. Gefühlsbekundungen werden dabei vielfach als eher störend, ja teilweise sogar als Indiz von Unprofessionalität eingestuft: Wer „einfach so" Gefühle zeigt, hat im Management der alten Schule die Selbstkontrolle verloren und dieser Gedanke steckt immer noch irgendwo in vielen Managementköpfen – und dann kommt ein Coach um die Ecke und meint, man solle authentischer werden. Erkennen Sie den Fehler? Was wir bei der ganzen Diskussion über sachliches Verhalten ignorieren, ist die Tatsache, dass wir alle immer noch Menschen sind und das Geschäftsleben trotz aller Technologie aus Menschen besteht, die miteinander interagieren – und nichts macht uns menschlicher, als zu zeigen, dass wir Gefühle haben. Professionalität und Gefühle schließen sich in meinen Augen nie gegenseitig aus – für eine menschliche Professionalität gehören sie sogar untrennbar zusammen. Etwas, was künstliche Intelligenz nie erreichen wird.

Tatsächlich wird unsere Reaktion auf Musik oder einen anderen Impuls, der unsere Emotionen anspricht, immer auch zeigen, wer wir wirklich sind: Sie macht klar, wann wir Freude empfinden, wann wir weinen wollen, wann wir träumen möchten. Wir Tänzer meinen genau diesen Effekt, wenn wir sagen: „Vor Musik kannst Du Dich nicht verstecken." – Wenn Musik spielt, macht es überhaupt keinen Sinn, etwas anderes zeigen zu wollen. Die Wahrheit wird sich sowieso zeigen – gerade bei einem Publikum, das nicht technisch versiert ist. Sie können das bei nächster Gelegenheit einmal bei einer Folge von „Let's Dance" mitverfolgen: Beobachten Sie die teilnehmenden

Prominenten bei ihren Auftritten und schauen Sie ihnen ins Gesicht – und sie werden genau erkennen, was in ihnen vor sich geht und was sie empfinden. Sie sehen Freude, Begeisterung und Engagement – aber auch Unsicherheit, Sorge und die Angst, zu versagen. Zu tanzen bedeutet, mit all diesen Empfindungen umzugehen und diese vermeintlichen Schwächen und die „emotionale Nacktheit" zum Positiven einzusetzen. Diese Erfahrung machen im Übrigen die Teilnehmer der Sendung immer wieder: Genau dann, wenn sie nicht (!) mehr versuchen, ihre Emotionen zu verbergen oder ein Schauspiel zu liefern, sondern sich so zeigen, wie sie wirklich (!) sind, steht das Publikum auf, applaudiert minutenlang und fordert Zugabe. Da sind wir wieder bei der Kraft des Menschseins: Wir lieben es, echte Gefühle zu sehen – weil wir sie nämlich selbst spüren und wissen, dass sie wahr sind. Wer uns auf dieser Ebene anspricht, berührt uns viel mehr, als es pure Athletik und Technik, die perfekt, aber emotionslos vorgetragen wird, jemals könnten. Wer sich also so zeigt, wie er wahrlich und ohne falsche Fassade ist, muss keine Angst haben, einen Schock zu erzeugen – sondern ganz im Gegenteil wird er überrascht sein, wie viel positiven Zuspruch er bekommt. Emotionale Ehrlichkeit erzeugt gegenseitigen Respekt und Verständnis – und damit menschliche Verbindungen, die ehrlicher und nachhaltiger sind, als es reine Profession vermag.

Ich will es nicht schönreden: Sich zu öffnen, erfordert natürlich eine Menge Mut, ohne Zweifel. Sich nackt und emotional zu zeigen, macht verletzlich – und wir alle haben Angst davor, von anderen verletzt zu werden. Der Gedanke, jemand könnte das, was wir offenbart haben, gegen uns verwenden, ist uns zutiefst unangenehm. Aber auch hier kann ich Ihnen aus vielen Jahren des Tanzens (nach Jason) und des Zusammenarbeitens im beruflichen Kontext nur sagen: Ob jemand Ihre Performance mag, bleibt letztlich immer ein Stück weit eine Frage des Geschmacks. Egal, wie perfekt Ihr Vortrag war: Es wird immer (!) jemanden im Raum geben, der etwas daran zu mäkeln hat. Aber die richtigen und relevanten Menschen (und um die geht es!) können immer wertschätzen, wenn Sie mit ihrem Anliegen authentisch sind. Am Ende des Tages verlassen wir Tänzer uns genau darauf: Dass bei jeder einzelnen Performance die Menschen nicht nur sorgsam damit umgehen, sondern es auch wirklich annehmen können, wenn wir uns für sie öffnen. Jeder hat seine eigene Identität – und das ist gut so. Wenn wir diese noch zeigen und jeder damit einzigartig ist, brauchen wir schon keinen „Personal Branding"-Kurs mehr – und es fällt uns auf, dass auf LinkedIn alle das Gleiche tun.

Es sollte übrigens nicht verwundern, dass man manchmal für neue Performances auch vollkommen neue Dinge ausprobieren muss, die man noch nie getan hat. Dieses Verlassen der eigenen Komfortzone erfordert ebenfalls Mut. Aber nur so, im ständigen Erkunden und Ausprobieren unbekannten Terrains, findet man schlussendlich seine eigene Identität – nämlich, indem man sieht, ob man sich an diesem neuen Punkt wiederfindet oder nicht. Und mit der Zeit stellt sich heraus, dass es nicht nur „die eine Identität" gibt, sondern ganz verschiedene Rollen – und dann fängt es noch mehr an, Spaß zu machen. Wir Tänzer nehmen in unseren Tänzen ständig neue Rollen ein – sei es als liebender Mann, als Stierkämpfer oder als verrückter Rockabilly. Wir Führungskräfte kennen das doch auch: Mal dürfen wir motivieren oder talentierte junge Menschen einstellen – und ein anderes Mal müssen wir mit Menschen, die hinter den Erwartungen geblieben sind, sehr schwierige Diskussionen führen oder sie gar entlassen. Mal müssen wir große visionäre Strategien formulieren – ein anderes Mal müssen wir uns durch die trockenen Details einer Rechnungsprüfung schlagen. Alle diese

Aufgaben sind Rollen, die wir nun mal ausfüllen müssen bei unserem Auftrag, uns um andere Menschen kümmern. Aber anstatt das als Stress zu sehen, denken Sie vielmehr immer daran: Tänzer lieben die Vielfalt. Die Vielfalt macht uns Menschen aus. Authentizität in Kombination mit Vielfalt kreiert einen Blumenstrauß, der wunderbar anzusehen ist.

Am Ende dieses Kapitels bleibt mir nicht viel mehr, als Jason nochmals von Herzen danke zu sagen. Ohne ihn wäre ich nicht der Tänzer und Chef, der ich heute bin. Er selbst ist schließlich, mit all den gigantischen Auftritten auf der Showbühne, die nach seiner aktiven Turnierkarriere kamen, denjenigen Weg gegangen, für den er mehr als alles andere geeignet war. Als ich ihn schließlich zwei Jahre später live mit Tonia in der Olympiahalle München in der Hauptrolle bei „Burn the Floor" tanzen sah, war ich endlos glücklich: „Mein" Jason war dort angekommen, wo er hingehörte. Was ich von ihm gelernt habe, wird bleiben – und wenn Sie mögen, nehmen Sie das genauso mit:

Haben Sie den Mut, einzigartig sein zu wollen. In der Masse unterzugehen, kann nicht zum Erfolg führen. Machen Sie sich auf den Weg zu sich selbst und seien Sie ein Beispiel für Professionalität, aber verstecken Sie sich nicht hinter ihr. Wir brauchen für die Zukunft, die auf diesem Planeten vor uns liegt und alle die Herausforderungen, die sie zu bieten hat, ein Team aus Helden, die keine Angst davor haben, zu zeigen, wer sie sind. Führung, die etwas bewirken will, muss raus auf die Fläche und ungefiltert von Mensch zu Mensch sprechen, um Gemeinschaften zu bilden und so wahrlich etwas zu bewegen.

12

INSPIRATION – Wenn Weltmeister zurücktreten

Wenn ich Menschen inspirieren darf, ist das ein wundervolles Geschenk. Dabei steht da oben doch nur der kleine Junge, der seine Geschichte erzählt.

Bernd Preuschoff

Wir haben nun schon eine ziemlich lange gemeinsame Reise hinter uns. Dabei haben wir viel über Details, Training und Wettbewerb gesprochen, die uns im Laufe unserer Karriere begegnen. Werfen wir nun einmal den Blick auf das, was nach unserer Laufbahn kommt – und konkret auf etwas, was wir uns als Führungskräfte ziemlich sicher alle wünschen: Nämlich dass die Dinge, welche wir in unserer Laufbahn getan und erreicht haben, aber vielleicht auch gerade die Art, wie wir es getan haben, in anderen, die nach uns kommen, Begeisterung weckt und ihnen als Inspiration für den eigenen Weg dient.

Ich glaube, es macht für uns (wenn wir ehrlich sind), einen großen Unterschied, ob ein Zuschauer bzw. ein

Mitarbeiter zu uns sagt: „Das fand ich sehr gut!" – oder ob er die Worte wählt: „Das hat mich wirklich inspiriert!". Inspiration ist etwas, das irgendwie über „sehr gut" hinausgeht und als emotionales „Sahnehäubchen" auf einer hervorragenden Leistung wirkt – und ist damit natürlich für uns ein Beweis, dass die eigene Performance authentisch, ehrlich und vor allem bewegend war. Gerade in der Welt der digitalen Transformationen gibt es eine ganze Vielzahl an Personen, welche es geschafft haben, in großer Breite Menschen mit ihren Erfolgen, aber vor allem mit ihrem Auftreten, zu begeistern: Denken Sie nur an Steve Jobs, Richard Branson oder Bill Gates. Wenn sie noch weiterdenken in andere Bereiche, fallen Ihnen sicher noch unzählige Namen ein von Politikern wie Barack Obama und Richard von Weizsäcker, aber auch sicher Sportler wie Muhammad Ali, Gerd Müller oder Ayrton Senna. Manchmal muss man aber auch gar nicht so weit bzw. in die Welt der Prominenz gehen: Oft sind es die Eltern, ein bestimmter Kollege oder ein Mensch aus unserem Bekanntenkreis, die jedes Mal in uns einen Schalter umlegen, wenn wir an sie denken und die wir als Vorbild für unser Handeln wählen. All diese Menschen haben es mit ihrem persönlichen Weg geschafft, andere Menschen, weit über ihre messbaren Erfolge hinaus, emotional zu erreichen – sie bewegen uns, weil sie uns nicht nur beeindruckt, sondern so fasziniert haben, dass wir wenigstens ein bisschen so werden wollen wie sie. Dieses Verhältnis ist offenbar nicht rational, sondern kommt aus unserem tiefsten emotionalen Inneren und aktiviert uns auch dort: Ich kann nicht mehr zählen, wie viele Gründer ich schon getroffen habe, die sein wollten wie Steve Jobs – aber das ist ok, wer Ungewöhnliches leisten will, braucht solche Triebfedern. Wichtig für uns ist dabei vielmehr die Erkenntnis, dass es offenbar möglich ist, Menschen über Zahlen hinaus zu besonderen Anstrengungen zu motivieren, wenn man ein gutes Vorbild

12 INSPIRATION – Wenn Weltmeister zurücktreten

ist. So weit, so klar – aber nun schlägt die Realität zu: Natürlich wird man zur Ikone nicht „einfach so" geboren – und gleichzeitig macht es schon auch irgendwie Sinn, dass nicht jeder diesen Status erlangt, denn sonst wären diese Menschen ja keine besonderen Erscheinungen mehr. Aber muss man deswegen mit Blick auf die statistische Verteilung resignieren und sich damit zufriedengeben, dass man „sowas ja eh nie erreichen" wird? Ich glaube nicht. Wir Tänzer tun es auf alle Fälle nicht – den Versuch (!), etwas Ikonisches zu tun, ist es immer wert.

Wir Tänzer haben, wie alle Athleten, natürlich alleine schon aufgrund der sehr großen künstlerischen und emotionalen Komponente unseres Sports von Anfang an unsere heiß geliebten Vorbilder. Dies beginnt meist beim eigenen Trainer und den Top-Paaren des eigenen Vereins, die mit uns im gleichen Saal trainieren – geht dann aber schnell weiter mit den aktuellen Spitzenpaaren in der Welt oder aber auch Künstlern, die in anderen Bereichen des Tanzes aktiv sind. Hier liegt bereits eine erste Erkenntnis, die wir für uns als Führungskräfte adaptieren können: Vorbilder gibt es überall, nicht nur in unserem eigenen Fachbereich. Ich erlebe oft, dass Manager sich sehr bewusst nur an Personen orientieren, die im gleichen Metier tätig sind – aber hier habe ich oft das Gefühl, dass es hier tatsächlich meist mehr um „Kopieren" oder manchmal auch um gefühlten Wettbewerb und „Mithalten" als um echte Inspiration geht. Einem echten Idol will man zwar nachstreben, aber man will es meiner Meinung nach nie wirklich erreichen – Idole, die man übertrifft, verlieren diesen Status und das bricht einem auch irgendwie das Herz. Man möchte sich Vorbilder vielmehr immer wieder aufs Neue ansehen und dadurch neue Kraft aus ihnen schöpfen können. Und diese wichtige Kraftquelle gibt es, wie gesagt, überall und grenzübergreifend: Für uns Turniertänzer sind zum Beispiel Tänzer aus anderen

Disziplinen wie z. B. Rudolf Nurejew oder Joaquin Cortez Inspirationen – obwohl sie in komplett anderen Bereichen aktiv sind, die komplett anderen Regeln unterliegen, hindert uns das jedoch nicht, uns jeweils das herauszunehmen, was wir für uns selbst positiv verarbeiten können. Der Eine begeistert uns vielleicht mit seiner Leichtigkeit und Strahlkraft, mit der er extrem schwierige Abläufe auf die strenge Bühne des Balletts gezaubert hat – der Andere ganz im Gegensatz dazu mit seinem Feuer, seiner Wildheit und seiner bedingungslosen Leidenschaft, mit der er Flamenco inmitten einer Gruppe von Menschen zelebriert. Wir schauen aber durchaus noch weiter über unsere Domäne hinaus – so finden sich z. B. Schauspieler, Musiker oder Redner in großer Zahl unter den Vorbildern von Tänzern, von denen wir Dinge mitnehmen wie das Aufgehen in einer Rolle, der zärtliche Umgang mit Musik oder das Lenken von Publikum über den Tanz mit der Sprache. Die Lehre daraus für uns als Führungskräfte im Management liegt darin, den Blick zu weiten – sich rein auf das eigene Thema oder den „Blick nach oben" zu reduzieren, verbaut in meiner Erfahrung die Chance, mit dem „Blick zur Seite" auf Inspirationen aus anderen Bereichen den Horizont zu erweitern und damit ganz neue, bisher nicht dagewesene Dinge schaffen zu können. Schauen Sie nur mich an: Ich erzähle Ihnen als Führungskraft gerade etwas über das Tanzen! Insofern haben Sie mit der Lektüre dieses Buches ja schon einen Anfang in Richtung „Öffnung des Denkens" gemacht – danke dafür, machen Sie weiter so! Wenn Sie in die Historie des Tanzes schauen, werden Sie übrigens auch erkennen, dass neue Tänze immer genau dann entstanden sind, wenn verschiedenste Einflüsse sich vermengt haben: Die Salsa ist so ein wunderbares Beispiel, das Sie vielleicht kennen und in der sich europäische koloniale Einflüsse mit denen des südamerikanischen Festlandes und der Karibik mischen, in denen aber auch

12 INSPIRATION – Wenn Weltmeister zurücktreten

Wurzeln von Bewegungen enthalten sind, die von afrikanischen Sklaven in die Neue Welt gebracht wurden. Daher hat dieser Tanz übrigens auch seinen Namen: Das Wort „Salsa" stammt tatsächlich von der gleichnamigen Sauce ab, die Sie vermutlich als Ergänzung zu Nachos kennen und in der unendlich viele Geschmäcker gleichzeitig enthalten sind – deswegen wurde schließlich von den Menschen auch der Tanz so genannt, um seiner Vielfalt gerecht zu werden. Heute ist die Salsa ein weltweites Phänomen, welches auf jedem Kontinent und in jeder größeren Stadt eine riesige und treue Fanbase besitzt. Viele Geschmacksrichtungen und Einflüsse aufzunehmen und in sich zu vereinen, ist also nicht nur etwas Gutes – in meinen Augen ist es eine zwingende Voraussetzung dafür, eines Tages vielleicht selbst zu einem Einfluss für andere zu werden. Neugierig zu sein auf andere Welten (und es zu bleiben), ist also der Weg zu neuen eigenen Ideen und zu der Fähigkeit, Dinge zu meistern – und nicht ein Symptom von „fehlendem Fokus" oder „Verzetteln", wie uns die Arbeitswelt manchmal gerne glauben machen möchte.

Wenn man sich also nun mental auf den Weg und bereit macht, sich einer Vielzahl an verschiedenen Einflüssen zu öffnen und diese aufzunehmen, ist schon einmal eine sehr gute Voraussetzung geschaffen, eines Tages die Dinge im eigenen Umfeld „anders" zu machen als der Rest. Damit die Dinge „besser" oder gar „besonders" werden können, müssen sie ja zuerst einmal eines werden: „anders". Die Basis haben wir damit gelegt, aber die Frage vom Ausgangspunkt, wie man denn nun vielleicht zu einer Inspiration werden könnte, ist damit aber ja immer noch nicht beantwortet – und vielleicht muss man hier zuerst eine wichtige Sache vorab anerkennen: Inspiration ist etwas, was von vielen Nebenfaktoren abhängt und nicht urplötzlich auftritt, sondern sich mit der Zeit entwickelt – und nichts, was man „trainieren" oder auf Knopfdruck kreieren kann. Das ist in meiner Erfahrung einer der Gründe, warum viele meiner Kollegen, mit denen ich in meiner Laufbahn zusammengearbeitet habe, meist eher zurücksteckten (und bis heute immer noch zurückstecken), wenn es um den Anspruch der Inspiration ging – und sei es nur, dass die Idee war, einen Workshop mal auf faszinierende Art und Weise anders zu machen. Es gibt ja in der Tat keine Garantie, dass das funktioniert und man das Ziel erfolgreich erreicht. Insofern denken sich vermutlich viele, dass es keinen Sinn macht, diesen Anspruch des Besonderen zu formulieren bzw. anzustreben und konzentrieren sich daher lieber auf klarere, mit Händen greifbarere Ergebnisse, die von der Mehrheit „akzeptiert" sind. Denn bestärkt werden sie dabei von der, nach meiner Erfahrung, in vielen gerade deutschen Unternehmen vorherrschenden Kultur, Menschen, die offen und begeistert darüber sprechen, eine inspirierende Experience anzustreben oder Dinge anders zu machen, in der eigenen Organisation eher skeptisch anzuschauen. Obwohl die gleichen Personen dem berühmten Speaker auf der Bühne für seine klaren Worte zum Thema „Mut" und „Andersmachen" durchaus begeistert applaudieren können, heißt das nicht, dass sie das für sich auch umsetzen bzw. einem solchen Vorgehen innerhalb der eigenen Unternehmensgrenzen nicht trotzdem eher skeptisch begegnen. Oftmals wird hier auch die Debatte sehr schwarz-weiß geführt: Menschen, die engagiert sind und auf andere Art Dinge vorantreiben, sind unter Umständen sehr schnell mit dem Label „kein Teamplayer" gebrandmarkt, weil der Rest (und damit meist die Mehrheit) ja noch ganz anders unterwegs ist. Faszination und Begeisterung für Neues sind, so schön sie von außen anzusehen sind und von CEOs gerne mit wohlfeilen Worten gefördert werden, in der Realität für viele ziemlich unbequem – schließlich geben sich faszinierte und für Neues begeisterte Menschen nicht zufrieden mit dem, was schon da ist. Auch hier liegt ein Fehler im Denken vieler Geschäftsführungsmitglieder: Wenn man sich (noch) nicht zufrieden gibt mit dem, was heute schon erreicht ist, bedeutet das nicht, das man es für „schlecht" hält oder kritisiert – man hat schlicht und einfach noch eine Menge Ideen, was darüber hinaus noch mach- und erreichbar wäre. Wenn Sie also in naher Zukunft nach einer inspirierenden Führungskraft suchen sollten, welche z. B. die digitale Transformation vorantreiben soll, richten Sie sich darauf ein, dass das für die Zufriedenen in Ihrem Unternehmen ziemlich sicher anstrengend wird – das ist aber kein Fehler der jeweiligen Person, die Sie einstellen, sondern liegt in der Natur der Sache, wenn diese Führungskraft ihren Job gut macht. Wer ständig und dauerhaft in dem Areal bleibt, das bekannt und beherrscht ist, wird hoher Wahrscheinlichkeit nicht zu denjenigen gehören, die durch den Weg in die Zukunft gehen und damit andere für Neues begeistern.

So befinden wir uns also weiterhin auf der Suche nach den geheimen Zutaten, die es uns ermöglichen sollen, dasjenige magische Spielerlevel zu erreichen, das man „Inspiration" nennt. Zwei Ingredienzien haben wir schon: Offenheit für Anderes und die Fähigkeit, andere Dinge und Dinge anders anzugehen und den dazugehörigen Gegenwind auszuhalten. Eine letzte (wie ich finde, einfache, aber gleichzeitige sehr wesentliche) Eigenschaft fehlt uns aber noch – und um ein wenig mehr über diese zu erfahren, möchte ich Ihnen wieder eine kleine Anekdote aus der Tanzwelt erzählen.

In meiner tänzerischen Karriere hatte ich das Glück (und das Privileg), einige große Namen aus der Welt unseres Sportes zu meinen Trainern zu zählen, welche zu ihrer Zeit regelmäßig in den Finals der Europa- und Weltmeisterschaften der Amateure, aber auch der Professionals vertreten waren. Bei anderen wiederum hatte ich zwar nicht die Freude, sie im Training bei der Zusammenarbeit zu erleben, beobachtete sie aber stattdessen mehrfach über die Jahre hinweg live auf der Fläche als Zuschauer im Publikum. Dabei ist mir damals in jungen Jahren schon ein Phänomen aufgefallen, welches ich in der nachfolgenden Zeit bei vielen Spitzenpaaren beobachtet habe: Die besten Performances, die uns meisten begeisterten und über die wir Fans am längsten und intensivsten erzählten (sprich: die uns am meisten inspiriert hatten), waren nämlich nicht die eigentlichen Turnierauftritte – sondern entweder Shows, welche diese Paare abseits der Wettkämpfe tanzten, oder viel öfter noch jene Abschiedsauftritte, welche sie nach ihrem jeweiligen offiziellen Rücktritt, meist als mehrfache Weltmeister, gaben. Diese Darbietungen wurden nicht selten legendär – denn hierbei wurde für stets in überraschender Art und Weise sichtbar, welches künstlerische Potenzial, wie viel Emotion und welche Genialität in diesen beiden Menschen da vor uns auf der Fläche tatsächlich steckte! Wir hatten diese Weltmeister doch schon so lange während ihrer Turniere frenetisch bejubelt und waren dabei ja schon vollkommen hingerissen gewesen – aber tatsächlich legten all diese Paare bei den oben genannten Gelegenheiten dann nochmal „eine Schippe drauf". Das war etwas, was wir uns bei einem mehrfachen Meister eigentlich nicht mehr vorstellen konnten, was aber tatsächlich nun der Fall war und uns eine Performance dargeboten worden war, die uns endlos inspirierte. Hier holten die Paare nun Figuren und Bewegungen aus ihrem Repertoire, welche vorher ungesehen waren und tanzten diese mit einer Intensität, als könnte man direkt in ihre Herzen sehen. Das alles war für uns, als junge, enthusiastische Sportler, wahre, unzweifelhafte und hellleuchtende Inspiration – aber es weckte die Frage: Warum zeigten diese Profis dieses Glanzstück erst, wenn es nicht mehr zählte – wenn es kein Wettbewerb mehr war, wenn es

12 INSPIRATION – Wenn Weltmeister zurücktreten

nicht mehr darauf ankam? Hätten sie diese Leistung schon vorher gezeigt – was wäre dann noch alles möglich gewesen?

Wann immer es mir möglich war, habe ich diese Frage an die jeweiligen Sportler gestellt, denn diese Beobachtung ließ mir keine Ruhe. Warum erst zur Höchstform der Begeisterung auflaufen, wenn alles vorbei ist? Tatsächlich gibt es bis heute viele Tänzer, die aus dieser Beobachtung ableiten, man müsse erst auf weltmeisterliche Art sämtliche Techniken beherrschen, bevor man sich mit „weichen" Themen wie Ausdruck und Emotionen beschäftigen darf. Das war eine Aussage, die ich noch nie akzeptieren konnte, denn für mich machte sie schlicht keinen Sinn: Wenn ich in jeder Sekunde eines Liedes Emotionen in mir spüre, warum sollte ich diese nicht im Tanz herauslassen dürfen? Gefühle auf einen unbestimmten Zeitpunkt in der Zukunft zu vertagen, das erschien mir nicht richtig – ich empfand es sogar als frappierenden Widerspruch zu den Wurzeln unserer Kunst, entstanden durch einen zu großen Fokus auf den sportlichen Aspekt. Und schließlich gibt es ja jede Menge Tänzer, die von Technik keine Ahnung haben, aber uns als Zuschauer trotzdem mitreißen – wer einmal auf Kuba war und die Lebensfreude der Menschen bei einer Tanzparty auf der Straße gesehen hat, weiß, wovon ich spreche. Von daher wollte ich dem weiter auf den Grund gehen und wissen, was da wirklich dahintersteckte – und das ging in meinen Augen nur über eine direkte Frage an diese Ikonen selbst und nicht rein über Beobachten aus der Ferne. Wenn diese Personen meine Trainer waren, war das natürlich recht einfach und innerhalb eines vertrauensvollen Verhältnisses war eine solche intime Frage stets möglich; aber ich scheute mich zum Beispiel auch nicht, im Rahmen einer öffentlichen Lecture das Wort zu ergreifen und direkt auf den Punkt zu kommen. Natürlich erntete ich damals auch durchaus hin und wieder verwunderte Blicke, weil es ja auf den ersten Blick den Anschein machte, als würde ich mit meiner Frage die Turnierleistungen eines Weltmeisters infrage stellen – aber meist gaben die Tänzer mir dann doch eine ehrliche Antwort, wenn vielleicht auch nach einem kurzen Moment des Nachdenkens und Reflektierens. Offenbar, so stellte sich heraus, war ihnen dieser Effekt, dass es im Vergleich zum Turnier immer noch eine „Performance mehr" gibt, nämlich selbst durchaus bewusst und auf der Suche nach der Ursache dafür hatten sie selbst schon viele Gedanken hin- und hergewälzt. Für die ungeschminkten Antworten, die sie mir, dem jungen Fan, dann gaben, war ich ihnen sehr dankbar – offenbar gehört diese warme Offenheit ja auch zu den wahrlich inspirierenden Personen dazu. Und ihre Impulse drehten sich am Ende im Prinzip immer um den gleichen Punkt: Freiheit – und den Mut, sie sich zu nehmen.

Diese erfolgreichen Sportler sprachen nun von etwas, was wir aus unserem eigenen Erleben als Führungskraft sehr gut kennen: nämlich davon, welchen Druck das „System" ausübt, in dem man sich bewegt – durch Funktionäre und Verbände, die Macht besitzen und ausüben, durch vorgegebene Regeln, die durch Gremien entweder ständig verändert oder traditionell für unantastbar gehalten werden, sowie durch Politik, die in einem Wettbewerb, der auf subjektiver Beurteilung beruht, leider immer eine gewisse Rolle spielt und die dazu führt, dass es wichtig fürs Weiterkommen sein kann, bei wem man trainiert (und bei wem nicht). Es geht also nicht nur, wie wir im Kapitel über Lernen gesehen haben, darum, dass man in der eigenen Betrachtung als Athlet nie fertig ist – es geht auch darum, sich als Weltmeister immer wieder aufs Neue in der gewählten Arena beweisen zu müssen, dass man tatsächlich auch „zu Recht" diesen großen bzw. größten Titel, den das System vergeben kann, trägt. Zu allem

12 INSPIRATION – Wenn Weltmeister zurücktreten

kommt hinzu, dass man genau weiß: Ab dem Tag nach der Weltmeisterschaft wird jeder daran arbeiten, Dir den Titel nächstes Jahr abzunehmen – oder Dich idealerweise schon beim Turnier vierzehn Tage später vor den Augen eines weltweiten Publikums zu schlagen und somit Deinen Sieg von gestern infrage zu stellen. Dieses Gefühl kennen wir als Führungskräfte, so glaube ich, ebenfalls sehr gut, genauso wie den Effekt, über welchen die Tänzer dann sprachen: Man ist so sehr damit beschäftigt, sich innerhalb des jeweiligen Systems korrekt zu bewegen und an dessen Spitze zu kommen bzw. zu bleiben, dass man darüber die Dinge, die man selbst liebend gerne umsetzen oder ausprobieren möchte, die aber aufgrund ihrer Andersartigkeit im Vergleich zum etablierten Status Quo ein gewisses Risiko für das eigene Fortkommen darstellen würden, hintenanstellt. Den Preis, den man dann unter Umständen dafür bezahlt, ist der Verlust von Gelegenheiten – Gelegenheiten, etwas Ungesehenes und Einzigartiges darzubieten. Hierfür gibt es erst jede Menge Raum, wenn man sich aus den Regeln verabschiedet hat – wie es im Falle der zurückgetretenen Tänzer war. Dieses Maß an Selbstreflexion dieser Top-Sportler hat mich immer sehr beeindruckt; aber was mich stets noch mehr berührt hat, war aber der zweite Satz, den diese Vorbilder dann sprachen – und ich gebe ihn gerne an Sie weiter: Wenn wir nochmal anfangen würden … wir würden gleich daran arbeiten, uns so frei zu fühlen.

Für mich waren die Worte dieser Spitzensportler immer etwas, was ich mir in meinem Leben sehr zu Herzen genommen habe und die mir stets ein Wegweiser in meiner eigenen Arbeit waren: Der Schlüssel zu Inspiration ist Freiheit – die Art von Freiheit, die man erfährt, wenn man Regeln zwar respektiert, aber sich im entscheidenden Moment dafür entscheidet, ganz man selbst zu sein und das, was einem am Herzen liegt, zu offenbaren – auch, wenn es für alle anderen um einen herum neu und vielleicht auch „befremdlich" ist. Natürlich ist die Welt auch hier nicht schwarz-weiß und wir müssen uns auch ab und an entscheiden in unserer Arbeit zwischen fleißigem Liefern von Ergebnissen und vollkommener kreativer Ungebundenheit. Dem alten Sinnspruch folgend, sollte man stets Regeln erst in ausreichendem Maße beherrschen, um sie anschließend mit Souveränität brechen zu können – wer der Meinung ist, dass reine Kreativität, als „Talent" gehypt und ohne fleißige Arbeit bzw. ohne jeglichen Respekt für die Regeln des Wettbewerbs, bereits genügt, um erfolgreich zu sein, liegt meines Erachtens ziemlich falsch. Erfolg, Anerkennung, Ruhm und Inspiration sind tolle Dinge, die man gerne mit Engagement und Begeisterung für sich anstreben kann – die Grundvoraussetzung ist aber stets die Bereitschaft, Dinge zu respektieren, zu lernen und zu meistern. Um andere zu inspirieren, braucht es dann die letzte Zutat: nämlich den Mut, sich im richtigen Moment und wenn es darauf ankommt, hinaus auf die Fläche zu wagen und sich die Freiheit zu nehmen, die Performance zu zeigen, die man schon immer von Herzen zeigen wollte und die einen somit automatisch einzigartig macht. Das werden dann die magischen Momente sein, die für Sie und andere unvergessen bleiben. Dazu muss man tatsächlich auch nicht warten, bis man Weltmeister ist. Das Herz ist nämlich immer da. Oder, um mit einem leicht abgewandelten Filmzitat zu schließen: Ihr Herz ist frei. Haben Sie den Mut, ihm zu folgen.

13

WARUM – Die größte Frage von allen

Wo immer der (die) Tanzende mit dem Fuß auftritt, da entspringt dem Staub ein Quell des Lebens.

Dschalad ad-Din Muhammad Rumi (Rumi (Datum unbekannt): Zitate zum Nachdenken. https://zitatezumnachdenken.com/rumi/463, letzter Zugriff am 17.12.2024.)

Lassen Sie uns zum Abschluss unserer gemeinsamen Reise zu demjenigen Thema kommen, welches Sie vielleicht intuitiv eher am Anfang meines Buches erwartet hätten: der Frage nach dem „Warum". Warum machen wir das alles eigentlich? Warum sind wir bzw. bin ich Tänzer geworden? Warum tun wir uns all den Schweiß und die Anstrengung an? Oder auch im Beruf: Warum haben wir diese Rolle als Führungskraft überhaupt angenommen? Diese Frage hat mich viele Jahre selbst beschäftigt und die Antwort darauf ist meines Erachtens grundlegend dafür, ob unsere Mitarbeiter von uns eines Tages als einer guten Führungskraft sprechen – oder von einem Chef, mit dem nichts anzufangen war.

Wenn ich mich mit anderen Kollegen in Führungspositionen im persönlichen Gespräch austausche, stelle ich ihnen immer wieder einmal die Frage: „Warum führst Du eigentlich?" Gerade wenn es sich um Menschen handelt, für deren Arbeit und Leistung ich viel Anerkennung und Respekt empfinde, interessiert es mich immer sehr, wie sie zu ihren Positionen gekommen sind und wie sie selbst mit den dazugehörigen Aufgaben und Herausforderungen umgehen. Es erstaunt mich jedoch dann immer wieder aufs Neue, wie wenige diese besagte Frage tatsächlich klar für sich beantworten können bzw. überhaupt schon einmal darüber nachgedacht haben. Meist erhält man noch recht unkonkrete Antworten wie „Keine Ahnung, hat sich so ergeben." oder „Ich wurde halt zum Chef, weil ich das Thema gut konnte." Für viele scheint das Streben nach mehr Gehalt ausreichend Begründung zu sein, die sie automatisch in Führungspositionen bringt – schließlich verdient man aufgrund der höheren Verantwortung in solchen Rollen besser. Ich halte das oftmals für einen fatalen Zusammenhang – denn mit einem Plus auf dem Bankkonto ist ja noch nicht geklärt, ob man den Aufgaben auch tatsächlich gerecht wird und sich seiner Verantwortung anderen Menschen gegenüber bewusst ist. Selbst meine Kollegen im Digitalumfeld, die sich wirklich viel und ausgiebig damit beschäftigen, WIE und WOFÜR man führen sollte, haben sich selten selbst gefragt, WARUM sie selbst ganz persönlich es wirklich tun. Natürlich ist das keine simple Frage, die man „so nebenbei" mit sich selbst abklärt – und vermutlich kann man sie auch erst nach einiger Zeit und mit ein wenig gesammelter Lebenserfahrung sinnhaft beantworten. Bei mir selbst hat es über ein Jahrzehnt gedauert, bis mir klar war, warum ich das tue, was ich tue – denn meine Gründe, warum

13 WARUM – Die größte Frage von allen

ich Tänzer und damit später Trainer und Führungskraft wurde, lagen tief vergraben. Und das aus gutem Grund.

An dieser Stelle möchte ich diejenige Geschichte mit Ihnen teilen, welche die Antwort auf mein Warum enthält. Diese Geschichte kennen bislang nur sehr wenige, sehr gute Freunde von mir in vollem Detail. Klar geworden ist mir mein Warum nach vielen Jahren des Trainings als Tänzer. Dieses Athletendasein haben Sie nun auf den vergangenen Seiten ein wenig kennengelernt – und deswegen darf dieses Kapitel nun hier als eines der letzten vor Ihnen stehen. Ich lade Sie ein, ein wenig mit mir in meine Familiengeschichte zu schauen – holen Sie sich ein Getränk und nehmen Sie mit mir Platz am Kamin.

Es begann alles im Sommer 1987 mit einem Gespräch zwischen meiner Mutter und mir. Unsere Familie lebte in einer kleinen Stadt in der Pfalz, die zwar alles Wichtige zum Leben hat, in der es aber rundherum bis heute nicht viel zu tun und zu sehen gibt, außer einem endlosen Meer an Weinbergen, kleinen darin verteilten Dörfern und den Pfälzer Bergen im Hintergrund. Es ist eine dieser Städte, in der die Menschen meist dasselbe tun, dasselbe werden und in der man fast jeden mindestens vom Sehen auf den Straßen her kennt. Mein Vater und meine Mutter waren beide bereits gehobenen Alters, als ich geboren wurde – zumindest im Vergleich zu den Eltern meiner Klassenkameraden. Mein Vater war damals 51 und kam gebürtig aus Berlin; meine Mutter, ein richtiges Pfälzer Kind, hatte mir dagegen im Alter von 37 Jahren das Leben geschenkt. Beide hatten somit den Zweiten Weltkrieg noch hautnah miterlebt, mein Vater hatte gar darin noch als Soldat, genauer gesagt: als Panzerkommandant in Rommels Afrikakorps, selbst gekämpft. Was er, auf einen fremden Kontinent verschifft und auf einem Panzer sitzend, vor seinem zwanzigsten Geburtstag erleben musste, weiß ich nur in Teilen von ihm und vermag es mir selbst auch nur sehr schwer vorzustellen. Auf alle Fälle hatten diese Erlebnisse meinen Vater für sein Leben geprägt und bis in seine letzten Tage hinein emotional bewegt. Aus diesem Grund, und auch auf Basis der preußischen Herkunft meiner Familie, wurden bei meinem Vater zu Hause die Übernahme von Verantwortung, Pflichterfüllung über eigene Gefühle und Grenzen hinweg sowie die über den Krieg gerettete Tradition unserer Familie sehr großgeschrieben – wohingegen meine Mutter das warme Herz der Familie war, die alle Egos, Sorgen und Ambitionen ausbalancierte und am Ende des Tages auf sanfte, aber bestimmte Art dafür sorgte, dass alle wussten, wo ihr Zuhause war. Meiner Mutter konnte man wenig abschlagen, wenn sie eine ihrer berühmten Charmeoffensiven startete. Und das tat nicht nur meinem Vater gut – auch wir als Kinder wussten das natürlich für unsere Zwecke einzusetzen, wenn wir etwas erreichen wollten, wo er beim ersten Versuch noch „nein" gesagt hatte.

Wenn man den Erzählungen meines Vaters Glauben schenken darf, war meine Mutter eine leidenschaftliche Tänzerin. Aufgrund seiner Tätigkeit als Geschäftsführer für verschiedene Unternehmen wurden meine Eltern, wie damals noch üblich, auch des Öfteren von Kunden oder Firmen zu festlichen Veranstaltungen mit Tanz eingeladen oder besuchten mit Freunden und Bekannten den jährlichen „Ball der Saison" unserer Stadt. Mein Vater erzählte gerne davon, dass meine Mutter an solchen Abenden nicht von der Fläche zu kriegen war – und wie stolz es ihn machte, wenn dann auch einmal seine Kollegen mit ihr tanzten und er ihr zusehen konnte, wie sie lachend und glücklich immer weiter ihre Kreise zog, bis nach und nach alle Herren erschöpft aufgaben. Aufgrund eines schweren Sturzes auf der steinernen Kellertreppe in unserem Haus Ende der 1970er-Jahre und einem rechten Knie, welches aufgrund der dabei entstandenen Beschädigungen nahezu vollständig versteifte, war es dann leider sehr abrupt vorbei mit dem Tanzen für meine Mutter. Die Leidenschaft für Musik blieb ihr jedoch immer erhalten – sie, die sie als junge Frau zunächst eine Ausbildung als Opernsängerin begonnen hatte, um dann später in eine der damaligen Männerdomänen einzubrechen und eine der ersten Zahnärztinnen Deutschlands zu werden.

So stand also meine Mutter eines Tages in besagtem Sommer im Jahr 1987 in unserem Wohnzimmer vor mir, lehnte sich mit einem amüsierten Lächeln an einen der zwei Sessel und sagte zu mir, der gerade lesend im anderen Sessel saß (ich habe die Szene noch genau vor Augen): „Mein Sohn, Du bist jetzt vierzehn Jahre alt. Meinst Du nicht, es wäre an der Zeit, einen Tanzkurs zu besuchen?" Ich war von der Frage vollkommen überrollt und mit dem Inhalt absolut überfordert – und beantwortete sie daher, in festem Ton der Überzeugung, mit dem Satz, der später in unsere Familiengeschichte eingehen sollte: „Ich? Tanzen? NIE!!!"

Nach der Lektüre der vorherigen Kapitel ahnen Sie natürlich schon, dass mein initialer Widerstand ziemlich erfolglos geblieben ist. Meine Mutter erklärte mir in den folgenden Tagen unermüdlich immer wieder auf ihre sanfte, aber bestimmte Art, dass es nie schade, tanzen zu können und sich bei Gesellschaften sicher auf dem Parkett zu bewegen – abgesehen davon, dass sie sicher sei, dass ihr großer Sohn da vermutlich einen blendenden Eindruck machen würde, was sie stets mit einem schelmischen Augenzwinkern ergänzte. Mein Vater stieg darauf selbstverständlich ebenfalls ein und erläuterte, wie wichtig es sei, vorbereitet zu sein, wenn man eines Tages die Frau des eigenen Chefs zum Tanzen auffordern müsse! Hier glänzen zu können, wäre quasi unverzichtbar für beruflichen Erfolg.

Irgendwann gab ich schlussendlich meinen Widerstand auf und dem elterlichen Drängen mit einem genervten „Na gut …" nach. Nachdem in unserer kleinen Stadt, wie schon erwähnt, die Jugendlichen mangels großer Auswahl meist das Gleiche taten, hatten sich einige meiner Klassenkameraden ebenfalls bei der ortsansässigen Tanzschule angemeldet; insofern war ich wenigstens beruhigt, denn ich hatte wenigstens Leidensgenossen bei diesem Vorhaben. Tatsächlich machte mir die ganze Sache dann doch, wie ich zugeben musste, recht schnell viel Spaß: Man lernte gleichzeitig völlig neue Leute und die eigenen Freunde von einer ganz neuen Seite kennen, ständig lief irgendwo gute Musik und die Stimmung bei Kursen und Tanzpartys war immer sehr locker und entspannt – in Summe also eine Atmosphäre, die sich doch ziemlich unterschied vom kargen preußischen Ethos daheim. Ich begann so langsam, die Leidenschaft meiner Mutter fürs Tanzen zu verstehen.

Leider zeichnete sich im gleichen Jahr schon deutlich ab, dass es um die Zukunft meiner Mutter nicht gut bestimmt war. Sie litt bereits einige Jahre an Brustkrebs und hatte bereits eine Vielzahl an Operationen und Behandlungen hinter sich gebracht – Eingriffe mit üblen Nachwirkungen, die sie jedoch stets tapfer ertrug und bei denen sie versuchte, sie von uns Kindern wegzuhalten. Doch all die ganzen Maßnahmen und Eingriffe konnten sie schlussendlich nicht heilen. Der Krebs kam immer wieder zurück. Bereits beim Abschlussball meines Tanzkurses im Frühjahr 1988 konnte meine Mutter nicht mehr dabei sein, da sie im Krankenhaus lag – mein Vater war bei ihr, was dazu führte, dass ich als einziger von über 100 Teilnehmern an diesem Ballabend komplett ohne Eltern teilnahm, während alle anderen mit ihren Müttern und Vätern tanzten. Das Abschlussballfoto von mir mit meiner damaligen Tanzpartnerin Eva gibt es heute noch – mein Gesicht darauf spricht Bände.

13 WARUM – Die größte Frage von allen

Meine Mutter starb am Abend des 1. Juli 1988. All das, was ich später auf der Tanzfläche erleben und erreichen sollte, hat meine Mutter selbst nicht mehr mitbekommen – sie, die diese meine Leidenschaft mit einer einzigen Frage angestoßen hat.

Wie Sie sich denken können, verändert ein solches Ereignis das Leben eines Fünfzehnjährigen komplett – und das von heute auf morgen. Ich musste meinem Vater helfen, der ebenfalls schwer getroffen war, und versuchte, ihm eine Stütze zu sein. Doch da er, wie seine gesamte Generation, nie gelernt hatte, über Gefühle zu sprechen, war die Situation schwer für ihn. Es gab Dinge zu tun, daheim und anderswo, die sonst sie getan hatte – und die wurden nun auch auf uns Kinder verteilt. Der Alltag war damit, neben der Schule, bestimmt von Pflichten und Erwachsensein. Wie es uns Kindern ging, hat damals niemanden interessiert.

Die Fläche wurde in Folge zu meinem ganz persönlichen Rückzugsort; zu dem Platz, wo ich die Gefühle, die ich sonst nirgends ansprechen konnte, in den Geschichten und Performances verarbeiten konnte. Wenn ich ein trauriges Lied hörte, konnte ich meine dunklen Emotionen herauslassen und sie so zeigen, wie sie waren – und bekam am Ende sogar Applaus dafür. Jeder Tanz wurde also zu einem kleinen Stück Heilung und einem kleinen lichten Moment – ohne diese wäre es damals eine sehr dunkle Welt gewesen für mich. Ich habe lange gebraucht dafür, um zu verstehen, dass Tanzen (ohne übertreiben zu wollen) mir wahrscheinlich das Leben gerettet hat – weil es mir die Chance gab, Dinge auszudrücken, für die es keine Worte gibt. Meinem Vater gelang das nicht: Er starb im Jahr 2003, nach vielen Jahren, in denen er, da bin ich mir sicher, nie über den Tod seiner Frau hinwegkam. Er wollte nicht mehr tanzen.

Als ich später in meiner Laufbahn dann begann, selbst zu unterrichten, ging es mir daher selten um Schritte. Ich wollte diese Möglichkeit der Heilung, so wie ich sie erfahren hatte, auch anderen eröffnen. Wir alle haben unsere persönliche Geschichte, in denen schwere Stunden vorkommen – und ich begann zu sehen, wie Menschen wieder das Lachen zurückerhielten, wenn sie sich zur Musik bewegen durften. Das ist der Grund, warum ich heute Führungskraft bin und es wurde sogar zu meinem persönlichen Motto: Menschen bewegen. Meine Teams waren mir dabei stets die „Familie", die ich an anderer Stelle verloren hatte. Sie blühen zu sehen und zu spüren, wie wir durch gemeinsam durchlebte Herausforderungen zusammenwuchsen, war mir stets die größte Freude. Mitarbeiter ihren Stärken entsprechend einzusetzen, einen Bund aus Helden zu formen und in Balance zu bringen – das war immer mein Ziel. Auch hier hat es lange gedauert, bis ich erkannt habe, dass der Satz wahr ist, den mir ein weiser Mann der Lakota vor einigen Jahren auf einer Reise von mir mitgegeben hat: Unsere Mütter machen uns Männer zu den Kriegern, die wir heute sind. Meine Mutter hat sich stets um ihre Mitmenschen gekümmert. Ich habe ihre Aufgabe übernommen – und es ist meine Pflicht, sie fortzuführen.

Verzeihen Sie mir an dieser Stelle, sollten die letzten Ausführungen etwas Schwermut bei Ihnen erzeugt haben. Das muss es nicht und es war auch nicht meine Absicht, denn mir geht es gut heute. Ich möchte Ihnen mit dieser ehrlichen Erzählung vielmehr zeigen, dass hinter jeder Führungskraft, wie erfolgreich sie auch sein mag, immer eine Geschichte steht – mit Sicherheit auch bei Ihnen, lieber Leser. Wir, die wir den Anspruch erheben, Menschen führen zu wollen, sollten nicht nur den Mut haben, neue Geschichten zu schaffen, sondern auch zu denen stehen, die wir schon erlebt haben – und sie erzählen. Sie sind ein Teil von uns, der uns zu dem gemacht hat, was wir sind – und was wir sind, ist das, was unsere Mitarbeiter somit jeden Tag erleben. Lassen Sie uns in unserer Welt, die heute zunehmend geprägt ist von Technologie und Geschwindigkeit, von Zeit zu Zeit innehalten und das größte Gut feiern, das wir haben: das Menschsein.

Lassen Sie mich dieses Kapitel mit dem Geständnis schließen, dass es trotz aller Heilung durchaus eine kleine Wunde gibt bei mir – eine, die auch nach all den Jahrzehnten nicht heilen will: Ich habe meine Mutter nie zum Tanz auffordern dürfen. Unser gemeinsamer Moment von Mutter und Sohn auf dieser Fläche, die mir später die Welt bedeuten sollte, war uns beiden nicht vergönnt. Die mit einer kleinen Verbeugung verbundenen Worte „Mama, darf ich bitten?" werden für immer unausgesprochen bleiben. Doch auch das hat mich etwas gelehrt: Nutzen Sie die Chance, Ihren Mitarbeitern zu sagen, dass Sie sie schätzen, solange Sie die Gelegenheit dazu haben. Denn manchmal kommt die Möglichkeit dazu nie mehr wieder – dann, wenn die Schwerkraft alles mit sich zieht. Seien Sie mutig.

Im Moment, wo ich dies schreibe, weiß ich, dass in drei Monaten meine große Tochter ihren Abschlussball haben wird. Dort wird sich der Kreis schließen, der vor vielen Jahren mit diesem legendären Gespräch zwischen meiner Mutter und mir begann. Das wird dann mein Moment ohne Schwerkraft sein: Wenn ich dieses Mädchen, welches ich einst als kleines Baby in den Armen hielt und welches sich nun auf dem Weg befindet, zu einer hübschen jungen Frau zu werden, anschauen und Ihr die Hand reichen werde – und dann als Vater den Satz sprechen darf: „Darf ich bitten, mein Kind?" (über diesen besonderen Moment habe ich so viel nachgedacht in meinem Leben, dass ich sogar ein Lied darüber geschrieben habe – wenn Sie es einmal hören wollen, folgen Sie einfach dem QR-Code).

14

MENTAL – Die fünf Prozent, die alles bestimmen

Wenn ich nicht Tanzen kann, ist es nicht meine Revolution.

Emma Goldman (Emma Goldman (Datum unbekannt): Emma Goldman. https://de.wikipedia.org/wiki/Emma_Goldman, letzter Zugriff am 17.12.2024.)

In diesem Kapitel möchte ich über etwas sprechen, was meiner Erfahrung nach viele Führungskräfte im Inneren sehr beschäftigt, worüber wir aber in der Öffentlichkeit und im Business nicht gerne reden: nämlich unseren eigenen Zweifel an uns selbst – und wie uns dieser gelegentlich in unserer beruflichen Leistung ausbremst. Für einen Sportler ist die Arbeit an der eigenen mentalen Stärke ein elementarer Bestandteil seines Trainings und auch als Trainer muss man sich früh daran machen, herauszufinden, was im Geiste des Athleten geschieht, um dann gemeinsam mit ihm daran arbeiten zu können. In unserer Berufswelt ist dies leider so nicht der Regelfall: Auf den Events und Konferenzen, die wir üblicherweise besuchen, ist ausschließlich von „Success Stories" und „Best Practices" die Rede, in Bewerbungsrunden suchen wir „High Performer" mit dem „perfekten Lebenslauf" und bei Führungskräften der „alten Schule" gilt das Sprechen über Schwäche auch immer noch als absolutes „No-Go". Gleichzeitig jedoch wünschen wir uns heutzutage allerorts Führungskräfte, die empathisch und authentisch sind, eine gute Work-Life-Balance besitzen und mental stark sind und sich jederzeit auf neue Themen einstellen können, gerade in Zeiten des Wandels – Sie bemerken das Problem? Was im Sport normal ist, sollte es nach meinem Dafürhalten im Business auch sein: Wenn ich als Athlet Höchstleistungen bringen und im Finale gegen andere bestehen will, ist es unverzichtbar, fest daran zu glauben, dass ich das auch wirklich kann – und als Trainer muss man genau an diesem Glauben arbeiten und ihn festigen. Dieser kleine Teufel, der ab und an auf der eigenen Schulter sitzt und einem leise ins Ohr flüstert „Du kannst das eh nicht!", der existiert bei allen Menschen – und er wurde einem meist vor langer Zeit dorthin gesetzt, in der Regel von anderen Mitmenschen, mit denen man nicht so schöne Dinge erlebt hat. Diesen persönlichen Dämon anzunehmen, transparent mit ihm umzugehen und auch mit anderen Führungskräften offen darüber zu sprechen und sich auszutauschen, sollte normal sein – ist es aber noch nicht. Also: Reden wir hier darüber.

Die erste große Aufgabe, die ich auch mit meinen Turnierpaaren bewältigen muss, haben wir eigentlich soeben schon geschafft: offen zuzugeben, dass es diesen kleinen Teufel wirklich gibt – und zu sehen, dass er alle um uns herum ebenso beschäftigt. Erlauben Sie mir an dieser Stelle die Wiederholung – aber diese Erkenntnis ist von elementarer Wichtigkeit, denn ohne sie geht es nicht weiter und deswegen kann man diesen Punkt nicht oft genug betonen bzw. muss es auch regelmäßig wieder tun. Ich bin mir sicher, dass auch Sie schon, z. B. in einem Management-Meeting oder vor einer Präsentation, einen solchen Moment der Schwäche und des Selbstzweifels hatten, sich dabei vorsichtig zu den anderen umgeschaut haben und sich dann, mit Blick auf deren ungerührte Gesichter, dachten: „Aber das geht nur mir so!". Glauben Sie mir, ich kann Sie beruhigen: Tut es nicht. Nach meinen Keynotes habe ich schon viele Gespräche mit Führungskräften geführt – und tatsächlich war der Satz „Ich glaube, ich könnte das nicht!" ein regelmäßig wiederkehrender Bestandteil davon. Sie sind also mit Ihren Gedanken nicht allein – und es gibt keinen Grund zu glauben, dass alle perfekt mit ihren Herausforderungen klarkommen, aber anscheinend nur mit Ihnen irgendwas „nicht stimmt". Zweifeln ist menschlich – Sie erliegen nur in diesem Moment einer perfekten Illusion, weil eben niemand darüber spricht bzw. alle meinen, nicht darüber sprechen zu dürfen und sich daher eine perfekte Maske antrainiert haben. Sie werden erstaunt sein, wie viele im Raum verständnisvoll nicken, wenn Sie sagen: „Manchmal glaube ich nicht an mich." – Ich tue das regelmäßig in meinen Vorträgen und erlebe vielmehr, wie dankbar Menschen sind, wenn diese unsichtbare Hürde des „Nicht-Drüber-Sprechen-Dürfens" aufgehoben und damit sichtbar wird, dass man nicht allein mit seinen Gedanken ist. Eine Schwäche zuzugeben, ist kein Zeichen von „fehlender Stärke" – ganz im Gegenteil: Nur, wer sich die eigenen Zweifel, Sorgen und Ängste offen ansieht, kann an ihnen arbeiten und so besser werden.

Die Frage, woher all diese negativen Gedanken kommen, hat viele Antworten und die Gründe dafür, nicht an sich selbst zu glauben, sind aus meiner Erfahrung heraus mannigfaltig. Schlussendlich sind ihre Ausprägungen stets individuell zu sehen und die Schwerpunkte sind auch bei jedem Menschen ein wenig anders gelagert – eine mögliche Lösung bzw. Arbeit an diesen Themen gestaltet sich für den Trainer somit bei jedem Athleten immer wieder besonders und neu. Aus den vielen Jahren als Trainer und Führungskraft haben sich für mich jedoch ein paar Themen herauskristallisiert, die immer wiederzukehren scheinen; daher möchte ich sie gerne mit Ihnen teilen – ebenso wie ein paar kleine Ideen und Ansätze, was man tun kann, um diese mentalen „Roadblocks" konstruktiv anzugehen.

Beginnen wir mit etwas, was wir alle im Kopf haben: Klischees, welche sich, wenn man sie erst einmal unbemerkt übernommen hat, in eigene Glaubenssätze verwandeln. Manche dieser Klischees sind uns selbst bewusst – und wir nutzen sie auch aktiv, z. B. wenn wir über andere Nationalitäten, bestimmte Firmen oder Szenen in Filmen sprechen. Tatsächlich haben Klischees in intellektuellen Diskussionen keinen guten Ruf, sie sind aber per se nicht schlecht: Sie sind ein Resultat des Versuches unseres Gehirns, Personen, Dinge und Situationen in Schubladen einzuordnen und so schneller zu wissen, wie man mit ihnen umgeht. Klischees als Mittel der Komplexitätsreduktion sind also nur allzu menschlich – was wir leider auch stets erkennen müssen, wenn Menschen sich gerade in herausfordernden Zeiten nach (scheinbar) einfachen Logiken und Lösungen sehnen und Vorgänge bzw. Personen in die dafür vorgesehenen Schubladen einsortieren. Damit wirken Klischees gleichzeitig auch oftmals verbindend – denn wenn wir erkennen, dass jemand in den gleichen Mustern denkt wie wir, fühlen wir uns nicht nur in unserem Denken bestätigt, sondern sind auch nicht mehr allein mit unseren Einschätzungen und bilden daher meist bereitwillig eine Gemeinschaft mit dieser Person.

Dieses Blatt dreht sich jedoch schnell herum, wenn wir es nicht mehr sind, die andere mit Klischees beurteilen, sondern wenn wir selbst befürchten, das Objekt der Bewertung zu sein und in eine vorgefertigte Schublade einsortiert zu werden – und gegebenenfalls nicht hineinzupassen. Klischees sind toll, wenn wir sie nutzen – wenn sie sich gegen einen selbst richten, wird einem nicht nur bewusst, wie hart und unfair das sein kann, sondern es schlägt gleich der nächste Reflex zu: Wir Menschen wollen gemocht werden und haben daher auch immer die Neigung, für die Bewertungsmuster anderer Menschen einfach zu verdauen zu sein – gerade im Geschäftskontext. Der Satz „Der/die passt nicht." ist ein hartes Urteil – und wir versuchen daher stets, meist unbewusst, es irgendwie zu vermeiden, denn wir wollen „dazugehören". Sich diesen Mechanismus bewusst zu machen und zu erkennen, wenn er bei einem selbst zuschlägt, bedeutet, den kleinen Teufel auf der Schulter schon ein wenig besser im Griff zu haben. Denn in manche Schubladen NICHT zu passen, ist auch gar nicht so schlimm, wie wir sehen werden.

Was sind denn nun eigentlich so typische Klischees, denen wir in unserer Berufswelt so begegnen? Nehmen wir doch einfach einmal das simple, aber immer wieder zu beobachtende Beispiel von Männern und Frauen im Business – spätestens seit dem Aufblühen der Diversity-Debatte in aller Munde. Hier kann man im Alltag und bei allen öffentlichen Diskussionen stets eine Menge Klischees live „bei der Arbeit" beobachten. Sicher fallen auch Ihnen viele Dinge ein, die man z. B. Männern in Führungspositionen unterstellt: alles toxische „Alpha"-Tiere, die für ihre Karriere alles hintenanstellen und für Titel über Leichen gehen – und außerdem gerne ihresgleichen um sich scharen. Frauen leiden außerdem oft immer noch unter dem Klischee, dass sie „zu weich" für die obersten Führungsetagen seien, eher emotional als fachlich argumentieren würden und daher besser in den „Softskill"-Bereichen HR und Marketing aufgehoben wären. Sicherlich wird ein Blick in die Vergangenheit bestätigen, dass beides lange Zeit in den Chefetagen so gehandhabt wurde, und für beide Klischees gibt es sicherlich gute (bzw. schlechte) Beispiele in den Generationen vor uns, aber Sie und ich sind uns sicher einig: Als Generalurteil bzw. Klischee taugen heute beide nicht mehr. Sie werden der heutigen Generation von Führungskräften, die nicht nur eine Menge tolle Frauen, sondern auch empathische Männer kennt, einfach nicht mehr gerecht – aber an diesen Beispielen können Sie gut erkennen, wie Klischees durch unsere Vorfahren geformt werden und sich ziemlich lange halten, weil die nächsten Generationen mit ihnen groß werden und sich erst aktiv davon lösen müssen. Klischees (und die daraus resultierenden Glaubenssätze) muss man also durchbrechen – und jetzt kommen wir zu Ihnen.

Eines der aus meiner Sicht hartnäckigsten Klischees, welches aber unzählige Führungskräfte blockiert, ist die Einschätzung dessen, was man im Geschäftsleben angeblich tun darf und was nicht: Wir sprechen von „Professionalität". Dieses Wort wird mittlerweile gerne dazu hergenommen, um Leute zu maßregeln und als Deckmantel taugt es wunderbar für versteckte Botschaften: Der Satz „Ich empfinde das nicht als professionell." reicht schon, ohne jegliche nähere Erläuterung oder Spezifikation, damit jede Führungskraft im Raum schamerfüllt schweigt. Dabei sind auch in diesem Wort stets Dinge eingewoben, die der Aussprechende von anderen gelernt hat – und die vielleicht so heute nicht mehr sinnvoll sind. Zum Beispiel: „Im Geschäftsleben sollten wir als Führungskräfte ausschließlich über fachliche Themen sprechen – Hobbies, Privatleben und Emotionen haben hier nichts zu suchen." Angesichts dessen, dass wir authentische Führungskräfte wollen, die menschlich mit ihren Mitarbeitern umgehen, finde ich diese Anforderung immer sehr „spannend" bzw. absolut kontraproduktiv. Sie sorgt dafür, dass Menschen sich „gespalten" fühlen und das Gefühl haben, im Beruf ein anderer Mensch sein zu müssen – ich bin überzeugt davon, dass viele seelische und psychische Erkrankungen im Berufsleben ihre Wurzel in diesem Denken haben. Ein anderes Beispiel: „Wenn jemand lange in der gleichen Position bei der gleichen Firma war, ist das ein Zeichen von Loyalität!" – eine gern genommene Argumentation, wenn es um die Bewertung von Kandidaten bei der Besetzung einer neuen Führungsaufgabe geht. Sie führt dazu, dass andere Kandidaten, die in ihrer Karriere verschiedene Stationen durchlaufen haben, gerne mal früh „ausgesiebt" werden. Lustigerweise wird aber gleichzeitig eine Führungskraft gesucht, die sich „jederzeit flexibel auf neue Herausforderungen einstellen" und die „Mannschaft durch den Wandel führen" kann – wäre da nicht jemand, der nicht nur bewiesen hat, dass er das kann, sondern auch sich selbst gewandelt hat, als Kandidat für eine solche Aufgabe besser geeignet? Auch hier glauben wir, dass das, was wir denken, „professionell" ist – tatsächlich führt es zu einer Barriere im Denken.

Wenn man merkt, dass das eigene Umfeld auf eine bestimmte Weise tickt, ist man, wie schon geschrieben, im Berufsleben geneigt, „das Spiel mitzuspielen" und dann halt so zu tun, als wäre man so, wie vom Gegenüber gewünscht. Obwohl wir uns, tief in uns drin, damit nicht wohlfühlen und eigentlich etwas ganz anderes getan oder gewünscht hätten. Ich habe viele Führungskräfte getroffen, die ihre Leidenschaften begraben haben – nur, um zu anderen dazuzugehören. Für uns Tänzer macht das alles keinen Sinn: Wir wollen uns selbst zeigen, uns ausdrücken, unsere Geschichte erzählen. Wir wissen, dass man jede Darbietung, bei der wir nur so tun, als wären wir eine bestimmte Person, ohne uns wirklich selbst einzubringen, sofort vom Zuschauer durchschaut wird, wenn dieses Bild nicht unserem wirklichen eigenen Ich entspricht bzw. wir uns damit nicht wohlfühlen. Natürlich wissen wir schon, dass wir in manche Dinge auch erst „hineinwachsen" müssen – aber wenn ich nun mal eher ein ruhiger Typ im

Leben bin, wird die Rolle des „quirligen Machos" auf der Fläche eben nicht zu mir passen (ich spreche aus eigener Erfahrung, wie Sie vielleicht bemerken). In einer unpassenden Rolle werden wir ungeduldig und unsicher, zittrig und fahrig – und das sieht man dann in unserer Performance. Egal, ob Athlet oder Führungskraft.

Wenn es um echte „Professionalität" (und nicht um verklausulierte Wunschvorstellungen) geht, so gehören hier für mich Dinge wie „in time, in budget, in scope, in quality" dazu: Wir sprechen von den Faktoren, die das Ergebnis auszeichnen. Ein solches hochwertiges Ergebnis lässt sich nur mit guter Arbeit erreichen und somit definiert das Ergebnis in aller Regel den Weg und das Verhalten, das notwendig ist, um es zu erschaffen. Das Commitment zu dieser Arbeit und der Disziplin, die erforderlich ist, um es durchzuhalten – das ist für mich Professionalität. Jedoch nicht die Forderung, mich und meinen Charakter selbst aufzugeben: Ich glaube, dass wir unser „Ich" nicht an einer Bürotür abgeben, sondern stets die gleichen Menschen bleiben – und wir uns in einem Umfeld, das „professionell", also mit Leidenschaft und Leistung agiert, uns aber im selben Atemzug akzeptiert, wie wir sind, nicht nur sehr wohlfühlen, sondern auch zu echten Spitzenleistungen fähig sind. Gerade Leidenschaft sorgt dafür, dass Menschen nicht nur rational, sondern auch mit dem Herzen bei der Sache sind! Und wenn es dann mal „knallt" im Team, ist das ebenfalls nicht schlimm – das gehört dazu und es gibt keine Weltmeistermannschaft, in der es nicht regelmäßig „rappelt". Das geschieht, weil alle brennen – und dieses Feuer macht am Ende auch den Unterschied im Finale. Ihre Aufgabe als Führungskraft ist es, ein solches Umfeld zu schaffen – und dafür einmal zu schauen, welche Klischees in Ihrem eigenen Kopf existieren, die Ihnen Grenzen (unbewusst) setzen und ohne die Sie vielleicht bzw. ziemlich sicher viel weiterkommen würden.

Lassen Sie zu, dass Sie Sie selbst bleiben, selbst „brennen" und zünden Sie andere damit an – dann passen auch die Ergebnisse. Angst müssen Sie davor nicht haben. Leistung spricht für sich. Und haben Sie keine Angst, sich zu zeigen – Sie haben niemand anderen.

Der letzte Satz hat uns nun das Stichwort gegeben für den nächsten Stolperstein, der uns im Weg liegt, wenn wir mentale Stärke entwickeln wollen: Angst. Ab und an erlaube ich mir, einer Führungskraft die Frage zu stellen, wovor sie Angst hat – es ist spannend zu sehen, wie oft der Frage ausgewichen und versucht wird, ja keine Antwort zu geben. Im Businessleben ist Angst ein Tabubegriff ... ob für Führungskräfte, die man sich stets „stark und souverän" wünscht, aber auch für Mitarbeiter, z. B. wenn bei Unternehmenskrisen Arbeitsplätze auf dem Spiel stehen, aber in Betriebsversammlungen ausschließlich positiv über den „Umgang mit Wandel als Chance" gesprochen wird. Beides ist prinzipiell ok – aber Angst ist ein Gefühl, das gesehen werden möchte und muss, damit es sich nicht im Inneren verselbstständigt. Daher ist ein „Unter-den-Tisch-Kehren" nicht nur falsch, sondern hat auch fatale Folgen – jeder Leistungssportler kann Ihnen das bestätigen. Eigentlich ist Angst ein guter und erprobter Urinstinkt unserer Vorfahren, um großen physikalischen Gefahren aus dem Weg zu gehen. Es hat sich jedoch heute, wo es zum Glück keine Raubtiere mehr gibt, die uns erlegen wollen, aus diversen subtilen und psychischen Herausforderungen eine viel komplexere Welt gebildet, die uns an vielen Stellen privat und beruflich Angst macht: die Angst vor der Zukunft und Veränderungen, die ich noch nicht übersehen kann; die Angst davor, bei der Präsentation zu versagen und mich vor aller Augen zu blamieren; oder die Angst davor, der Führungsaufgabe, die mir gerade gegeben wurde, nicht gerecht zu werden und mit meinen Entscheidungen verantwortlich dafür zu sein, dass es dem Unternehmen schlecht geht. Diese Ängste engen uns ein, lassen uns in Gedankenkarusselle verfallen – und im Zweifel freuen wir uns, wenn man uns die Aufgabe der Veränderung, der Präsentation oder der Entscheidung abnimmt. In Folge versuchen Führungskräfte oftmals, diese Aufgaben zu umgehen – aber wenn niemand Entscheidungen trifft und mit Aufgaben Verantwortung übernimmt, wer führt dann? Und wenn sich nichts verändert – wie soll es dann besser werden?

Kommen wir also dazu, wie wir mit Angst umgehen können – oder noch mehr, sie vielleicht sogar zu unserem Vorteil nutzen können. Sportler erlernen dazu viele Methoden und Mittel; und diese können Ihnen in Ihrer Verantwortung im Unternehmen genauso helfen. Wichtig ist, dass wir uns anschauen, was uns eigentlich genau Angst macht – oft liegt hier meist der erste Fehler. Genau genommen haben wir nämlich keine Angst vor der Aufgabe an sich, sondern vielmehr vor den Konsequenzen, die sich daraus ergeben: Wir fürchten nicht die Präsentation, sondern das schlechte Feedback; nicht die Entscheidung, sondern dass man uns dafür kritisieren könnte, und auch nicht die Veränderung, sondern die möglichen Verluste, die sie mit sich bringen könnte. Diese Konsequenzen können wir uns in unserem Kopf in allen Farben ausmalen – und je mehr wir das tun, umso bedrohlicher wirken sie. Allein aus diesen paar Gedanken können wir für uns schon drei nützliche Erkenntnisse herausziehen:

1) Wenn wir die Tätigkeit nicht fürchten, nur die Konsequenz – könnten wir dann nicht trotzdem schon mal beginnen, denn die Konsequenz kommt ja erst am Ende und vielleicht finden wir auf dem Weg etwas Spannendes und Neues heraus, womit wir korrigieren können?
2) Die Konsequenzen, die wir fürchten, sind nie ein Fakt, sondern immer eine Hypothese, die wir in uns selbst bilden. Was wäre, wenn es gar nicht so kommt?

3) Und warum sollen Konsequenzen immer nur schlecht sein? Was wäre, wenn es einfach nur gut werden würde? Könnte doch auch sein ...

Nehmen Sie diese drei Fragen das nächste Mal mit, wenn Sie Angst vor einer Aufgabe im Business verspüren und denken Sie sie einmal durch: Was kann schon geschehen, wenn ich anfange? Wieso nehme ich an, dass es schlechte Konsequenzen haben würde, wenn es nicht funktioniert – und selbst wenn, wäre es wirklich schlimm? Und was wäre, wenn mein Vorhaben nicht scheitern, sondern tatsächlich klappen würde? Sie werden feststellen, dass sich die Frage „Warum sollte ich das tun?" oftmals ganz schnell umkehrt in „Warum eigentlich nicht?" – deswegen ist es meine Lieblingsfrage in meiner Laufbahn heute. Sie sehen: Die Angst ist nicht unser Problem, sondern unser Umgang mit ihr. Angst ist keine Bedrohung, sondern nur ein Signalgeber; sie sagt uns, dass wir uns gut vorbereiten sollen für das, was wir vorhaben – und das ist doch gut. Fatal wird es, wenn Menschen KEINE Angst haben ... und dazu möchte ich Ihnen wieder eine Geschichte aus meiner Tanzlaufbahn erzählen.

Wenn mich die Leute heute fragen, was meine wertvollste Medaille war, die ich in meiner Laufbahn gewonnen habe, dann erzähle ich gerne die Geschichte von meiner ersten (und einzigen) Bronzemedaille. Jetzt werden Sie sich natürlich fragen: Wieso Bronze – eigentlich gewinnt man doch immer Goldmedaillen? Das ist wahr – aber tatsächlich war dieser dritte Platz meine wertvollste Platzierung, denn ich habe mit dieser Medaille am meisten gelernt für meine weitere Laufbahn und mein Leben.

Das Turnier, bei dem ich diese Medaille erhielt, war die erste Landesmeisterschaft, an der ich im Dezember des Jahres 1989 teilnehmen sollte – und in die ich mit meiner Tanzpartnerin Anja als Favorit hineinging. Wir hatten im Vorfeld dieser Meisterschaft alle Turniere gewonnen und bei unseren ersten Plätzen auch stets diejenigen Paare hinter uns gelassen, die uns nun beim Highlight des Jahres begegnen würden. Wir hatten uns das alles, als junges und naives Tanzpaar, wunderbar ausgemalt: Wir wollten uns das Gold abholen und mit diesem Turniersieg in die nächsthöhere Klasse aufsteigen. Unsere Vorbereitung auf den Wettkampf war relativ entspannt: Wir waren körperlich fit, wir hatten Siegeserfahrung, unsere Folgen funktionierten reibungslos – also haben wir es auch mit dem Training in den Wochen vorher nicht allzu ernst genommen. Zwar tanzten wir im Training immer wieder unsere Programme durch (meist in einem leeren Saal), aber wenn dann mal was nicht ganz so klappte, dann machte da auch niemand ein großes Aufheben drum – wir lachten und waren uns beide ziemlich sicher, dass diese Goldmedaille ganz sicher die unsere werden würde. Wir würden einfach hinfahren, „unser Ding machen" und dann würde das schon funktionieren.

Als dann der große Tag schließlich gekommen war und wir zur Meisterschaft fuhren, lief von Anfang an alles nicht so recht „rund": Die Anfahrt war schwierig, es schneite und die Straßen waren glatt, überall war Stau und so kamen wir gerade eben rechtzeitig am Austragungsort an. Dann stellten wir fest, dass es sich dabei um eine alte, in die Tage gekommene Vereinshalle handelte: mit knarzigem Holzboden, bei dem hie und da auch mal ein Stück Holz rausstand, das einen stolpern ließ – und überhaupt sehr wenig Platz für die Paare, da das Publikum sehr, sehr eng um die kleine Tanzfläche stand. Der Raum war durch die vielen Menschen in nasser Winterkleidung sowie eine fehlende Klimatisierung schon schwül und stickig, als wir ankamen – in der Tanzkleidung schwitzte man schon, bevor man überhaupt den ersten Schritt gemacht hatte. Unglaublich laut war es dank all der zur Unterstützung angereisten Fans auch noch, sodass es in der Mitte der Fläche eine echte Herausforderung war, durch die Anfeuerungsrufe hindurch noch die Musik zu hören und deren Takt korrekt zu erkennen. In Summe also ein richtiger „Hexenkessel" ... und alles irgendwie nicht so, wie wir uns das vorgestellt und worauf wir uns daheim, allein in einem großen hellen Saal, vorbereitet hatten.

Wir kämpften uns also unseren Weg durch Vorrunde, Semi- und Halbfinale in die Runde der letzten sechs Paare. Das waren in Summe fünfzehn Tänze gewesen, in denen wir uns durch das Gebrüll der gegnerischen Fans durcharbeiten mussten, ab und an mit den Schuhen im Fußboden hängen blieben und auf der engen Tanzfläche ständig den anderen Paaren ausweichen mussten, um größere Unfälle zu vermeiden. Wir erreichten zwar wie erwartet das Finale, aber ehrlicherweise waren wir zu diesem Zeitpunkt schon ziemlich genervt. Eigentlich wollten wir jetzt das Ganze hier nur noch zu Ende bringen, uns unsere Medaille abholen und dann schnellstmöglich nach Hause fahren. Es begann das Finale, wir absolvierten den ersten Tanz, erwarteten unsere Wertung – und landeten auf dem zweiten Platz! Eines der anderen Paare, vorangetrieben von der größten Fangemeinde vor Ort, hatte uns den ersten Platz abgenommen! Wie konnte das sein? Wir standen da, schwitzend und keuchend – und waren fassungslos. Wir mussten um unseren Sieg kämpfen! Aber ab dann ... wurde es nur noch schlimmer und schlimmer.

Anja und ich versuchten, alles zu geben – aber vor lauter Wut wurden die Bewegungen hart, die Führung wurde rumpelig und angesichts des tosenden Gebrülls um uns herum entglitten auch hie und da die Gesichtszüge. „Schwerelos" war hier definitiv nichts mehr. Zu allem Überfluss hörten wir ja auch permanent die Anfeuerungsrufe für das andere Paar, das immer beflügelt und strahlend an uns vorbeizog – und von unserem Verein war irgendwie nichts zu hören, was mich wahnsinnig aufregte. Warum wurden die anderen unterstützt, aber wir nicht? Wir waren doch schließlich die Favoriten! Aber offensichtlich tanzten wir nicht so, denn wenn wir einen Ruf aus unserer Ecke hören konnten, war da kein Anfeuern und keine Begeisterung wahrzunehmen, sondern vielmehr verständnisvolles Aufmuntern und manches klang fast schon wie Trost ... offenbar tanzten wir also gerade auch nicht wie Sieger. Und als wenn das nicht genug gewesen wäre, entschied sich der Musikmeister angesichts der tollen Stimmung des Publikums dazu, die Musik in jedem Tanz noch ein wenig länger laufen zu lassen als die üblichen 1,5 Minuten – ohne jeden Sauerstoff in der verbrauchten Luft wurde jede Bewegung zur Herausforderung. So wurde von Tanz zu Tanz alles schlimmer, wir fanden auf das alles keine Antwort und auch keinen Weg aus der Misere heraus – und verloren damit am Schluss nicht nur den ersten, sondern auch noch knapp den zweiten Platz. Wir erhielten die Bronzemedaille. Und stiegen nicht auf.

Sie können sich vermutlich vorstellen, wie niedergeschlagen ich in der Woche danach war. In der nächsten Trainingseinheit saß ich nur herum, war immer noch fassungslos, fühlte mich unfair behandelt und hatte so gar keine Lust auf Training. Nicht nur die Umstände für das, was unser großer Tag hätte werden sollen, waren ein Witz gewesen – man hatte noch dazu einfach nicht erkannt, wie gut wir eigentlich waren! Meine Welt war in ihren Grundfesten erschüttert – und eigentlich war das alles doch einfach nur unfair. Mein Trainer stellte sich vor mich und goss auch noch Öl ins Feuer: „Ihr wart einfach nicht gut an diesem Abend. Die anderen waren besser." Was für eine Hilfe – wozu ist ein Trainer schließlich da, wenn nicht dazu, uns zu unterstützen? Aber was hatten wir nun, aus heutiger Sicht betrachtet, damals falsch gemacht? Und hier kommt derjenige Satz ins Spiel, den ich Ihnen für alle Ihre zukünftigen Herausforderungen ans Herz legen möchte: „Practice like you've never won. Perform like you've never lost."

Wir hatten schlicht und ergreifend vor dem Turnier keine Angst. Wir befürchteten keinerlei Konsequenzen, denn wir mussten ja einfach gewinnen – etwas anderes war nicht vorstellbar. Und so machten wir es genau andersherum: Wir trainierten, als hätten wir nie verloren – aber wir performten, als ob wir noch nie gewonnen hätten. Unsere Vorbereitung war nicht annähernd so professionell gewesen, wie sie hätte sein sollen; wir hatten uns keine Gedanken gemacht, was auf der Fläche und im Kontext des Turniers geschehen und uns in die Quere kommen könnte – wohingegen unsere Wettbewerber, gerade weil sie die vorherigen Turniere verloren hatten, eine herausragende Vorbereitung durchgezogen und sich nochmals gesteigert hatten. Auf dem Turnier selbst dann legten wir eine Leistung hin, die mit Stolpern, Anstrengung und Nerven so aussah, als ob wir noch nie gewonnen hätten – und somit sahen uns die Wertungsrichter auch nicht auf dem ersten Platz. Das andere Paar hingegen hatte trainiert, jeden Moment siegessicher auf die Fläche zu gehen und das auch abzurufen – und wurde damit, ganz selbstverständlich, zum Gewinner. Uns fehlte die Demut vor der Herausforderung.

Was ich Ihnen gerade beschrieben habe, kennen wir so auch aus der Geschäftswelt. Wie oft sehe ich Unternehmen, die sich auf neue „Flächen", z. B. des Digitalgeschäfts, begeben – aber für dieses vollkommen neue Thema trainieren, als hätten sie noch nie verloren? Als „Hidden Champions" fehlt ihnen die Demut, die neue Herausforderung als solche anzunehmen – und in der Vorbereitung dafür alles zu geben. Wenn sie dann hinausgehen, mit einem neuen Geschäftsmodell oder Service, wirkt es oft, als hätten sie noch nie gewonnen – es wirkt gewollt, angestrengt und nicht annähernd so souverän, wie das bei ihren Wettbewerbern in diesem Segment der Fall ist, die oftmals kleiner sind und daher mehr Anstrengung reingesteckt haben. Wenn dann das Feedback vom Markt kommt, herrscht Unverständnis – denn das passt nicht zum Selbstbild. Aber vielleicht hätte ernsthaftes „Training" geholfen? Den gleichen Effekt haben Sie sicher auch schon bei einer Führungskraft gesehen, die sich z. B. nicht richtig auf eine Präsentation vorbereitet, weil sie meint, das nicht zu brauchen – und sich dann vor dem Publikum verfranzt und rumeiert und am Ende jeder froh ist, wenn die Vorstellung vorbei ist. Auch hier fehlte die Demut vor der Aufgabe – und die richtige Herangehensweise.

Was ich Ihnen mit meiner kleinen Geschichte mitgeben will, ist der Hinweis, dass es eine Lösung gibt für beide Situationen – diejenigen, vor denen Sie Angst haben, und diejenigen, vor denen Sie (Vorsicht!) keine Angst haben: Bereiten Sie sich stets vor, als hätten Sie noch nie gewonnen – und wenn es dann soweit ist, dann gehen Sie raus ins Scheinwerferlicht und performen, als hätten Sie noch nie verloren. Üben und trainieren Sie (bzw. Ihr Team) in allen Details, investieren Sie die Zeit und die Mühe – und haben Sie vor allem immer die Demut, Ihre eigene Leistung realistisch zu bewerten und den Trainingsplan entsprechend anzupassen. Dinge NOCH nicht zu können, ist kein Verbrechen – so zu tun, als gäbe es sie nicht, hingegen schon. Und wenn sie richtig gut vorbereitet sind, dann nehmen Sie allen Mut zusammen und geben Ihr Bestes, siegessicher und selbstbewusst – auch, wenn Sie etwas zum ersten Mal machen. Wenn Ihre Vorbereitung gut war, kann es nicht schlecht werden. Vertrauen Sie darauf.

Wie die Geschichte mit Anja und mir ausging? Wir trainierten wie die Wilden. Wir hatten eingesehen, dass die anderen gewonnen hatten. Zwei Monate später fand die nächste Landesmeisterschaft statt, allerdings in der höheren Klasse – also fuhren wir im frühen Januar durch halb Deutschland, um noch ein Turnier zu finden, mit dem wir aufsteigen könnten. Parallel übten wir neue Folgen für die höhere Klasse ein und wiederholten sie jeden Tag; dabei holten wir Vereinskollegen auf die Fläche als „Hindernis", ließen Freunde schreien und wiederholten diese „Finale" ungezählte Male, bis wir nicht mehr konnten und flach auf dem Boden lagen. Ende Januar 1990 fuhren wir dann zur nächsten Meisterschaft – wo wir all den Paaren aus dem Dezember wieder begegneten. Dieses Mal gingen wir hinaus und zeigten nie einen Zweifel daran, dass wir dieses Turnier gewinnen würden. Wir gewannen Gold – und qualifizierten uns mit diesem Sieg, als erstes Jugendpaar überhaupt aus unserem Landesverband, für unsere erste deutsche Meisterschaft. Ohne diese verfluchte Bronze-Medaille … wäre alles so nicht gekommen.

Der dritte und letzte Gedanken, den ich Ihnen mit auf Ihren Weg als Führungskraft geben möchte, hat etwas damit zu tun, welches Risiko wir bereit sind, auf uns zu nehmen, wenn wir hinaus auf die Fläche gehen. Es ist nur ein kleiner Impuls, aber er hat große Wirkung: Wenn Sie hinausgehen, dann ganz – oder gar nicht.

Dieser Satz klingt banal, ist es aber nicht: Ich beobachte immer wieder Führungskräfte, die Dinge in ihrem Unternehmen anstoßen oder für sich selbst Dinge beginnen, aber eben nur „ein bisschen". Gern genommene Gründe, die zur Erklärung hergenommen werden, lauten „Wir wissen ja noch nicht, was es bringt." oder „Wir wollen mit wenig Mitteln schon mal anfangen.". Das mag Sinn machen, aber am Ende ist es halt auch nicht verwunderlich, wenn die Ziele, die man sich auf der Strategiefolie noch vorgenommen hat, nicht erreicht werden – oder der Wettbewerber, der „all in" geht, Sie überholt und abhängt. Schauen Sie sich auch hier wieder uns Tänzer an: Wenn wir auf die Fläche gehen, mit viel Tamtam und großer

Musik – und sie dann im Publikum merken, dass wir „auf Nummer sicher gehen", was würden Sie sagen? Begeistert wären Sie nicht. Hingegen würde ein Tanzpaar, das alles gibt, sich „reinhaut" und „volles Risiko geht", Sie und den Rest des Publikums zu Begeisterungsstürmen hinreißen – und Sie würden noch Tage später davon sprechen. Das, was den Unterschied macht, ist die Geisteshaltung: Wir Tänzer beschreiben das mit dem Satz „Wir legen stets unser Herz auf die Fläche." Wenn (!) wir eine Fläche betreten und unsere Performance zeigen, gibt es nie ein „vielleicht" – wir können immer nur ganz fühlen oder gar nicht. Und das ist das, was Menschen begeistert. Denken auch Sie daran, wenn Sie das nächste Mal eine Präsentation halten, vor Ihren Mitarbeitern sprechen oder ein neues Business aufbauen, dass Sie an den Markt bringen: Wenn (!) es dann soweit ist und die Veranstaltung, die Townhall oder der Launch gekommen sind – dann gehen Sie „all in". Alles andere macht keinen Sinn und hat auch keine Chance, einen Unterschied zu machen in den Augen Ihres Publikums. Wenn Sie jedoch alles gegeben haben, wird das jeder zu würdigen wissen und man wird auch später noch daran denken – und das noch für lange Zeit.

Ich hoffe, dass die von mir gewählten drei Impulse und die „Hacks" dazu nützlich für Sie sind und Ihnen zukünftig helfen können, wenn Sie Ihren Blick auf eine neue Aufgabe richten und wieder einmal den kleinen Teufel auf der Schulter bemerken sollten. Wir sind zu viel mehr großartigen Dingen in der Lage, als wir in der Regel selbst von uns denken – also müssen wir unser Denken in den Griff bekommen. Am Ende dieses Kapitels möchte ich Sie aber in diesem Zusammenhang nochmals an etwas ganz Wichtiges erinnern: Sie sind bei all diesen Gedanken um Ihre mentale Stärke nicht allein. Die magischen fünf Prozent zu aktivieren, die alles möglich machen, ist eine Herausforderung für alle, die nach Spitzenleistung streben.

14 MENTAL – Die fünf Prozent, die alles bestimmen

Aber wie Sie ebenfalls an jedem Spitzenathleten sehen können: Es ist möglich und machbar. Aber probieren Sie doch einmal folgendes aus: Wenn Sie Ihre Klischees überwunden haben, ihre Ängste anerkennen und bereit sind, aufs Ganze zu gehen, wenn es darauf ankommt – dann schauen Sie noch einmal nach links und rechts. Sie werden Menschen finden, denen es ebenso geht und die vor den gleichen Mühen stehen – Sie müssen nur mit ihnen sprechen. Stellen Sie sich vor, was möglich wäre, wenn man gemeinsam die kleinen Probleme in Ihrem Unternehmen oder die großen Probleme der Welt angehen würde – und dabei jeder seine fünf Prozent aktiviert? Welche Kraft könnte man so entfesseln und welche Ziele erreichen, wenn jeder seine Ängste zeigt – aber sie dann zusammen überwindet? Was könnten wir so nicht alles schaffen, welche Zukunft und welche Erfolge, aber vor allem welche Momente, an die wir uns dann eines Tages gemeinsam und mit Stolz erinnern können? Finden Sie es heraus.

15

UNMÖGLICH – Der Mythos, der uns im Weg steht

Alle sagten: Das geht nicht. Dann kam einer, der wusste das nicht und hat's einfach gemacht.

(Autor unbekannt)

Die Frage, was Inhalt der Bonuskapitel für dieses zweite Auflage sein sollte, hat mich zugegebenermaßen ein Weilchen beschäftigt. Themen gibt es schließlich genug und mein Tanzsport gibt natürlich auch jede Menge Stoff her – nicht umsonst kann ich abendfüllend darüber sprechen. Ich war jedoch tatsächlich recht unentschieden, welcher Inhalt nicht nur „nett zu lesen", sondern auch gerade für unsere Wirtschaft und das Management heute, in der Mitte der 2020er-Jahre, besonders relevant wäre. Doch nach verschiedenen Besuchen auf Kongressen, diversen Gesprächen mit Menschen aus Politik und Wirtschaft, sowie Monaten der Beobachtung des Tagesgeschehens und der Fortschritte im Digitalumfeld, kristallisierte sich schnell heraus, worüber wir Führungskräfte unbedingt sprechen müssen: das Gefühl, dass Dinge „unmöglich" seien.

Jetzt, im Herbst des Jahres 2024, fühlt es sich gerade in Deutschland so an, als würde nichts vorangehen. Die Weltlage ist per se eine riesige Herausforderung, globale Probleme prasseln gefühlt täglich neu auf uns herein – aber zudem macht sich auch eine Art der Resignation breit, die oft mit den Worten „Gerade kann man eh nichts tun." kommentiert wird. Unternehmen und ihre Finanzzahlen stehen unter Druck, was (nicht überall, aber überwiegend) dazu führt, einen Sparkurs einzuführen und zunächst einmal „auf Sicht" zu steuern. Das klingt auch immer im ersten Moment plausibel und gefällig – aber aus diesem „Nichtstun" entsteht zwangsläufig die Gefahr, dass dringend notwendige Veränderungen nicht angestoßen werden. Parallel zum „Verschnaufen" des eigenen Unternehmens dreht sich nämlich draußen vor der Tür die Welt mit riesigen Schritten weiter – und droht uns, als Unternehmen und als Wirtschaft, abzuhängen. Investitionsverzögerung ist nun mal kein „Sparen" – auch, wenn das Wetter rau ist und uns der Wind ins Gesicht bläst, müssen wir als Führungskräfte trotzdem handeln. Es scheint aber, dass der Satz „Das ist (gerade) unmöglich." so etwas wie der „last exit" geworden ist für alle Diskussionen, sowohl auf politischer als auch auf unternehmerischer Ebene – und das ist schade, denn er ist rhetorisch natürlich ein „Killerargument" und gibt den Zuhörenden auch eine Art wohliges Gefühl, dass man „ja gewollt hätte, aber nun mal nicht konnte". Bei mir erzeugt dieser Satz immer sofort den Impuls, widersprechen zu müssen – und der Grund dafür ist auch wieder in meiner sportlichen Laufbahn und der Art, wie Tänzer denken, zu suchen.

Bei all diesen Überlegungen nahm ich mir auch einmal die Zeit und habe in meine eigene berufliche Karriere zurückgeschaut – und dabei festgestellt, dass ich

15 UNMÖGLICH – Der Mythos, der uns im Weg steht

komischerweise stets die Aufgaben übertragen bekam, die niemand anders übernehmen wollte. Gerne wurden diese begleitet von Kollegenkommentaren wie „Das wird hier eh nichts.", „Das hat hier noch nie jemand gemacht." oder auch „Daran haben sich schon einige die Hände verbrannt, ich würde den Job nicht machen." Ich habe mir nie viel dabei gedacht, denn ich wollte selbst herausfinden, was geht – und stellte mehr als einmal fest, dass dann doch was ging:

- In einer großen globalen Technologieberatung bauten wir Mitte der 2010er-Jahre den Zweig der digitalen Beratung auf – vollkommenes Neuland für ein Unternehmen, das sein Geld normalerweise durch die Umsetzung globaler ERP und CRM-Projekte sowie Infrastrukturthemen verdient. Ich erinnere mich noch gut, wie ein Executive damals (etwas gönnerhaft) zu mir meinte: „Das kannst Du machen – aber Partner wirst Du hier damit nicht." Unser Team wurde bereits im zweiten Quartal die Mannschaft mit der besten Auslastung in DACH und die Einheit gehört global heute zu den größten digitalen Agenturen weltweit. Ich wurde damals der erste Associate Partner für dieses Thema in Deutschland.
- Bei einem deutschen Mittelständler übernahm ich die Aufgabe als CDO – übergeben bekam ich sie von einem CEO, dem klar war, dass die Industrie, in der man sich bewegte, durch die Digitalisierung massiv verändert wurde und der deswegen das Unternehmen hier verstärken wollte. Der Rest des Vorstandes nahm es gelassen hin, der damalige COO (ein wahres Urgestein des Unternehmens) begrüßte mich mit den Worten „Sie haben meine volle Unterstützung – aber erklären Sie mir bitte nochmal, was Sie hier eigentlich tun und warum wir das überhaupt brauchen. Ich habe das

nicht so recht verstanden und glaube auch, dass dieses Digitalthema zu groß für uns ist." Neun Monate später machten wir unseren ersten digitalen Umsatz und vierzehn Monate später wurden wir mit dem zweiten Platz beim Digital Leader Award Deutschland ausgezeichnet – hinter Daimler-Benz auf dem ersten Platz. Als ich später dem Vorstand die Auszeichnung als „Digital Champion" der „Wirtschaftswoche" übergab, die wir für ein hochinnovatives Projekt im Kontext der Supply Chain erhalten hatten, welches moderne Technologie und konkrete sechsstellige Einsparungen pro Jahr verband, kommentierte der gleiche Herr die Trophäe mit den Worten „Ist ja spannend, wofür man heutzutage Preise bekommt." Nun ja.

- Bei einem anderen Mittelständler wurde ich vom Gesellschafter aufgefordert, als Geschäftsführer nach neunzig Jahren B2B-Geschichte den D2C-Zweig aufzubauen. Der Geschäftsführer eines anderen Teilkonzerns (der selbst bereits seit 30 Jahren im Haus tätig war) kommentierte das im persönlichen Gespräch mit mir mit den Worten „Das wird hier nichts. Ist eine fixe Idee vom Chef, aber das hat schon Ihr Vorgänger probiert und ist gescheitert." Ein halbes Jahr später ging unsere Plattform intern live und elf Monate später starteten wir am deutschen Markt, um wiederum ein halbes Jahr später die erste Million Umsatz zu realisieren. Auch dieses Projekt wurde mehrfach ausgezeichnet. Es wurde also doch was.

Ich erzähle Ihnen diese Geschichten nicht zum Zweck des Eigenlobs (zugegebenermaßen aber durchaus mit einem Schmunzeln meinerseits), sondern nur als anfassbare Beispiele dafür, dass einiges, was für „unmöglich" gehalten wird, es am Ende doch nicht ist. Sie erkennen bereits hier, dass „unmöglich" oftmals keine Frage von Fakten, sondern eine des Mindsets ist, wie man an solche Aufgaben herangeht. Dieses Mindset haben wir als Tänzer von der ersten Stunde an in uns aufgenommen und so bin ich an viele Herausforderungen viel unaufgeregter herangegangen, als es meine Kolleginnen und Kollegen, die schon länger da waren, erwartet hatten – und zudem ranken sich oftmals auch eine Vielzahl von Mythen um solche Herausforderungen, die sich in den Köpfen der Leute schon verfestigt haben und dem Versuch einer Lösung im Wege stehen. Gerne würde ich für Sie im Folgenden an einigen dieser Mythen rütteln.

Mythos 1: „Das ist hier so nicht machbar."
Diesen Satz haben Sie so (oder so ähnlich) in ihrer eigenen Laufbahn ganz sicher schon mal gehört. Er ist ein gerne genommenes Konstrukt, um Vorhaben schon in der Frühphase aufzuhalten und in Folge zu beerdigen. Dabei ist der (wie ich finde, ziemlich offensichtliche) Fehler in diesem Mythos klar erkennbar in zwei Worten: „hier" und „so".

Wenn jemand mit dem „hier" argumentiert, frage ich gerne nach, was er an Erfahrungen gesammelt hat, die das „hier" beschreiben – und warum er denkt, dass das, was er erfahren hat, immer so bleiben muss. Meist bemerken die Gesprächspartner schon an dieser Stelle, dass sie sich mit dem Satz an den aktuellen (!) Limitierungen und Fähigkeiten des Unternehmens ausrichten und deswegen im Vorhinein schon aufgeben, über eine Veränderung überhaupt nachzudenken. Das ist ein oft beobachtetes Phänomen gerade bei Führungskräften, die schon länger im Unternehmen sind – und hier wirkt jemand, der neu dazu kommt, natürlich manchmal explosiv, weil er diese Glaubenssätze nicht kennt bzw. nicht als „gegeben" hinnimmt. Aber was wäre, wenn man die Dinge, die man momentan nicht beherrscht oder von denen man nicht weiß, wie sie gehen könnten, nicht als „Grenze" versteht, sondern als

„normal"? Klingt komisch, machen wir Tänzer (und ich denke, alle Sportler) aber genau so. Wenn wir uns eine neue Choreografie überlegen oder ein neues Wettkampfziel auswählen, schauen wir immer in die Zukunft und uns ist bewusst, dass wir einiges, was es dafür braucht, noch nicht können. Das ist aber vollkommen in Ordnung: Denn die Differenz zwischen dem, was wir erreichen wollen und dem, was wir heute können, bestimmt unseren Trainingsplan der nächsten Wochen und Monate. Damit kommen wir dann auch zum „so" des obigen Satzes: Denn als Sportler ist klar, dass man mit dem, was man bisher gemacht hat, dieses neue Ziel nicht erreichen wird – man muss also neue Dinge tun und sich bislang unbeherrschte Fähigkeiten aneignen, sei es eine neue Drehung, eine bessere Kondition oder das Verhalten auf einer internationalen Fläche, die man von seinen nationalen Turnieren bisher nicht kennt. In diesem „so" steckt bei Führungskräften oft die Annahme, dass das eigene Unternehmen nur mit dem bisher bekannten Repertoire agieren kann – und offenbar demnach nicht in der Lage ist, neue Fähigkeiten zu erlernen. Das finde ich immer sehr schade, denn diese Einstellung unterschätzt in der Regel das Potenzial der eigenen Mannschaft. Wenn Ihnen also jemand in Zukunft diesen Satz „Das ist hier so nicht machbar." vor die Füße wirft, stellen Sie einfach einmal die Gegenfrage: „Was wäre nötig, damit es machbar wird?". Vermutlich wird das beim Gegenüber erst einmal etwas Verwirrung erzeugen, denn schließlich ist dieser Satz eine Aufforderung zum Umdenken – aber allein die Tatsache, dass man aufgrund des Änderns der Frage nun über mögliche Lösungen und nicht mehr über die Details von Hindernissen diskutiert, führt schon zu einer ganz anderen Atmosphäre im Raum. Und ich schließe ganz persönlich die Wette mit Ihnen ab, dass man in der nun folgenden Diskussion feststellen wird, dass bei genauerem Betrachten viel mehr machbar ist, als man zu Beginn gedacht hat – vielleicht ist nicht alles möglich, aber vielleicht bedarf es hie und da nur eines kurzen Gespräches mit dem richtigen Entscheider, eines richtigen Partners mit Skills, die man nicht im Haus hat oder eines unkonventionellen pragmatischen Vorgehens anstatt eines großen Projektes, um voranzukommen. Und „Vorankommen" ist in diesen Zeiten die alles entscheidende Währung, um Stillstand zu verhindern.

Mythos 2: „Das ist unmöglich – das kann ich mir bei uns derzeit nicht vorstellen."
Auch diesen Satz, der ähnlich dem ersten ist, werden Sie zur Genüge kennen – gesprochen von einem Geschäftsführer, ist er die ultimative Blockade für alles Neue. Aber ich bin mir sicher, dass Sie an dieser Stelle unserer Reise schon sensibel genug geworden sind, um den sprichwörtlichen „Braten zu riechen": In diesem Satz geht es nämlich nicht darum, sich Dinge nicht vorstellen zu KÖNNEN, sondern darum, sie sich nicht vorstellen zu WOLLEN.

Meiner Erfahrung nach benutzen viele Geschäftsführer diesen Satz nicht, um über neue Ideen zu sprechen, sondern vielmehr zur Ressourcensteuerung: Sie stellen die „Sinnfrage" – Ihnen liegen (aus ihrer Sicht) viel brennendere Probleme auf dem Tisch, die ihre Bandbreite fordern und da soll sich niemand mit einem langen, aufwendigen und gegebenenfalls ergebnislosen Projekt beschäftigen. Und hier haben wir auch schon den Fehler in den Annahmen: Warum muss es aufwendig sein, sich mit Möglichkeiten zu befassen – und warum müssen wir immer in großen Projekten denken? Und überhaupt: Warum muss es erfolglos sein? Das Fatale an diesem Satz ist leider nicht, dass er gegebenenfalls ein bestimmtes Vorhaben „abschießt" – vielmehr sendet er das Signal, dass alles, was derzeit nicht vorstellbar ist, nicht erlaubt ist, zu denken bzw. zu verfolgen. Und dieses Signal, auf die gesamte

Unternehmung multipliziert, hat eine verheerende Wirkung auf das Fortkommen der Organisation.

Auch hier lohnt sich ein Blick in einen Trainingsplan: Wenn ein formuliertes Ziel für einen Sportler sehr innovativ und anspruchsvoll ist, bedeutet das vor allem eines: dass sich auch im Trainingsplan viele kleine und vor allem die alltäglichen Dinge ändern müssen. Das Endergebnis ist sowieso meist eher eine „grobe Skizze", insofern macht es nicht viel Sinn, sich hier über vorstellbare oder unvorstellbare Details den Kopf zu zerbrechen. Die meiste Arbeit fließt nun nämlich nicht in die Details eines „konkreten verrückten Ergebnisses", sondern in kreative Überlegungen, wie sich das morgendliche Lauftraining, die Ernährung, die Trainingsinhalte und -methoden sowie die Regenerationsphasen ändern müssen, um sich dem grob formulierten, aber ausreichend greifbaren Ergebnis zu nähern. Und aus diesen vielen kleinen Teilen, die „anders" sind, wird dann, so der Plan, ein großes „Anders" – und ganz oft sieht dieses in sich selbst auch nochmal komplett anders aus, als man es sich am Anfang vorgestellt hat, weil man auf der Reise dorthin nämlich noch Dinge gelernt hat, die man so zu Beginn „nicht auf dem Radar" hatte oder schlicht noch nicht wusste.

Ich glaube, dass hier ein guter Ratschlag für Führungskräfte enthalten ist, der sich auch direkt im Alltag umsetzen lässt: Es ist gut, einen großen Anspruch zu formulieren – aber viel wichtiger ist, die vielen kleinen Verbesserungen im Alltag zu ermöglichen und nicht durch einen auf Großprojekte gemünzten Satz wie „Ich kann mir das bei uns derzeit nicht vorstellen" im Keim zu ersticken. Der (leider traurige) Witz ist ja: Dies Führungskräfte behalten recht. Denn WENN dann einmal ein kreatives und unkonventionelles großes Projekt angegangen wird, scheitert es meist – die Zeit und die Kosten, die hier dann umsonst investiert wurden, sind Wasser auf die Mühlen derjenigen,

15 UNMÖGLICH – Der Mythos, der uns im Weg steht

die beim nächsten Mal mit noch festerer Stimme diesen Satz sagen „Das kann ich mir bei uns derzeit nicht vorstellen." Aber das große Projekt scheiterte ja nicht, weil es unmöglich war – es scheiterte daran, dass die Mitarbeiter nicht geübt darin waren, die kleinen Dinge zu verändern und deswegen der Trainingsplan für das große Vorhaben nicht das enthielt, was notwendig gewesen wäre.

Auch hier liegt der alles entscheidende Kniff im Denken: Wenn jeder Ihrer Mitarbeiter jeden Tag an einer kleinen Stelle eine kreative Lösung findet und das alle Mitarbeiter machen – ist das nicht per se schon einmal viel mehr wert als das eine, große Projekt, auf das alle ihre Hoffnung setzen? Und welchen Fortschritt könnte man dadurch für die gesamte Organisation erreichen, wo ansonsten Stillstand herrschen würde? Eines ist offensichtlich: Für die große Veränderung sind die kleinen Veränderungen elementar. Sie sehen also: Der Weg ist eigentlich das Ziel. Fantasie sollte daher im Unternehmen immer erlaubt und gewünscht sein – und machen Sie sich klar, dass die Art, wie Sie verbal mit fantasievollen Großprojekten umgehen, Abstrahlwirkung darauf hat, wie Ihre Mitarbeiter mit den „kleinen Dingen" umgehen. Wer hier den Umgang mit unkonventionellem Denken nicht erlernt, muss an großen Dingen scheitern – und der Satz „Das kann ich mir bei uns nicht vorstellen." wird somit zu einer sich selbst erfüllenden Prophezeiung. Der Raum, um mal mit den richtigen Leuten über kreative Ideen nachzudenken, sollte, wie im Sport üblich, auch im Unternehmen immer vorhanden sein, alleine schon, um zu zeigen, dass Kreativität für dessen Zukunft (die wir übrigens alle nicht kennen) essenziell sein wird. In der Regel ist diese Zeit der Fantasie eine der besten Investitionen, die Sie machen können, um Ihre Mannschaft für die Veränderungen der Welt vorzubereiten – und vermutlich finden Ihre Mitarbeiter das auch noch ziemlich gut. Zum Schluss sei gesagt: Das, was Sie als Führungskraft sich (angeblich) nicht vorstellen können, ist immer die Grenze dessen, was Ihr Unternehmen tun wird – aber es ist stets nur das, was SIE sich nicht vorstellen können. Aber vielleicht jemand anders?

Mythos 3: „Ich habe mir die Best Practices angesehen – da kommen wir nie hin."
Dieser Mythos hat seinen Ursprung oftmals in den Programmen der ganzen Events und Kongresse, die Führungskräfte besuchen, um zu sehen, was der Markt so macht. Hier wollen die präsentierenden Unternehmen natürlich in der Regel glänzen und somit werden nicht nur die Erfolgsstorys auf die Bühne gebracht (hinter denen oftmals gar nicht so viel Magie steckt), sondern auch gerne mal von Speakern vermeintliche Vorbilder wie Tesla, Apple oder Netflix als Referenz herangezogen, um darauf hinzuweisen, dass man genauso vorgehen müsse wie diese Firmen, um den gleichen Erfolg zu erreichen. Nicht selten erlebe ich im Nachgang in den Gesprächen mit Führungskräften, dass diese zwar durchaus interessiert zugehört haben, aber die Transferleistung auf das eigene Unternehmen trotzdem ausbleibt – mit dem Verweis darauf, dass man ja z. B. nicht die gleichen finanziellen Mittel wie diese gezeigten Firmenbeispiele oder Vorbilder besitzt. Abgesehen davon, dass ich persönlich sowieso viel lieber mehr über die Misserfolge erfahren würde, weil man daraus am meisten lernt, ist somit der Sinn der Vorträge offenbar ein wenig ad absurdum geführt – denn wenn sie so gewählt sind, dass niemand danach motiviert im eigenen Unternehmen loslegt, was bringen sie dann? Aber natürlich stellt sich niemand mit dem Segen der Marketingabteilung auf die Bühne und sagt: „Hier lagen wir daneben." – also müssen wir uns anschauen, wie wir damit vielleicht besser umgehen. Vielleicht ist es nämlich gar nicht so schwer, der Best Practice nachzueifern.

15 UNMÖGLICH – Der Mythos, der uns im Weg steht

Wenn ich mit meinem Publikum im Rahmen meiner Keynotes an diesen Punkt gelange, bitte ich sie immer, die Augen zu schließen und einem Musikstück zuzuhören, von dem ich ihnen vorher aber nicht verrate, wer es spielt. Aus den Boxen erklingt dann „I still haven't found what I'm looking for" von U2 – und es dauert meist nicht lange, bis sich ein Lächeln auf die Gesichter im Publikum schleicht und viele mit geschlossenen Augen mitsingen. Natürlich kennt jeder das Lied und es ist auch eines, mit dem sich jeder sofort identifizieren kann. Wenn der erste Refrain vorbei ist, bitte ich die Leute, die Augen zu öffnen – und was sie dann auf der Leinwand sehen, sind nicht Bono und The Edge – sondern drei Jungs, die inmitten einer Pizzeria in den USA sitzen und gegen ein Taschengeld Coversongs singen. Das tun sie allerdings so genial, dass sie vom Original kaum zu unterscheiden sind. Die Reaktion im Publikum ist stets die gleiche: vollkommenes Erstaunen und dann faszinierter Applaus, weil damit niemand gerechnet hat und sich jeder fragt, wie das gehen kann, dass man geglaubt hat, das Original zu hören.

Best Practices sind natürlich prinzipiell eine gute Sache und tatsächlich geben sie auch eine gewisse Orientierung, wenn man gerade selbst am Anfang steht und sich überlegt, wo die Reise hingehen könnte. Die Erkenntnis aus dem U2- bzw. Pizzeria-Song ist jedoch, wie man ins Handeln kommt: In der Regel braucht es zum Loslegen nur die richtige Mannschaft, ein bisschen gutes Equipment – und dann halt jede Menge Übung. Stellen Sie sich einfach einmal vor, was Sie machen würden, wenn man Sie bitten würde, einen Song von U2 nachzuspielen: Im ersten Schritt suchen Sie sich vermutlich erst einmal Leute für Ihre Band, von denen Sie glauben, dass sie das von ihren Fertigkeiten her am Bass, an der Gitarre und dem Gesang her hinbekommen würden. Dann schauen Sie sich nach denjenigen Instrumenten und der Anlage um, die das theoretisch technisch hergeben können – nicht so gigantisch wie das Original, aber „good enough". Und dann kommt der entscheidende Teil: ab in den Keller und Stück für Stück den Song auseinandernehmen, üben und dann wieder zusammenfügen – so lange, bis es sich ähnlich anhört. Der Clou: „Ähnlich" reicht am Ende schon vollkommen aus – und so ist es im Übrigen auch beim beschriebenen Video: Wenn man genau hinhört, ist die Interpretation ein klein wenig anders – und genau das macht diese Band in der Pizzeria so sympathisch und nochmals besonders. Und dieses „Anders" ist wichtig: Wenn ich das Original von U2 hören möchte, kann ich mir schließlich eine CD kaufen. Aber bei einem richtigen Konzert will ich etwas Echtes erleben und vor allem Besonderes erleben – und an diese Band werde ich mich definitiv erinnern.

Auch, wenn dieses Beispiel nicht direkt mit Tanz, sondern mit Musik zu tun hatte, lässt es sich genauso auf den Sportler und die Führungskraft anwenden: Idole, Vorbilder und Best Practices sind nicht deswegen wichtig, weil wir sie nachmachen bzw. kopieren sollten – sondern weil sie uns Ansporn geben, das Gleiche erreichen zu wollen und uns aufzeigen, was tatsächlich machbar ist. Natürlich wird nicht jeder 14-facher Weltmeister der Professionals in den lateinamerikanischen Tänzen wie Donnie Burns und Gaynor Fairweather – und erreichen werden wir das als Tänzer von heute ziemlich sicher auch nicht mehr, weil man dafür Jahrzehnte an Arbeit investieren muss. Aber inspirierend ist diese Leistung allemal – und daraus lernen können wir auch.

Der Trugschluss, den viele Unternehmen bei Best Practices ziehen, ist wie gesagt derjenige, zu glauben, man müsste das Gleiche tun wie diese Vorreiter – und erst dann sei es akzeptabel. Vielmehr geht es jedoch darum, abzuleiten, was es für den Start braucht – und so bin auch ich stets bei meinen Vorhaben vorgegangen: Die richtige

Mannschaft mit den richtigen Fähigkeiten ist der erste Schlüssel – und diese Fähigkeiten müssen zum Ziel passen und nicht dazu, wo Sie heute stehen. Wenn Sie also feststellen, dass Ihnen im „Heute" Fertigkeiten fehlen, holen Sie diese für das „Morgen" an Bord. Rüsten Sie dann dieses Team mit dem notwendigen Equipment aus: Das muss gar nicht teuer sein, manchmal reicht auch schon eine günstige Gitarre (um im Beispiel zu bleiben) – nur Billigware darf es nicht sein, denn die hört man später im Ergebnis. Geben Sie dann dem Team einen Raum zum Üben und Zeit, sich alles zu erarbeiten – und Sie werden sicher vom Ergebnis überrascht sein. Dann haben Sie vielleicht immer noch nicht gefunden, was Sie gesucht haben (wenn Sie U2 sein wollten) – aber Sie werden ganz sicher etwas finden, wonach Sie vielleicht überhaupt nicht gesucht haben, aber was Sie mit riesigen Schritten nach vorne bringen wird. Und vermutlich wird Ihr Publikum begeistert sein – denn es wird dieses kleine, aber feine wenig „anders" sein als das Original und genau deswegen für Fans, Begeisterung und den Wunsch nach „Mehr davon" sorgen.

Probieren Sie es aus: Welchen Song möchten Sie „nachspielen"?

Mythos 4: „Das ist unmöglich, denn es ist nicht fair. Ich habe nicht die gleichen Chancen."

Der letzte Mythos, den ich für dieses Kapitel ausgewählt habe, um ihn mit Ihnen gemeinsam zu entmystifizieren, steht nicht ohne Grund hier – denn ich kenne ihn gut aus meinem eigenen Leben. Er hat meinen Weg fundamental mitgeprägt und genau deswegen erkenne ich ihn stets zuverlässig in anderen Menschen wieder – ich bin mir sicher, dass auch in Ihnen bzw. in Ihrer Vergangenheit eine ähnliche Geschichte wie die folgende schlummert.

Meine Jahre als Teenager und als junger Erwachsener waren geprägt von chronischer Krankheit. Mit fünfzehn Jahren erlitt ich meinen ersten epileptischen Anfall; gefolgt vom nächsten ein Jahr später – und darauf folgten über zwanzig Jahre, in denen ich regelmäßig (ca. alle zwei Tage) kleine Anfälle bzw. Absencen und in größeren Abständen große Anfälle, sogenannte „grand mals" hatte. Letztere wurden meist ausgelöst durch Stresssituationen oder körperliche Erschöpfung, kleinere in der Regel durch Reizüberflutung. So konnte ich zum Beispiel ziemlich sicher vorhersagen, dass ich morgens, wenn ich, noch nicht ganz wach, zu Musik durch mein Zimmer schlurfte und dabei zwischen den Musikboxen hin- und herlief, durch die wechselnde Belastung auf den Ohren einen kleinen Anfall bekommen würde. Bei diesen Absencen verlor ich nicht das Bewusstsein, aber ich war nicht ansprechbar, reagierte nicht auf andere Menschen und benötigte ein paar Minuten, bis das „Gewitter in meinem Kopf" vorbei war. Nach einer solchen Episode ist man sehr, sehr müde, denn das Gehirn hat sich überanstrengt und man braucht einige Zeit, bis man wieder voll bei Kräften ist. Solche Momente ereigneten sich natürlich nicht nur zu Hause im eigenen Zimmer, sondern natürlich auch in der Schule, in der Universität, auf der Arbeit und – Sie ahnen es schon – beim Tanzen und im Unterricht, wo natürlich laute Musik und viele Gespräche im Saal nicht unbedingt das sind, was man eine „reizarme Umgebung" nennen würde.

Die Ärzte konnten sich keinen Reim auf die ganze Sache machen; man vermutete verschiedene Ursachen, kam aber schlussendlich zu dem Ergebnis, dass ich damit würde leben müssen. Mit Medikamenten, die natürlich wiederum ihre Nebenwirkungen hatten, versuchte man, mich „anfallsfrei" einzustellen – was mal besser, mal schlechter gelang. Wo die Ärzte jedoch sehr klar waren, war die Aufklärung darüber, was nun NICHT mehr gehen würde: Tanzen? Sollte ich aufhören, weil nicht förderlich für die Anfälle. Leistungssport generell? Bitte auch aufhören, um den Körper nicht noch mehr zu belasten. Berufswahl? Am besten eine Tätigkeit, bei der man nicht auf Reisen geht, weil Autofahren zwar möglich, aber eigentlich unerwünscht sei. Eine Karriere in einem leistungsorientierten Beruf anstreben? Besser nicht, um Stress zu vermeiden. Kinder bekommen? Schwierig, denn erstens könnte man die Krankheit theoretisch vererben (man wusste ja noch nicht, woher sie kam) und zweitens: Was wäre, wenn ich aufgrund eines Anfalls mein Kind fallen lassen oder auf andere Weise in Gefahr bringen würde?

Was mir da alles empfohlen wurde, bedeutete also schlicht nicht weniger, alles aufzugeben, was ich liebte und was ich mir für mein Leben vorgenommen hatte. Ich erinnere mich noch gut an meine Gefühle, als ich die Arztpraxis damals nach dem abschließenden Gespräch verließ: Das Leben war – unfair. Ich hatte nicht die gleichen Chancen wie alle anderen, die da so gesund und lachend auf der Straße vor mir herliefen. Ich würde nichts erreichen, sondern so gut wie irgend möglich „dahinleben" – am besten in Watte verpackt, damit mir bei meinen Anfällen nichts geschah. Und zu allem Überfluss: Wenn ich anderen von meiner Krankheit erzählte, wurde ich verständnisvoll bedauert, man versuchte, mich nicht zu überfordern, nahm mir Tätigkeiten ab – was gut gemeint war, aber ich nahm es so wahr, als würde man mich nicht „für voll" nehmen. Meine Krankheit schien demnach auch eine perfekte Entschuldigung zu sein für alles: Sobald ich meine Epilepsie erwähnte, hatte offenbar jeder (ohne, dass ich danach gefragt hatte) sofort Verständnis dafür, dass eine Aufgabe oder ein Vorhaben für mich „unmöglich" sei.

Sie kennen meine Geschichte und mich aus den vorangegangenen Kapiteln mittlerweile gut genug, um zu wissen, dass ich mich an den Rat der Ärzte nicht besonders gehalten habe. Der Grund: Ich wollte nicht, dass meine Krankheit definiert, wer ich bin – sondern dass ich mein Leben selbst definierte, in dem es halt eben eine Krankheit als Nebenbedingung gab. Auch, wenn ich Anfälle im Trainingsraum (und eines Tages sogar auf einer Landesmeisterschaft!) hatte, habe ich meinen Weg als Tänzer und als Trainer (und damit den Weg „zwischen den Musikboxen") nie aufgegeben. Von meiner beruflichen Laufbahn habe ich Ihnen erzählt – ich musste halt meinen Mitstudenten, meinen Kollegen und meiner Familie und Freunden mitteilen, worauf zu achten ist. Da ich meinen Körper gut kannte, wusste ich, welche Tage gut für anstrengende Vorhaben waren und welche nicht – und sagte das auch meinen jeweiligen Begleitern. Überhaupt stellte ich dann beim Erzählen fest, dass ganz viele Menschen in ihrer Familie auch Fälle von Epilepsie hatten – oder eben andere chronische Krankheiten, die zu bestimmten Nebenbedingungen im Leben führten. Und hier liegt einer der Schlüssel, um das eigene Schicksal einzuordnen. Wir Menschen sind gerne geneigt, bei schlimmen bzw. negativen Ereignissen in unserem Leben den Satz zu sagen: „Das Leben ist unfair." Ich habe gelernt: Ist es nicht. Jeder erlebt in seiner eigenen Geschichte solche Dinge – einmal mehr sprechen wir nur nicht darüber. Ich mache halt mal den Anfang.

Mit meiner persönlichen Geschichte möchte ich mich bei Ihnen nicht als „Held" darstellen – Sie können mir glauben, ich fühlte mich damals alles andere als „heldenmäßig". Aber es ist mir wichtig, sie Ihnen zu erzählen, um Ihnen damit zwei Punkte für Ihre Gedanken mitzugeben: Als erstes, dass an der Oberfläche nicht immer alles so scheint, wie es darunter tatsächlich ausschaut. Bisher haben Sie vielleicht geglaubt, dass ich einfach ein preisgekrönter Digitalprofi und langjähriger Tänzer bin, dem alles irgendwie leicht- und zugefallen ist – jetzt wissen Sie, dass ich einen großen Teil meines Lebens unter

15 UNMÖGLICH – Der Mythos, der uns im Weg steht

der Nebenbedingung geführt habe, dass mich mein Hirn dann, wenn es wollte, ohne Vorwarnung einfach ausknipsen konnte. Hätte ich Ihnen das allerdings vorher in der Einleitung schon erzählt, bin ich mir sicher, dass Sie mich ein Stück weit bedauert und mehr über meine Krankheit als über meine Möglichkeiten nachgedacht hätten – und genau das führt uns zum zweiten Punkt: Denken wir als Führungskräfte mehr über unsere Möglichkeiten als über unsere Limitationen nach.

Wenn mich meine Krankheit eines gelehrt hat, dann dass man Limitationen nicht als solche sieht, wenn es sowieso keinen Sinn macht, sie zu diskutieren – sondern das Denken fokussiert sich darauf, was nun, anders oder neu, möglich ist. Wenn Sie im Rollstuhl sitzen, macht es wenig Sinn, den ganzen Tag darüber nachzudenken, warum man nicht laufen kann – sondern Sie werden versuchen herauszufinden, was im Rollstuhl alles geht. Ich wähle dieses Beispiel ganz bewusst, denn ich habe großen Respekt für all die Rollstuhltänzerinnen und -tänzer, die eine wundervolle Disziplin in unserem Sport verkörpern und die mich jedes Mal sprachlos zurücklassen, wenn ich wieder einem Turnier zuschauen durfte. Hier sieht man dann auch, dass es um „Beine" gar nicht geht – sondern um das Herz und die Leidenschaft, die in uns allen steckt. Wenn Sie also das nächste Mal an eine Grenze stoßen, die Ihnen unfair erscheint, weil es dazu „Beine" bräuchte, die Sie „nicht haben", überlegen Sie einmal, ob es wirklich darauf ankommt – oder vielleicht nicht auf etwas ganz anderes. Und wenn doch: Dann überlegen Sie, was mit Ihren Mitteln alles möglich ist – und erinnern Sie sich dabei an den Tänzer im Rollstuhl und was aus ihm geworden wäre, wenn er aufgegeben und gesagt hätte: „Ohne funktionsfähige Beine kann ich eh nicht tanzen." Jeder hätte ihn verstanden und jeder hätte das als Entschuldigung verstanden – aber was wäre für ihn und für Sie als Zuschauer alles verloren gewesen. „Unmöglich" ist manchmal keine Option. Manches, was wir als „unmöglich" diskutieren, ist für andere eine Luxusdebatte.

Ich hoffe, ich konnte in diesem Kapitel für Sie ein paar der „Unmöglich"-Mythen entzaubern. Natürlich gibt es noch viele mehr; aber die wesentliche Botschaft haben Sie sicher schon erkannt: Es ist im Leben, im Sport und im Beruf immer viel mehr möglich und machbar, als wir denken. Sobald sich dieses kleine Wort in unsere Gedanken schmuggelt, macht es stets Sinn, es zu hinterfragen und sich zu überlegen, was genau dahintersteckt – unser Glaube? Unsere Sorgen? Oder eine wohlfeile Entschuldigung dafür, etwas nicht in Angriff nehmen zu müssen? Wir Führungskräfte haben meiner Ansicht nach eine besondere Verantwortung dafür, „unmögliche" Dinge zu hinterfragen – denn wir sind verantwortlich für die Zukunft unserer Unternehmen und wenn wir nur Dinge machen, die wir für problemlos machbar halten, werden wir unserer Verantwortung nicht gerecht, unsere Organisationen und die Menschen darin auf die Ereignisse der kommenden Jahre vorzubereiten, die wir heute noch nicht sehen können. Veränderung und Zukunft beginnt bei uns – wenn wir sie nicht führen, findet sie nicht statt.

Eine Ihrer Fragen muss ich vermutlich noch auflösen: Mir geht es heute gesundheitlich gut. Im Jahr 2006 unterzog ich mich einer Gehirnoperation und es stellte sich heraus, dass ich einen kleinen gutartigen Tumor im Gehirn hatte, der Auslöser der Anfälle war. Es dauerte noch ein wenig, bis mein Gehirn die Anfälle „vergessen" hatte, aber seit 2011 bin ich anfallsfrei und gelte als geheilt. Insofern müssen Sie sich um mich keine Sorgen machen (aber danke dafür!). Wenn ich mir heute die Bilder von damals ansehe, die große Narbe auf meinem Kopf anschaue und

15 UNMÖGLICH – Der Mythos, der uns im Weg steht

mich erinnere, unter welchen Umständen meine berufliche und sportliche Laufbahn verlaufen ist, muss ich selbst manchmal den Kopf schütteln. Es ist schon komisch, wozu der Mensch fähig ist, wenn er keine andere Wahl hat. Und es ist faszinierend, was er aushalten kann. Aber nach jedem meiner Vorträge, wenn die Menschen im Publikum miteinander lachen und tanzen, sich freuen und applaudieren, um dann voller Energie nach Hause gehen, denke ich mir stets: Dafür war es das alles wert. Danke.

16

EPILOG – Tanzen und Führung: Menschen treffen Menschen

Nichts ist dem Menschen so unentbehrlich wie der Tanz.

Molieré (Moliere (Datum unbekannt): Aphorismus zum Thema Tanz. https://www.aphorismen.de/zitat/85239, letzter Zugriff am 17.12.2024.)

Ich hoffe, all meine Erzählungen aus der Welt des Tanzes und unsere gemeinsame Reise durch das, was wir daraus für unsere Arbeit als Führungskräfte lernen können, haben Ihnen gefallen. Wenn Sie mit der Lektüre dieses Buches Freude hatten, ist das wunderbar – wenn Sie darüber hinaus das Tanzen, aber vielmehr noch Ihre berufliche Rolle nun mit anderen Augen sehen, dann sehen Sie mich von Herzen lächeln. Natürlich habe ich Ihnen auf dieser Reise auch eine Menge Privates aus meinem Leben erzählt, aber es ist mir wichtig, dass Sie verstehen, dass das, was ich Ihnen mitgeben möchte, eigentlich am Ende des Tages nur in zweiter Linie etwas mit mir zu tun hat. Denn dass wir Menschen gewisse Dinge fühlen und machen, wenn wir auf andere Menschen treffen, ist etwas, das viel größer und viel älter ist als ich. Das Tanzen und das Geschäftsleben sind beide so alt wie die Menschheit selbst.

Wenn wir in die frühen Kapitel unserer Menschheitsgeschichte schauen und versuchen, den Ursprung aller Kultur herauszufinden, dann begann wohl alles an der gleichen Stelle: mit der Entstehung von Sprache. Die Fähigkeit zum Bilden von Wörtern, von Sätzen und schließlich komplexen Zusammenhängen war mit Sicherheit eines der wichtigsten Elemente gewesen, welches die Grundlage für uns Menschen gelegt hat, um intensiv und detailreich miteinander interagieren und gemeinsam schließlich Gemeinschaften, Staaten und Bündnisse bilden zu können. Denn erst Sprache hat es uns ermöglicht, diejenigen Geschichten zu erfinden und zu erzählen, welche Menschen vereinen: Denken Sie nur an unsere Religionen, unsere Ahnen, unsere Naturerlebnisse, unsere Familie, Stämme oder Nationen – alles sind am Ende des Tages in Geschichten eingewobene Gedanken, die zunächst weitererzählt und später niedergeschrieben werden, weil man es für wichtig und wertvoll hält, sie auch an Menschen an anderen Orten oder Generationen in der Zukunft zu überliefern. Damit dienen diese Geschichten vor allem einen wesentlichen Zweck: etwas zu schaffen, in dem Menschen einen Sinn bzw. Wert für sich finden – und um sich im Weiteren mit anderen Menschen dahinter vereinen zu können, sei es in einem Bund oder durch einen Vertrag. In alten Zeiten war dies, neben dem Ermöglichen eines angenehmen Zusammenlebens mit anderen, vor allem eine elementare Grundvoraussetzung, um in der Gemeinschaft die eigenen Chancen auf ein Überleben in der Wildnis mit all ihren Bedrohungen deutlich zu verbessern. Wenn z. B. der Mensch, dem Sie gerade im Wald begegnen, Ihnen erzählt, dass er diese wiederkehrenden Gewitter ebenso wie Sie für ein heiliges, aber bedrohliches Wesen hält, haben Sie nicht nur

16 EPILOG – Tanzen und Führung: Menschen ...

ein erstes gemeinsames Thema – Sie haben auch mit dieser von Ihnen geteilten Einschätzung einen Grund, ihm etwas mehr Vertrauen zu schenken und sich vielleicht mit ihm zusammenzutun, um gemeinsam ihre Familien gegen den Zorn vom Himmel zu verteidigen und für alle eine Überdachung zu bauen. Sprache bzw. das Verständnis derselben gilt für mich aufgrund unserer Geschichte als eines der wesentlichen Elemente, um Völker und Kulturen miteinander zu verbinden – wer Sprachen lernt, findet Freunde und Mitstreiter.

Sprache ermöglicht aber nicht nur eine soziale bzw. immaterielle Interaktion zwischen Menschengruppen, sondern auch ganz praktisch den Austausch von Dienstleistungen und Gütern, wie z. B. Nahrungsmitteln oder edlen bearbeiteten Metallen. Das gegenseitige Tauschen von für die Gegenseite interessanten Gütern ist schon immer ein grundlegendes Element in unserer Geschichte gewesen, wenn einander vormals fremde Kulturen erste zarte Bande miteinander geknüpft haben – denken Sie an das Tauschen von Muscheln, Nahrungsmitteln oder Fellen, wie wir es aus vielen Geschichtsbüchern z. B. aus der Entdeckung Amerikas oder Asiens kennen. Im Weiteren bilden sich aus diesen ersten Kontakten oftmals, mit wachsender Größe und Reichweite, auch ganze Organisationen heraus, welche Arbeitskräfte zum Zweck der Beschleunigung, Vereinfachung oder schlicht Skalierung der Transaktionen zusammenführten – in anderen Worten also das, was wir heute unter organisiertem Wirtschaften oder Handeln kennen, wie z. B. die Hanse, welche durch ganz Europa und darüber hinaus reichte. Dort, wo sich wichtige Rohstoffe oder intellektuelles Kapital befanden, bildeten sich „Firmen", welche gefragte Güter produzierten und in die Handelswege einspeisten. Über die Jahrhunderte wurden dann nach und nach, auch angetrieben durch neue Technologien wie den Motor, das Telefon oder das Internet, riesige und weitreichende Ökosysteme geschaffen, die letztlich alle darauf basierten, dass der Eine etwas hat, was der Andere haben möchte – und dem Finden einer Einigung darüber, wie ein Tauschverhältnis aussehen sollte, das beide Seiten zufriedenstellt. Je besser man das Gegenüber dabei verstand, was dessen Motivationen, Ideen und Anreize waren, umso erfolgreicher war man als Händler – und wenn man noch dazu die gleiche Sprache sprach, gab es noch weniger Hindernisse auf dem Weg zum Erfolg. Mit Sicherheit ist also der Tausch oder das Weitergeben von Dingen gegen eine Dienstleistung, also das „Geschäftemachen", so alt wie die Menschheit selbst – ebenso wie der Antrieb für jeden einzelnen, diese Kunst bestmöglich zu beherrschen. Führung gab es in diesen Wirtschaftsorganisationen immer.

Trotz all der Jahrhunderte, in denen sich die Wirtschaftswelt (und mit ihr all ihre Güter, Methoden und Mechanismen) immer wieder weiterentwickelt hat, ist uns der elementare Kern des Ganzen doch bis heute erhalten geblieben. Denn auch, wenn die Forschung durch Wissenschaftler und Gelehrte in unserer modernen Welt heute sehr weit fortgeschritten ist und natürlich auch die Komplexität, welche durch zunehmende Globalisierung und Verwendung von Technologie entstanden ist, immer mehr zunimmt, so sitzen sich am Ende des Tages doch immer noch Menschen gegenüber, die miteinander reden bzw. kommunizieren müssen. Der aufmerksame digitale Leser wird zurecht entgegnen, dass auch dies im Zeitalter von künstlicher Intelligenz nicht mehr zwingend der Fall sein muss, aber denken wir bei diesem Argument daran, dass auch diese Algorithmen initial von Menschen erschaffen und im Weiteren auch von diesen genutzt werden. Mir ist bewusst, dass über dieses Feld der KI eine umfassende und ausladende philosophische Diskussion möglich und auch zwingend notwendig ist, alleine schon aus moralischen und ethischen Gründen – aber gestatten Sie mir, dass ich dieses Streitgespräch trotzdem hier an dieser Stelle rigoros abkürze, denn es würde unseren gemeinsamen Rahmen sprengen und ist sicher ein tolles Thema – aber für ein anderes Buch. Lassen Sie uns weiterhin von Menschen sprechen und was sie bewegt.

Ich bin überzeugt, dass in der aktuellen Zeit der sogenannten „digitalen Transformation" tatsächlich viele Menschen Angst davor haben, mit den immer schneller und besser werdenden Technologien und vor allem der Flut an Informationen nicht mehr mithalten zu können. Ich kann dieses Gefühl durchaus nachvollziehen – denken Sie nur an die Frequenz, mit der Sie heute minütlich Nachrichten aus aller Welt auf Ihrem Handy verdauen müssen, wo es früher bestenfalls abends eine Sendung der „Tagesschau" und am Samstag die Wochenzeitung gab. Aber es wird ja noch viel persönlicher: Viele Technologiegurus sprechen gerne darüber, wie lange es dauern wird, bis Computer uns ersetzen – eine Diskussion, der wenige inhaltlich folgen können, die aber Überschriften generiert, die Sorgen machen. Wenn man diesen Gedanken des Wettbewerbs zwischen Mensch und Maschine einmal durchdenkt, so ist es in meinen Augen nicht nur ein gefährlicher, sondern auch ein falscher Denkansatz – denn er verkauft den Menschen deutlich unter Wert. Wenn wir Menschen unsere Leistung nur auf die sekundenschnelle Berechnung großer Datenmengen reduzieren lassen, können wir gegen einen Quantencomputer nur verlieren. Wir meistern jedoch eine Unmenge von Dingen, die eine Maschine nicht beherrscht und auch nie beherrschen wird – egal, was Ihnen das Marketing großer Techkonzerne erzählen möchte: Solch wunderbare Dinge wie Intuition und Emotionen, welche uns z. B. die Stimmung eines Meetings beurteilen lassen, oder die impulsive Kreativität als Grundlage von Worten und Taten, und damit die Fähigkeit, eine Gemeinschaft zu schaffen, wenn wir z. B. eine Liebeserklärung formulieren – das sind für uns (über)lebenswichtige Fähigkeiten, die eine Maschine vielleicht „faken", aber nie wirklich ersetzen kann. Ich bin davon überzeugt: Wenn wir Menschen uns weniger auf die Punkte konzentrieren, wo wir als Konkurrent sowieso keine Chance haben (einfach, weil wir dazu schlicht nicht erschaffen wurden), sondern vielmehr auf die Dinge, die uns als fühlende Wesen einzigartig machen, dann brauchen wir uns meiner Meinung nach keine Sorgen um unsere Zukunft zu machen. Wir haben alles, was wir brauchen, um uns gemeinsam mit anderen auf den Weg zu machen – ein Blick in unsere Geschichte genügt. Das Zauberwort an dieser Stelle: gemeinsam.

Diese uns Menschen einzigartig machenden Eigenschaften führen uns nun direkt und unvermeidlich in die Geschichte der Kunst – und insbesondere die des Tanzens. Schauen wir uns spaßeshalber dazu die Definition an, die uns Wikipedia liefert:

„Tanz (um 1200 wie englisch „dance", entlehnt von altfranzösisch „danse", dessen weitere Herkunft umstritten ist) ist die Umsetzung von Inspiration (meist Musik und/oder Rhythmus) in Bewegung. Tanzen ist ein Ritual, ein Brauch, eine darstellende Kunstgattung, eine Berufstätigkeit, eine Sportart, eine Therapieform, eine Form sozialer Interaktion oder schlicht ein Gefühlsausdruck."[1]

Treffender könnte man es nicht zusammenfassen: Alle hier aufgezählten Ausprägungen sind nicht nur eng mit dem Inneren von uns Menschen verbunden, sie konzentrieren sich auch genau auf diejenigen Dinge, die uns besonders machen. Bis hin zum Gefühlsausdruck beim

---

[1] Wikipedia (2024): Tanz. https://de.wikipedia.org/wiki/Tanz, letzter Zugriff am 17.12.2024.

Tanzen, der anderen signalisiert, mitzumachen, implizieren alle Punkte zwangsläufig die Interaktion mit anderen Menschen, sei es in Religion, Verbünden, Kunst oder Medizin. Offenbar scheint Tanzen demnach auch also nicht nur eine verbindende, sondern sogar eine heilende Eigenschaft zu besitzen – wenn es in so vielen Bereichen verwendet wird, in denen es darauf ankommt, Menschen das Gefühl von Glück, eine positivere Einstellung oder sogar tatsächliche körperliche Besserung zu verschaffen. Doch woran liegt das?

„Tanzen ist ein Gespräch zwischen Körper und Seele" – dieses schöne Zitat, dessen Ursprung nicht geklärt ist, beschreibt ausgezeichnet, worum es geht: Dort, wo Worte nicht mehr ausreichen, müssen wir tanzen – und dieses Gefühl ist so alt wie die Menschheit. Tatsächlich gehen die ersten bekannten Dokumentationen von Tanz gar nicht so weit zurück, wie man zunächst ahnen sollte: Erste indische Höhlenmalereien, die einen Tanz wiedergeben, werden auf 5000 bis 2000 Jahre vor Christus geschätzt. Faktisch ist die bild- oder schriftliche Dokumentation hier aber auch gar nicht so essenziell wie in anderen Themen, denn man muss bedenken, dass Tanzen tatsächlich eine der wenigen Künste ist, die nicht vollständig durch andere Künste wie z. B. Schreiben oder Malen, komplett wiedergegeben werden kann: Es fehlt immer etwas, sei es die Musik, die Bewegung oder schlicht das Gefühl. Insofern darf davon ausgegangen werden, dass die Geschichte dieser Kunst wesentlich weiter zurückreicht, als die oben erwähnten, uns heute bekannten Zeitzeugnisse.

Erstaunlicherweise finden sich Spuren des Tanzes auch auf allen Kontinenten und in allen Kulturen: Immer genau dann, wenn es offenbar darum ging, ein Gefühl auszudrücken, welches übernatürlich, nicht real, geheimnisvoll oder gar magisch war – dann genau, wenn Worte gefehlt haben oder nicht genug waren, hat der Mensch im

Laufe seiner Geschichte getanzt. Es gibt so viele wunderschöne Beispiele dafür: Denken Sie nur zum Beispiel an die berühmten Jagd-, Regen- und Heilungstänze der indigenen Völker oder die „tanzenden Derwische", welche ihren Tanz als Gebet sehen und in der Bewegung ihrem Gott nah sein wollen. Ganz sicher haben Sie auch schon einmal Fotos der Debütantinnen beim Wiener Opernball schon gesehen, welche mit diesem Zeremoniell in die Gemeinschaft der Erwachsenen aufgenommen werden. Besonders bewegende Bilder kennen wir auch aus den Extremsituationen der Menschheit: Fast alle Menschen kennen die Fotos von tanzenden Menschen auf den Straßen nach dem Ende des Zweiten Weltkrieges – nicht umsonst gibt es das geflügelte Wort „Tanzen vor Glück".

Bei all diesen Ausprägungen geht es am Ende auch nicht um die konkrete Form des Tanzes, die man gewählt hat. Vielmehr dreht es sich im Wesentlichen immer wieder um dieses eine Gefühl, das wir schon einmal erwähnt haben: „Tanzen ist, wenn die Seele lächelt". Dieses Gefühl macht süchtig! Wir Tänzer wissen das und sind gerne „abhängig" – unter anderem einer der Gründe, warum eine stundenlange Tanzparty für uns keinerlei Belastung darstellt. Mit jedem neuen Tanz kann man also jederzeit in dieses grandiose Gefühl einsteigen und spricht dabei eine Sprache, welche die vom Menschen geschaffenen Grenzen seit jeher überschreitet und überwindet – eben, weil sie den Menschen direkt in seinem innersten und ehrlichsten Ich anspricht, unter Umgehung aller kultureller, freiwilliger oder anderweitig antrainierter Konventionen. Wenn ich mich zu Musik mit einem anderen Menschen im Kreis drehe, ist es egal, welche Sprache er gelernt hat, wo er aufgewachsen ist und welche Hautfarbe er hat – es ist dieses besondere Gefühl, das uns in diesem Moment verbindet und welches überall auf der Welt verstanden wird.

16 EPILOG – Tanzen und Führung: Menschen ...

Wenn Tanzen und „Business" beide das Bilden von Gemeinschaften zum Ziel und damit denselben Ursprung in unserer Geschichte haben, so ist es aber erstaunlich, wie unterschiedlich sie sich doch beide über die Zeit hinweg entwickelt haben. Der Tanz hat sich zu jeder Zeit zwar immer der jeweiligen Epoche und Kultur angeglichen, ist aber in seinen Grundzügen der Interaktion zwischen Menschen und dem Ausleben von Musik gleich welcher Art bis heute gleichgeblieben. Immer noch versuchen Tänzer, die klaren Wahrheiten zu vermitteln und dieses Glücksgefühl zu erreichen, welches für uns Menschen so besonders ist.

Hingegen hat alles, was sich mit Ökonomie, Management oder Wirtschaft beschäftigt, nicht nur Heerscharen an Forschern und Wissenschaftlern hervorgebracht, sondern gleichzeitig ein riesiges Meer aus Büchern, Studien, Methoden und Instrumenten, welches für die einzelne Führungskraft weder zu übersehen noch zu bewältigen ist. Der Grund für dieses Wirrwarr und die schiere Menge an Inhalten liegt vermutlich vor allem daran, dass man zu jeder Zeit für die jeweils vorherrschenden Bedingungen nach dem Weg gesucht hat, „am besten" zu wirtschaften – wahlweise mit den günstigsten Mitteln, dem besten Angebot oder einem gelungenen Mix aus beidem. Da hierbei für jedes Unternehmen (und damit seine Mitarbeiter) der finanzielle Erfolg von richtigen Entscheidungen abhängt, hat sich in Folge eine ganze Industrie daraus entwickelt, dem Wissbegierigen hier zu helfen. Nachdem sich im Laufe der Jahrhunderte die Art, wie und mit welchem Angebot wir weltweit miteinander Unternehmen aufbauen und mit anderen interagieren, immer wieder geändert hat, gibt es natürlich auch immer wieder neue Methoden und Techniken, wie man mit den aktuellen Herausforderungen umgehen könnte – die „Suche nach dem heiligen Gral der Führungs- und Managementmethodik" wird also stets von

Generation zu Generation weitergereicht. Die grundlegende Hypothese jedoch ist in all den Jahrhunderten dabei immer noch die gleiche geblieben: Es gibt für alle Situationen ein strukturiertes Handwerkszeug. Dieses mag zwar komplex sein, aber dann muss man sich halt anstrengen, um es zu lernen. Und wenn man die Anwendung mühsam gelernt hat, ist man am Schluss auch ziemlich sicher erfolgreich und gehört zu den Besten – wer sich bis hierher durchgebissen hat, hat es sich schließlich ja auch verdient. Was ist, wenn diese Theorie des „richtigen Tools" angesichts von einer menschlich unmöglich zu beherrschenden Problemvielfalt, wie sie uns heute durch die Fragen unserer Zeit wie Umweltschutz, Energiebedarf, wegbrechender Wirtschaftsregelungen oder permanent neu erscheinender Geschäftsmodelle begegnet, einfach in dieser Form nicht mehr stimmt? Und in Folge die Tools einfach nur komplizierter werden, aber nicht mehr helfen?

Vielleicht müssen wir nicht noch mehr komplizierte Handwerkszeuge entwickeln – sondern uns vielmehr daran erinnern, wie die Dinge ursprünglich für uns Menschen gedacht sind und wie sie „einfach" sein könnten. Ich bin überzeugt, dass wir in einer digitalen Welt die Menschen mehr benötigen als jemals zuvor – denn wir müssen die Technologie beherrschen und nicht sie uns. Es wächst zudem eine Generation von Mitarbeitern heran, die nicht mehr mit Kommandos, sondern mit Leichtigkeit und Sinn geführt werden möchte – und nicht nach der neuesten Mode der Managementliteratur. Wenn sich die Welt immer schneller verändert und eine langfristige Planung quasi unmöglich wird, macht es immer weniger Sinn, als Einzelner verzweifelt neue Methoden zum Steuern unseres Alltags und unserer Unternehmen zu erlernen. Das soll kein Plädoyer gegen neues Wissen oder Lernen sein – aber das Problem heißt „alleine" und vielleicht ist deswegen eine bestimmte Zutat für uns Menschen noch viel wichtiger: Wir müssen Bünde schließen und formen, um gemeinsam durch die Kraft vieler unser Schicksal lenken und auf unvorhergesehene Wellen reagieren zu können. Wenn die Menge an Daten, die auf uns einschießt, jede Sekunde exponentiell anwächst, wir aber keine Bedeutung mehr darin erkennen (weil Bedeutung leider immer noch linear geblieben ist), dann helfen keine abstrakten Methoden allein, um eine Zukunft für Menschen zu schaffen – wir müssen als Führungskräfte diejenigen Geschichten schmieden, die es anderen Menschen erlauben, eine neue Identität zu finden, der sie sich anschließen wollen. Und wir müssen diese Menschen so einbinden, dass jeder nach seinen Möglichkeiten seinen Teil zu einem Erfolg beiträgt und anerkannt wird. Kurz: Wir müssen etwas schaffen, woran man sich erinnert. Mit Freude.

Wenn Tanzen also über Jahrtausende hinweg all das in sich bewahrt hat, was uns seit Menschengedenken im Innersten bewegt, dann ist die Wahrscheinlichkeit hoch, dass uns ein Blick in diese Kunst bei unserer Aufgabe als Führungskraft helfen kann. Manchmal reicht ja alleine schon (wie wir gesehen haben) die Verbildlichung, welche uns der Tanz liefert, um uns daran zu erinnern, wer wir sind – und was wir über uns und unsere Mitmenschen verstehen müssen, was wir tun können, um uns selbst und das Ganze besser zu machen, aber auch, um ein erfüllteres und glücklicheres Arbeitsleben zu führen, weil wir es in gut funktionierenden, blitzschnell performenden und menschlich wertvollen Teams verbringen. Wir verbringen mehr Zeit unseres Lebens mit Kollegen als mit unserer Familie – es macht also Sinn, sich zurück an unsere Musik und unsere Feste zu erinnern, um wieder dieses Gespür zu erwecken und zu entwickeln, wie es sich anfühlt und wie es gehen kann, eine solch starke und kraftvolle Gemeinschaft zu formen.

Tun Sie also in Ihrer Rolle als Führungskraft genau das, was wir Tänzer jedes Mal tun, wenn wir die Fläche betreten: Reihen Sie sich ein in Generationen von Menschen, die über Jahrtausende hinweg das Gleiche erlebt und sich dem gleichen Gefühl hingegeben haben. Spüren Sie, welches Geschenk die Musik Ihres Lebens und der Menschen darin ist – und finden Sie dort diejenigen wunderbaren Geschichten, die man dazu erzählen kann. Haben Sie vor allem den Mut, es auch wirklich zu tun – und denken Sie dabei nicht zuerst an diejenigen, die Kritik üben könnten, sondern stellen Sie sich vor, welche Erlebnisse Sie selbst, Schritt für Schritt, schaffen können. Laden Sie andere ein, mit Ihnen zu tanzen und gemeinsam die Magie von Führen und Geführtwerden zu erleben. Schaffen Sie gemeinsam immer wieder Performances, welche Menschen wirklich bewegen. Und denken Sie immer daran: Schwerkraft ist ein physikalisches Gesetz – aber das heißt nicht, dass man sie nicht überwinden kann.

„Mensch, lerne tanzen, sonst wissen die Engel im Himmel nichts mit dir anzufangen."
(Augustinus[2])

---

[2] Cornelius Mayer (2015): Augustinus von Hippo – Tanz und Tanzen bei Augustinus. Zentrum für Augustinus-Forschung an der Julius-Maximilians-Universität Würzburg. https://www.augustinus.de/einfuehrung/86-texte-ueberaugustinus/193-tanz-und-tanzen-bei-augustinus, letzter Zugriff am 17.12.2024.

GPSR Compliance
The European Union's (EU) General Product Safety Regulation (GPSR) is a set of rules that requires consumer products to be safe and our obligations to ensure this.

If you have any concerns about our products, you can contact us on

ProductSafety@springernature.com

In case Publisher is established outside the EU, the EU authorized representative is:

Springer Nature Customer Service Center GmbH
Europaplatz 3
69115 Heidelberg, Germany

www.ingramcontent.com/pod-product-compliance
Lightning Source LLC
LaVergne TN
LVHW020343260326
834688LV00045B/1504